特许公司银行专员考试指定用书

公司银行理论与实务基础

（上册）

明业国际金融认证标准（上海）有限公司　编著

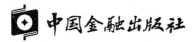

中国金融出版社

责任编辑：黄海清
责任校对：潘　洁
责任印制：陈晓川

图书在版编目（CIP）数据

公司银行理论与实务基础．上册（Gongsi Yinhang Lilun yu Shiwu Jichu）/明业
国际金融认证标准（上海）有限公司编著．—北京：中国金融出版社，2014.6
ISBN 978 – 7 – 5049 – 7500 – 3

Ⅰ. ①公…　Ⅱ. ①明…　Ⅲ. ①商业银行—银行业务　Ⅳ. ①F830.33

中国版本图书馆 CIP 数据核字（2014）第 074756 号

出版
发行　中国金融出版社

社址　北京市丰台区益泽路 2 号
市场开发部　（010）63266347，63805472，63439533（传真）
网上书店　http://www.chinafph.com
　　　　　　（010）63286832，63365686（传真）
读者服务部　（010）66070833，62568380
邮编　100071
经销　新华书店
印刷　北京市松源印刷有限公司
尺寸　185 毫米 × 240 毫米
印张　21.75
字数　390 千
版次　2014 年 6 月第 1 版
印次　2014 年 6 月第 1 次印刷
定价　75.00 元
ISBN 978 – 7 – 5049 – 7500 – 3/F. 7060
如出现印装错误本社负责调换　联系电话（010）63263947

"特许公司银行家"
认证标准考试用书编委会

总　序

这些年以来，一直有种声音，在唱衰中国金融业，唱衰中国银行业，从中不难看出外界对中国的金融、中国的银行缺乏了解和认识。中国的金融业、中国的银行业也正是在这种质疑声中成长着。诚然，在历经三十多年的改革与发展之后，中国的商业银行在日益变革的国内、国际经济大环境中，正面临着前所未有的巨大挑战。我国的银行业只有不断进行改革转型，不断提升自身的经营能力和可持续发展能力，才能把握机遇，将这些挑战转变为推动自身不断发展和前进的动力。

在新形势下，商业银行面对的挑战来自多方位。首先，随着中国经济融入全球化程度的加深，我国的银行业必须更加国际化；其次，随着金融市场的进一步开放，银行业的竞争必将更加激烈；再次，随着利率市场化进程的加快，银行业传统的定价模式和盈利结构必定要发生改变；最后，随着社会公众和各类客户金融服务需求的不断增加，银行业产品创新、服务创新的能力必须不断提升；此外，随着互联网金融的兴起，银行业的信息技术水平、数据采集、整合、分析能力也必须不断增强。同时，以上海为开端的自由贸易区的设立也对银行金融配套服务的落实提出了更高要求。对于中国银行业而言，加快改革与创新，提升自身的可持续发展能力已刻不容缓。

在新的经济环境和行业发展的驱动下，商业银行必须不断锐意进取，在提升硬件水平的基础上，不断强化软实力。这其中必然离不开对于银行从业者整体素质和能力的提升。如果说其他一些业务还可以搞什么跨越式发展的话，在人才培养、人员素质提高上是必须下细工夫的。除了提高对银行从业人员学历、能力上的要求以外，银行更需要因时因势而变，积极为员工提供适应行业发展的内部或外部的培训、进修机会，同时鼓励员工通过努力获取一些相关的资质认证，这不仅有助于提高员工的专业素养和服务水平，也对建设学习型银行有重要推动作用。

目前，我国在金融和银行执业方面已经建立或引入了一系列比较权威的认证体系，包括银行从业资格认证、特许金融分析师（CFA）资格认证、国际金融理财师（CFP）资格认证、金融理财师（AFP）资格认证等，不仅为商业银行提升员工执业能力和金融素养提供了标准，也为市场评价金融从业人员创造了条件，同时也大大节省了银行进行内部培训教育的时间和成本。另外，对于准入者——有志于从事金融行业的在校大学生而言，通过专业资质认证考试，在有助于证明其专业素养和能力的同时，也大幅提升了他们在就业市场上择业的竞争力。

然而，值得注意的是，目前国内商业银行唯有公司业务板块在执业资格和专业能力方面仍缺乏行业通行的权威认证标准。这些年来，为了适应发展需要，部分银行逐步建立了其行内的公司银行业务培训标准，但这些标准并未形成行业通识。这不利于中国银行业的整体发展。目前，不少银行对包括公司银行业务条线人员的职业水平提高仍停留在传统的"师傅带徒弟"模式。这种依靠个人长期工作经验积累来进行的"手把手"式传导的模式固然也能帮助新员工较快进入银行的工作状态，但不可避免地存在一些弊端。例如，由于各家银行管理机制、规章制度有所不同，一般来说某个资深公司客户经理在实际工作中形成的工作经验也只是主要适用于其所属银行，并不能完全通行于其他金融机构。而且任何个人知识和技能往往都有一定长处和短板，是难以对新员工进行全面指导的。这种缺乏相应标准的带教方式，往往使得带教质量也难以得到保障。因此，一套完整的、全面的、具有一定权威性的公司银行业务培训体系和认证标准，是中国银行业进一步实现国际化、专业化发展的必然需要。

在各家银行的大力支持下，经过明业国际金融认证标准（上海）有限公司的数年努力，"特许公司银行家"认证标准体系基本形成和确立了。该标准在借鉴国际一流商业银行公司业务发展的先进经验的基础上，融合国内商业银行公司业务发展的优秀实践，在经过由工行、农行、中行、建行、交行、浦发银行等在内的行业专家以及由北京大学、中国人民大学、南开大学、中国社科院在内的学术权威组成的专家指导委员会的反复讨论和修改后终于得以形成，代表了认证标准行业内领先的专业水准。

"特许公司银行家"认证体系作为公司银行领域从业人员执业水平与能力的权威认证标准，有助于公司银行从业者全面掌握公司银行业务的知识体系，有助于我国公司金融从业者的整体素质迈上一个新的台阶。

专业化的人才队伍，是中国商业银行有能力走向更广阔舞台，与国际同行竞技的核心要素。建立结合本土实际并代表国际专业水平的行业标准，有效提升和衡量从业人员的专业能力，在行业竞争更为激烈的今天，十分必要。这也是如我这样在中国银行业奋斗了数十载的同人们的共识。为了中国银行业的茁壮成长和更加灿烂的明天，我愿意贡献个人的绵薄之力。让我们一起努力吧！

杨凯生

2014 年 6 月

前　言

经历一年多紧锣密鼓的筹备，"特许公司银行家"认证标准考试用书得以面世。此刻，手捧新书，心中难免升腾出无限感慨与感动。

在银行业竞争日益加剧的今天，"特许公司银行家"认证标准的制定以及配套考试用书的编撰和修订工作得到来自中国工商银行、中国农业银行、中国银行、中国建设银行、交通银行、浦发银行在内行业巨子的协力推进，同业携手共同建立具备国际水平的行业标准，这在中国银行业发展历史上具有标志性的意义。

10 年前，我有幸参与并整体负责国际金融理财领域的权威认证——国际金融理财师 CFP 资格认证在中国的落地和全面推进。其间，正是国内社会财富迅速积累的10 年，中国商业银行的个人理财业务得以迅猛发展，个人金融尤其是个人理财业务专业人才培养在标准化的人才培训体系中得以稳步推进。据了解，截至目前，国内 CFP 系列持证人数已突破 15 万人。

10 年后，为促进中国商业银行核心业务——公司银行业务更长足的发展，建立与国际同业比肩的系统的培训体系和认证标准，我有幸再次参与其中，带领明业国际金融认证标准（上海）有限公司的同人们，在借鉴发达国家金融认证体系成功经验的基础上，发起建立"特许公司银行家"认证标准体系。

为保证项目专业度和权威性，明业国际金融认证标准（上海）有限公司发起成立特许公司银行家认证标准专家指导委员会。指导委员会由工商银行原行长杨凯生先生担任主席，工行、农行、中行、建行、交行、浦发银行的分管副行长和公司业务部负责人，以及北京大学、中国人民大学、南开大学和中国社科院等一批知名学术机构的教授专家担任副主席和委员。

"特许公司银行家"认证标准体系充分借鉴国际一流商业银行公司业务发展的先进经验，融合国内商业银行公司业务发展的实践，经过专家指导委员会反复讨论和修改后才得以确立，代表行业最高专业水准。获得"特许公司银行家"认证，代表持证人全面掌握具备国际视野且立足中国国情的公司银行专业知识和技能，清晰了解公司银行职业发展道路，能够为客户提供更为专业的公司银行金融服务方案，从而为银行创造更高的价值。

根据国内现有的人才水准和资格认证状况，考虑到目前对公司业务的基础性人才的需求量更大也更为迫切，"特许公司银行家"项目实行两级认证制度，分别为基础的"特许公司银行专员"（Corporate Banking Specialist，CBS）认证和更具国际化专业水准的"特许公司银行家"（Chartered Corporate Banker，CCB）认证，获得"特许公司银行专员"资质是申请成为"特许公司银行家"的前提条件。

为了确保持证人具备全面扎实的知识基础，除少数情况可获得豁免外，"特许公司银行专员"和"特许公司银行家"证书的申请人均须参加考前培训，培训合格才能参加相应的资格考试。

"特许公司银行专员"认证的考生应当掌握的知识体系包括八个模块：职业道德规范准则与银行监管、经济学基础、财务报表分析、公司金融、银行风险管理、金融市场与金融机构、公司银行产品与服务、市场营销与客户关系。通过考试并获得"特许公司银行专员"证书意味着该持证人已经具备了公司银行业务基本的知识技能和职业道德，是值得信赖的公司银行雇员。获得"特许公司银行家"认证应具备的知识体系则是在涵盖"特许公司银行专员"认证的全部八个知识模块基础上，提出更高层次的专业要求，并且在知识体系模块中加入了综合案例分析模块，强化从业人员对于专业知识的综合应用能力。

为了对"特许公司银行家"认证及"特许公司银行专员"认证的知识体系进行更详细的梳理和解释，明业国际金融认证标准（上海）有限公司在运作项目的过程中，发起"特许公司银行家"认证标准配套考试用书的编撰工作。考试用书以认证标准的知识体系为纲，充分借鉴国际一流机构公司银行业务专业教材的体系，由明业国际金融认证标准（上海）有限公司组织行业专家编撰初稿。专家指导委员会组织行业代表和学术机构专家成立编委会，对内容进行逐一修订和完善。在整个编撰过程中，各家银行毫无吝惜地贡献他们在实务中提炼的经验和智慧，确保考试用书的内容高度贴合国内商业银行实际。编委们在考试用书编撰中所展现的严谨工作态度、开放的心态和广阔的胸襟真正体现了国际一流银行家的素质和风采。在此，我谨代表特许公司银行家认证标准专家指导委员会及明业国际金融认证标准（上海）有限公司，向参与本书编撰并付出辛勤努力的编写人员表示衷心感谢，他们是：第一章编撰者干凤其、张赋杰；第二章编撰者吴桢、任红（农业银行）；第三章编撰者滕小芹、林娜、李若杰（中国银行）；第四章编撰者杨媛媛、崔喜苏（建设银行）；第五章编撰者石奇、王勇（交通银行）；第六章编撰者毕成成、杨斌（浦发银行）；第七章编撰者王斌；第八章编撰者余潇潇。此外，工商银行有数位业务骨干参加了第七章的编写和修订工作，在此一并表示感谢！

　　我们有充分的理由相信，既充分借鉴国际经验，又密切结合国内银行实践智慧的"特许公司银行家"认证标准体系，定能为中国的公司银行业务及其从业者带来更多更长远的利益，为中国银行业乃至整个金融行业更加规范化、国际化的发展，贡献一份力量。

薛桢梁
2014 年 6 月

目　　录

第一章　职业道德规范准则与银行监管

第二章 经济学基础

第三章　财务报表分析

第四章　公司金融

目　录

第一章 职业道德规范准则与银行监管

学习要求说明：

1. 深刻认识并阐述特许公司银行家认证标准职业道德规范与从业准则的制定背景及重要性

2. 明确特许公司银行家认证标准职业道德规范与从业准则制定的宗旨和适用范围

3. 熟悉并掌握特许公司银行家认证标准职业道德规范的要求

4. 掌握特许公司银行家认证标准从业准则的五条要求

5. 掌握并能阐述特许公司银行家认证标准从业准则的具体内容

6. 阐述如何在实践中贯彻特许公司银行家认证标准职业道德规范与从业准则

7. 阐述中国银行业监管的目标、原则和标准

8. 熟悉中国银行业监管的措施

9. 描述中国银行业的监管结构中的法规体系结构和主体结构

10. 阐述中国银行业的行政监管内容

11. 了解中国银行业的金融宏观调控

12. 描述反洗钱概念及中国反洗钱监管机构和法规体系结构

13. 熟悉中国银行业的业务监管，包括负债业务监管、资产业务监管、中间业务监管以及资本监管

引言

职业道德是随着社会分工发展而产生的。在一定的社会经济关系基础上，特定的职业要求人们具备特定的知识和技能，同时也要求人们具备特定的道德规范。职业道德规范可以调节职业交往中从业人员内部以及外部的关系，有利于维护和提高行业的信誉，并提高全社会的总体道德水平。在本教材的第一章中，我们将简要地介绍特许公司银行家认证标准职业道德规范与从业准则（试行版），并在后续高级阶段教材中对相关道德规范和从业准则进行详细讲解。此套道德规范和从业准则的制定，旨在为提高我国公司银行从业人员的职业道德水平提供帮助和指导，为我国金融市场的繁荣稳定和健康发展作出积极的贡献。

另外，在本章中我们还将对中国银行业的法律监管体系、机构及其职能做详细的阐述。在我国，加强银行业监管法规建设，是该行业改革开放不断深化的重要保障。中国银监会根据党中央、国务院的战略部署，为提升我国银行业竞争力和监管有效性，积极努力地推动银行业监管法制体系建设，基本建立了适应市场的商业银行体制，有力推进了流程银行建设，显著地提高了风险管理能力，全面提升了金融服务水准。经过银行业监管者和法制工作者的不断努力，我国已初步建立了以中央立法机关和中央政府的相关法律、法规、决议和命令为依据，以《银行业监督管理法》和《商业银行法》为核心，以处罚金融违法行为、管理外资银行的行政法规为基础的现代银行业监管法律体系。银行业监管规则的体系化建设，既为银行业的稳健、全面发展提供了最为可靠的制度保障，又为监管工作的有序推进提供了较为完整的法律法规依据。

1　特许公司银行家认证标准职业道德规范与从业准则（试行版）

1.1　背景

在人类所有的经济活动中，金融活动因其涉及广泛的金融市场参与者、种类繁多的金融产品和高度专业的金融知识而成为相对比较复杂的经济领域。此外，由于金融体系运转过程中存在信息不对称和代理客户进行资金投资的特点，导致金融市场道德缺失现象严重并积累了大量的道德风险。过去几十年中频发的金融市场内幕交易、庞氏骗局、财务舞弊丑闻，给全世界、各个国家和地区的经济金融带来惨重的损失和沉痛的教训。其根本原因在于，大量的金融机构及其从业人员无视金融市场投资者和客户的利益，疯狂追逐高额利润而采取各种不道德的甚至是违规违法的决策和行为。凡此种种都重创了市场投资者的信心，也极大地损害了投资者和客户对金融机构及其从业人员的信任。

金融市场如果仅仅依靠政府监管并不能有效预防金融危机或金融丑闻的发生，因为那些缺乏甚至完全没有道德意识和职业操守的金融机构及其从业人员会随时寻找监管条例的漏洞，并利用法律法规的漏洞来谋取私利。所以，只有当金融机构形成一种能够促进组织本身的道德意识，促进组织内部从业人员的道德人格，使其严格遵守高水准的道德规范和职业行为准则的优秀道德文化，才能积极主动地避免为获取不正当利益而进行的不道德的行为，才能保证在面对模棱两可的道德困境或是纷繁复杂的情景中选择保护市场投资者和客户的最佳利益的决策和行为。

信任和诚信是金融市场有效运转的基础，更是商业银行正常运转的基石。在中国，银行业始终居于金融体系的中心地位。作为银行从业人员，尤其是商业银行公司业务从业人员，如果能够遵守高水准的道德规范和职业行为准则，就可以大幅度地提升社会公众和客户对于金融市场和银行业的信任，从而促进金融市场和银行自身业务的健康发展，使所有参与者最终都会从规范高效的金融市场环境和业务运行环境中获益，其中包括公司银行业及其从业人员。

相对于西方发达国家金融市场中的从业人员而言，我国金融市场中的金融机构及其从业人员，包括银行从业人员的诚信观念比较淡薄，也缺乏职业操守的约束。中国银行业协会于 2007 年发布实施了《银行业从业人员职业操守》，旨在规范和提高银行业从业人员的职业行为和道德水准。但是，在商业银行公司业务领域至今没有主管部门统一发布的或行业公认的适用于该领域从业人员的道德规范和职业行为准则。由于该领域业务相对比较复杂，利益冲突无处不在，道德困境的挑战不断涌现，所以更加需要高水准的道德规范和行为准则来调整和规范该领域中各方的利益关系，避免或协调各方之间的利益冲突。

作为国内首个针对公司银行领域的认证标准，特许公司银行家认证标准致力于成为公司银行业的最高专业水准，坚持最严格的职业道德标准，资格认证过程采用国际上通用的 "4E" 认证方式，即：教育（Education）、考试（Examination）、经验（Experience）和道德（Ethics）。在特许公司银行家认证标准专家指导委员会的指导下，经过多次讨论、反复修改，编写了《特许公司银行家认证标准职业道德规范与从业准则》（试行版）。所有特许公司银行家认证标准的考生和持证人都必须完全遵守《特许公司银行家认证标准职业道德规范与从业准则》。同时，特许公司银行家认证标准将根据国际国内银行业的发展情况，持续修订和完善《特许公司银行家认证标准职业道德规范与从业准则》，努力为中国公司银行业及从业人员提供最高水准的道德规范和职业行为准则，提升社会公众和客户对于公司银行业的信任，促进公司银行业务的健康持续发展。

1.2　宗旨

为规范特许公司银行家认证标准考生和持证人的职业行为，提高和维持特许公司银行家认证标准考生和持证人的职业道德水准，并在此基础上推动建立健康的银行信用文化，维护公司银行的良好信誉，促进公司银行乃至整个中国银行业的健康发展，特制定本准则。

1.3　适用范围

所有特许公司银行家认证标准考生和持证人从业过程中的所有行为均须遵守本准则。

1.4　职业道德规范

考生和持证人应当：

- 以正直、诚实、胜任、尽责以及道德的方式，与公众、客户、监管者、雇主、同事等相关各方良性互动。
- 始终将公司银行的行业信誉和客户的利益置于自身的个人利益之上。
- 在开展公司银行业务分析、提供业务咨询以及执行业务操作过程中始终勤勉尽责，充分发挥自身独立专业的判断力。
- 维持和持续提升自身专业胜任力，并且努力帮助其他从业人员维持和持续提升专业胜任力。
- 遵从并鼓励他人遵从公司银行职业道德规范和从业准则，为其本人以及整个行业增添信誉。

1.5　从业准则

第一条　基本准则

第一款　守法合规

考生和持证人应当了解并遵守所有与其职业活动相关的，由政府、监管机构、授权机构或专业团体制定的法律法规、自律规范或规章制度（包括本职业守则）。当其遵守的法律法规彼此间存在冲突的时候，考生和持证人应当择其严者而从之。考生和持证人不得参与或协助他人参与任何违反这些法律法规、自律规范或规章制度的行为。

第二款　诚实守信

考生和持证人应当遵从职业道德规范行事，品行正直，恪守诚信，不得在职业活动中作出任何失信、欺诈或欺骗的行为，也不得作出任何对其职业声誉、品德或能力造成负面影响的行为。

第三款　独立客观

考生和持证人应当以其合理审慎的判断力，达到并维持其职业活动的独立性和客观性。考生和持证人不得提供、索取或收受任何可能损害其本人或他人的独立性和客观性的礼物、报酬或好处。

第四款　专业胜任

考生和持证人应当具备职业所需的专业知识、资格与能力，在其研究分析、意见咨询、业务操作等过程中履行勤勉尽责、独立透彻的义务。考生和持证人应当加强学习，不断提高业务知识水平，熟知向客户推荐的金融产品的特性、收益、风险、法律关系、业务处理流程及风险控制框架。

第二条　维护行业信誉

第一款　接受监管

考生和持证人应当诚实主动地接受银行业监管部门的监管。考生和持证人应当积极配合监管人员的现场检查，及时、如实、全面地提供资料和信息，不得拒绝或无故推诿，不得转移、隐匿或者毁损有关证明材料；按监管部门要求的报送方式、报送内容、报送频率和保密级别报送非现场监管需要的数据和其他信息。

第二款　内幕交易

考生和持证人在业务活动中应当遵守有关禁止内幕交易的规定，不得将内幕信息以明示或暗示形式告知法律和雇主许可范围以外的人员，也不得自己利用或者帮助他人利用内幕信息进行交易牟利。

第三款　交易优先级

考生和持证人应当将客户和雇主的交易请求置于以本人或亲属为直接或者间接受益人的交易请求之前。

第四款　利益冲突

考生和持证人应当及时、全面、公正地披露任何可能损害其独立性与客观性，或者影响其履行对客户或对雇主职责的事项。考生和持证人应当使用平实易懂的语言，使得披露的信息显著和有效。

第五款　同业竞争

考生和持证人应当坚持公平、有序竞争的原则，尊重同业人员和同业机构，积极促进同业信息交流与合作。考生和持证人不得使用不正当竞争手段，不得捏造、发表或传播有关同业人员和同业机构的不当言论。

第三条　对客户的职责

第一款　忠诚尽责

考生和持证人负有对客户忠诚的义务，坚持客户利益至上，把客户利益置于雇主和个人利益之上。考生和持证人在为客户服务过程中，应当衣着得体、态度稳重、礼貌周到。

第二款　了解客户

考生和持证人应当履行对客户尽职调查的义务，了解客户账户开立、资金调拨的用途以及账户安全等情况。同时，应当根据风险控制要求，了解客户的财务状况、业务状况及风险承受能力。考生和持证人应当根据客户的整体状况和长远目标为其提供合适产品或服务。

第三款　风险提示

考生和持证人应当根据监管要求，向客户充分提示所推荐产品或服务涉及的各种风险，不得为达成交易而隐瞒风险或进行虚假或误导性陈述，不得向客户作出不符合规定的承诺或保证。考生和持证人应当明确区分其雇主代理销售的产品和由其雇主自担风险的产品，向客户明示产品性质、产品风险和产品责任承担等必要信息。

第四款　公平对待

考生和持证人应当公平对待所有客户，不得因客户的国籍、肤色、民族、性别、年龄、宗教信仰、身体状况及业务繁简程度和金额大小等方面的差异而歧视任何客户。

第五款　信息保密

考生和持证人应当严格执行关于客户隐私和交易信息保密的有关法律法规，妥善保存客户资料及其交易信息档案。考生和持证人在受雇期间及离职后，均不得违反法律法规和雇主关于客户隐私保护的规定，不得违法或违规透露任何客户资料和交易信息。

第六款　反洗钱

考生和持证人应当遵守国家反洗钱有关规定，熟知自己承担的反洗钱义务，在保护客户隐私的同时，按照有关法律法规和雇主规定的要求，及时报告可疑交易。

第四条　对雇主的职责

第一款　忠于职守

考生和持证人应当恪尽职守，维护雇主利益，自觉遵守法律法规、行业自律规范和雇主的各种规章制度。考生和持证人应当保护雇主的商业秘密、知识产权和专有技术，维护雇主的形象和声誉；妥善保护和使用雇主财产，不得以任何方式损害、浪费、侵占、挪用、滥用雇主财产。

第二款　媒体采访

考生和持证人应当遵守雇主关于接受媒体采访的规定，不得擅自代表雇主接受新闻媒体采访，或擅自代表雇主对外发布信息。

第三款　争议处理

受到雇主给予的警告、降薪、扣发奖金、降职、撤职、开除、辞退等纪律处分而本人有异议时，考生和持证人应当通过正常渠道反映和解决，不得借机造谣滋事、诋毁诽谤，并尽量避免滥用诉权。

第四款　兼职

考生和持证人应当遵守雇主有关兼职的规定，未经雇主书面允许，不得从事兼职。在雇主许可的兼职范围内，考生和持证人应当妥善处理兼职与本职工作之间的关系，不得通过损害雇主利益为本人谋取不当利益。

第五款　离职交接

考生和持证人离职时，应当按照雇主规定妥善交接，未经雇主书面允许，不得擅自带走属于雇主的财物、工作资料和客户资源等。考生和持证人与原雇主有竞业条款约定的，离职后应当遵守约定，恪守诚信，不得擅自透露原雇主的商业秘密和客户隐私。

第六款　举报违法行为

考生和持证人对雇主违反法律法规、行业公约的行为，有责任予以揭露，同时鼓励其向上级机构或雇主的监督管理部门直至国家司法机关举报。

第七款　管理职责

考生和持证人应当采取有效措施预防和防止下属职员任何违反法律法规、监管规定和本职业守则的行为发生。负有管理职责的考生和持证人应当要求雇主投入足够资源，建立合理的充分的合规内控体系、管理制度、监控和实施机制。

第五条　对特许公司银行家认证标准的职责

第一款　维护特许公司银行家认证标准信誉

考生和持证人不得参与任何损害特许公司银行家认证标准证书的声誉或品质的行为，也不得参与任何损害特许公司银行家认证标准证书考试的品质、效力或安全的行为。

第二款　履行会员职责

考生和持证人应当按时缴纳相关费用，参加特许公司银行家认证标准继续教育活动。考生和持证人应当以合理方式使用特许公司银行家认证标准相关称谓、标识和头衔等，不得歪曲或夸大持有特许公司银行家认证标准证书或作为特许公司银行家认证标准证书考生的意义和含义。

2 中国银行业监管体系

亚洲金融危机、美国科技股泡沫、美国次级贷款危机、欧洲主权债务危机、美国财政悬崖困局……金融危机接踵而至，资本市场剧烈震荡，主要经济体陷入衰退，大批投资者遭受损失。直面当前复杂多变的全球经济和金融形势，有效的银行监管对保持金融稳定的重要性不断提升，全球范围内就加强对银行监管和完善监管政策达成共识。巴塞尔银行监管委员会从颁布《巴塞尔资协议Ⅰ》到《巴塞尔资本协议Ⅲ》对银行的监管提出了更高的要求，为了进一步促进全球金融体系的安全和稳健发挥了重要作用。

银行作为金融体系中最重要的一环，为各行各业提供着广泛的金融服务，并通过扩大资产负债规模来增加利润，风险成为银行体系不可消除的内生因素，银行业金融机构通过管理和经营风险获得收益；银行业先天存在垄断与竞争的悖论，存款人与银行的关系属于特殊的债权债务关系，双方所掌握的信息极其不对称，因此进一步加强并深化银行业监管非常必要。

2.1 银行业监管的内容和措施

所谓银行业监督管理（以下简称银行监管）是由政府主导和实施的监督管理行为。监管部门通过制定法律、制度和规则，实施监督检查，促进金融体系的安全和稳定，有效保护存款人利益。

银行监管的对象主要是银行业金融机构，在我国，银行业金融机构包括政策性银行、商业银行（包括国有商业银行、股份制商业银行和城市商业银行）、农村金融机构（包括农村信用社、农村商业银行、农村合作银行、村镇银行和农村资金互助社）和外资银行等。此外，我国银行监管的对象还包括金融资产管理公司、信托公司、企业集团财务公司、金融租赁公司、汽车金融公司和货币经纪公司等非银行金融机构。

2.1.1 银行监管的目标

在我国，对银行监管的目标非常明确。《中华人民共和国银行业监督管理法》

（以下简称《银行业监督管理法》）明确了我国银行业监管的总体目标，即促进银行业的合法、稳健运行，维护公众对银行业的信心，保证银行业公平竞争，提高银行业竞争能力。

中国银行业监督管理委员会（以下简称中国银监会）在总体目标的基础上，结合国内外银行监管经验，提出了我国银行业监管的具体目标：

■ 通过审慎有效的监管，保护广大存款人和金融消费者的利益，增进市场信心；

■ 通过宣传教育工作和相关信息的披露，增进公众对现代金融的了解；

■ 努力减少金融犯罪，维护金融稳定。

2.1.2　银行监管的原则

银行监管原则是对银行监管行为的总体规范。《银行业监督管理法》明确规定了我国银行业监管的基本原则，具体如下：

■ **依法原则**：银行监管职权的设定和行使必须依据法律、行政法规的规定。银行监管行为的法律性质是一种行政行为，依法行政是有效实施监管的基本要求。

■ **公开原则**：银行监管活动除法律规定需要保密的以外，应当具有适当的透明度。"公开"包括三方面主要内容：监管立法和政策标准，监管执法和行为标准，以及行政复议的依据、标准和程序。

■ **公正原则**：银行业市场的参与者具有平等的法律地位，中国银监会进行监管活动时应当平等对待所有参与者。"公正"包括两方面：一是实体公正，即要求平等对待监管对象；二是程序公正，即要求履行法定的完整程序，不因监管对象不同而有差异。

■ **效率原则**：中国银监会在监管活动中要合理配置和利用监管资源，提高监管效率，既要保证全面履行监管职责，确保监管目标的实现，又要努力降低监管成本，不给纳税人、监管对象带来负担。

2.1.3　银行监管的标准

银行监管标准是规范和检验银行监管工作的标杆。"管法人、管风险、管内控、提高透明度"是监管的理念。在此基础上，建立了我国银行监管的标准，主要内容包括以下几个方面：

■ 促进金融稳定和金融创新共同发展；

■ 努力提升我国银行业在国际金融服务中的竞争力；

■ 对各类监管设限做到科学合理，有所为有所不为，减少一切不必要的限制；

■ 鼓励公平竞争，反对无序竞争；

■ 对监管者和被监管者都要实施严格、明确的问责制；

■ 高效、节约地使用一切监管资源。

2.1.4　银行监管的措施

前面提到了监管的目标、原则和标准。而银行监管的落脚点还是银行的监管措施。在我国，银行监管的措施主要包括以下几个方面：

市场准入

银行监管部门采取行政许可手段审查、批准市场主体进入银行领域并从事银行相关活动的机制，是银行监管的首要环节。

根据中国银监会的监管规定，我国银行的市场准入有三个方面，即：

■ 机构准入：依据法定标准，批准银行机构法人或其分支机构的设立和变更；

■ 业务准入：按照审慎性标准，批准银行机构的业务范围和开办新的业务品种；

■ 高级管理人员准入：对银行机构董事及高级管理人员任职资格的审查核准。

市场准入应当遵循公开、公平、公正的"三公"原则、效率及便民的原则，其主要目标包括：

■ 保证注册银行具有良好的品质，预防不稳定机构进入银行体系；

■ 维护银行市场秩序；

■ 保护存款者的利益。

监督检查

银行的监督检查包括非现场监管和现场检查，从而实现对风险的及时预警、识别和评估，并针对不同风险程度的银行机构，建立风险纠正和处置安排，确保银行风险得以有效控制、处置。非现场监管和现场检查相互补充、互为依据，在监管活动中发挥不同的作用。其中对于监督检查，主要有以下几个方面：

■ 非现场监管：非现场监管人员按照风险为本的监管理念，全面持续地收集、监测和分析被监管机构的风险信息，针对被监管机构的主要风险隐患制订监管计划，并结合被监管机构风险水平的高低和对金融体系稳定的影响程度，合理配置监管资源，实施一系列分类监管措施的周而复始的过程。非现场监管的程序包括：制订监管计划；监管信息收集，编制机构概览；日常监管分析；风险评估；非现场检查立项；监管评级；后续监管。

■ 现场检查：银行监管部门及其分支机构派出监管人员到被监管的金融机构进行实地检查，通过查阅金融机构的报表、文件等各种资料和座谈询问等方法，对金融机构经营管理情况进行分析、检查、评价和处理，督促金融机构合法、稳健经营，提高经营管理水平，维护金融机构及金融体系安全。现场检查的作用包括：发现和识别风险；保护和促进作用；反馈和建议作用；评价和指导作用。现场检查的程序包括：现场检查准备阶段；现场检查实施阶段；现场检查报告阶段；现场检查处理阶段；检查档案整理。

■ 监管谈话：银行监管部门与银行业金融机构的董事及高级管理人员谈话，要求其就业务活动和风险管理的重大事项作出说明。

■ 信息披露监管：银行监管部门要求银行业金融机构按照规定如实向社会公众披露财务会计报告、风险管理状况、董事和高级管理人员变更以及其他重大事项等信息。

2.2　银行监管结构

银行监管结构包括银行监管法规体系结构和银行监管主体结构。

2.2.1　银行监管法规体系结构

在我国，按照法律的效力等级划分，银行监管法规体系结构由法律、行政法规和规章三个层级的法律规范构成。

法律

法律是由全国人民代表大会（以下简称全国人大）及其常务委员会根据《宪法》，并依照法定程序制定的有关法律规范，是银行监管法规体系结构的最基本组成部分，效力等级最高。

目前，银行监管领域所依据的主要法律包括《银行业监督管理法》、《中国人民银行法》、《商业银行法》、《行政许可法》等，构成银行监管部门依法行使银行监管职能的基础。此外，《物权法》、《信托法》、《票据法》、《公司法》、《担保法》、《合同法》等法律也从不同角度对银行业金融机构经营管理提出基本的法律要求。

行政法规

行政法规是由国务院依据法律制定，以国务院令的形式发布的各种有关活动的法律规范，效力低于法律。行政法规条文本身需要进一步明确界限或者作出补充规定的，由国务院作出立法性解释。目前，银行监管领域所依据的主要行政法规包括《金融违法行为处罚办法》等。

规章

规章是银行监管部门根据法律和行政法规，在权限范围内制定的规范性文件，效力最低。规章文件共同构成银行监管部门实施监管的主要依据，是监管规定和风险管理领域的实践指导。目前，银行监管领域所依据的主要规章包括《商业银行资本充足率信息披露指引》、《中国银行业实施新资本协议指导意见》等。

在我国，除上述法律、行政法规和规章外，还有行业自律性规范、司法解释、行政解释和国际金融条约四个部分作为法律框架的有效补充。近年来，我国银行监管部门逐步借鉴国际银行监管经验，以"指引"形式发布行业指导意见，指导银行机构完善经营管理。注意，"指引"并不具有强制力，而是对银行监管部门所推介的良好经验和最佳实践的概括总结，并通过审慎监管要求的形式加以推广。

2.2.2 银行监管主体结构

银行监管的主体在我国银行监管历史上经历了演变的过程，目前我国银行的监管主体是中国银监会。以下，我们来了解一下银行监管主体演变的历程。

1984 年之前，中国人民银行同时承担着中央银行、金融机构监管及办理工商信贷和储蓄业务的职能。

1984 年 1 月 1 日起，中国人民银行开始专门行使中央银行的职能，所承担的工商信贷和储蓄业务职能移交至新设立的中国工商银行。

1995 年 3 月 18 日，第八届全国人民代表大会第三次会议通过《中华人民共和国中国人民银行法》（以下简称《中国人民银行法》），中国人民银行作为中央银行的职能和地位以法律形式被确定下来。

2003 年 4 月，中国人民银行对银行业金融机构的监管职责由新设立的中国银监会行使。

2003 年 12 月 27 日，第十届全国人民代表大会常务委员会第六次会议通过《银行业监督管理法》，中国银监会作为中国银行业金融机构监管机构的职能和地位以法律形式被确定下来。该法自 2004 年 2 月 1 日起施行，并于 2006 年 10 月 31 日经第十届全国人民代表大会常务委员会第二十四次会议通过其修正案。

从而，中国银监会作为中国银行业金融机构的监管机构，行使银行行政监管职责；中国人民银行作为中央银行，行使制定和执行货币政策的职责，监管反洗钱工作，防范和化解金融风险，维护金融稳定；对于银行中间业务等跨市场、跨领域或跨行业的监管，由中国银监会与中国人民银行、中国证券监督管理委员会（以下简称中国证监会）、中国保险监督管理委员会（以下简称中国保监会）等相关部门协调，共同监管。

中国银监会的具体行政监管职责如下：

■ 依照法律、行政法规制定并发布对银行业金融机构及其业务活动监督管理的规章、规则；

■ 依照法律、行政法规规定的条件和程序，审查批准银行业金融机构的设立、变更、终止以及业务范围；

■ 对银行业金融机构的董事和高级管理人员实行任职资格管理；

■ 依照法律、行政法规制定银行业金融机构的审慎经营规则；

■ 对银行业金融机构的业务活动及其风险状况进行非现场监管，建立银行业金融机构监督管理信息系统，分析、评价银行业金融机构的风险状况；

■ 对银行业金融机构的业务活动及其风险状况进行现场检查，制定现场检查程序，规范现场检查行为；

■ 对银行业金融机构实行并表监督管理；

■ 会同有关部门建立银行业突发事件处置制度，制订银行业突发事件处置预案，明确处置机构和人员及其职责、处置措施和处置程序，及时、有效地处置银行业突发事件；

■ 负责统一编制全国银行业金融机构的统计数据、报表，并按照国家有关规定予以公布；

■ 对银行业自律组织的活动进行指导和监督；

■ 开展与银行业监督管理有关的国际交流、合作活动；

■ 对已经或者可能发生信用危机，严重影响存款人和其他客户合法权益的银行业金融机构实行接管或者促成机构重组；

■ 对有违法经营、经营管理不善等情形的银行业金融机构予以撤销；

■ 对涉嫌金融违法的银行业金融机构及其工作人员以及关联行为人的账户予以查询，对涉嫌转移或者隐匿违法资金的，申请司法机关予以冻结；

■ 对擅自设立银行业金融机构或非法从事银行业金融机构业务活动的，予以取缔；

■ 负责国有重点银行业金融机构监事会的日常管理工作；

■ 承办国务院交办的其他事项。

此外，在我国，由中国银行业协会行使行业自律管理职责。中国银行业协会成立于 2000 年，是在民政部登记注册的全国性非营利社会团体，由中国银监会主管。中国银行业协会以促进会员单位实现共同利益为宗旨，履行自律、维权、协调、服务职能，维护银行业合法权益，维护银行业市场秩序，提高银行业从业人员素质，提高为会员服务的水平，促进银行业的健康发展。凡经中国银监会批准成立的、具有独立法人资格的全国性银行业金融机构以及在华外资金融机构，承认《中国银行业协会章程》，均可申请加入中国银行业协会成为会员。经中国银监会批准设立的、非法人外资银行分行和在华代表处等，承认《中国银行业协会章程》，可申请加入中国银行业协会，成为观察员。会员、观察员申请加入协会时，应当按照协会的要求，提交相关文件，经协会理事会审查同意后，向申请人颁发会员、观察员证书，申请人即取得相应资格。协会根据需要对会员进行分类管理。会员、观察员发生合并、分立、终止等情形的，其资格相应变更或终止。协会应在收到申请人的申请之日起 30 日内，决定是否接受申请人的申请，并将决定书面通知申请人。逾期未作答复视同接受申请。

资料分享："一行三会"

"一行三会"指中国人民银行、中国银监会、中国证监会和中国保监会。

中国人民银行的历史，可以追溯到第二次国内革命战争时期。1931 年 11 月 7 日，在江西瑞金召开的"全国苏维埃第一次代表大会"上，通过决议成立"中共苏维埃共和国国家银行"（以下简称苏维埃国家银行），并发行货币。1948 年 12 月 1 日，以华北银行为基础，合并北海银行、西北农民银行，在河北省石家庄市组建了中国人民银行，并发行人民币，成为中华人民共和国成立后的中央银行和法定本位币。中国人民银行成立至今的六十多年，特别是改革开放以来，在体制、职能、地位、作用等方面，都发生了巨大而深刻的变革，前后包括四个阶段——中国人民银行的创建与国家银行体系的建立（1948—1952 年）；计划经济体制时期的国家银行（1953—1978 年）；从国家银行过渡到中央银行体制（1979—1992 年）；逐步强化和完善现代中央银行制度（1993年至今）。1995年3月18日，全国人民代表大会通过《中华人民共和国中国人民银行法》，首次以国家立法形式确立了中国人民银行作为中央银行的地位，标志着中央银行体制走向了法制化、规范化的轨道，是中央银行制度建设的重要里程碑。2003年，按照党的十六届二中全会审议通过的《关于深化行政管理体制和机构改革的意见》和十届人大一次会议批准的国务院机构改革方案，将中国人民银行对银行、金融资产管理公司、信托投资公司及其他存款类金融机构的监管职能分离出来，并和中央金融工委的相关职能进行整合，成立中国银行业监督管理委员会。同年9月，中央机构编制委员会正式批准人民银行的"三定"调整意见。12月27日，第十届全国人民代表大会常务委员会第六次会议审议通过了《中华人民共和国中国人民银行法（修正案）》。有关金融监管职责调整后，人民银行新的职能正式表述为"制定和执行货币政策、维护金融稳定、提供金融服务。"同时，明确界定："中国人民银行为国务院组成部门，是中华人民共和国的中央银行，是在国务院领导下制定和执行货币政策、维护金融稳定、提供金融服务的宏观调控部门。"这种职能的变化集中表现为"一个强化、一个转换和两个增加"。"一个强化"，即强化与制定和执行货币政策有关的职能。人民银行要大力提高制定和执行货币政策的水平，灵活运用利率、汇率等各种货币政策工具实施宏观调控；加强对货币市场规则的研究和制定，加强对货币市场、外汇市场、黄金市场等金融市场的监督与监测，密切关注货币市场与房地产市场、证券市场、保险市场之间的关联渠道、有关政策和风险控制措施，疏通货币政策传导机制。"一个转换"，即转换实施对金融业宏观调控和防范与化解系统性金融风险的方式。由过去主要是通过对金融机构的设立审批、业务审批、高级管理人员任职资格审查和监管指导等直接调控方式，转变为对金融业的整体风险、金融控股公司以及交叉性金融工具的风险进行监测和评估，防范和化解系统性金融风险，维护国家经济金融安全；转变为综合研究制定金融业的有关改革发展规划和对外开放战略，按照我国加入世界贸易组织的承诺，促进银行、证券、保险三大行业的协调发展和开放，提高我国金融业的国际竞争力，维护国家利益；转变为加强与外汇管理相配套的政策的研究与制定工作，防范国际资本流动的冲击。"两个增加"，即增加反洗钱和管理信贷征信业两项职能。今后将由人民银行组织协调全国的反洗钱工作，指导、部署金融业反洗钱工作，承担反洗钱的资金监测职责，并参与有关的国际反洗钱合作。由人民银行管理信贷征信业，推动社会信用体系建设。

中国银监会成立于2003年4月25日，是国务院直属正部级事业单位。根据国务院授权，统一监督管理银行、金融资产管理公司、信托投资公司及其他存款类金融机构，维护银行业的合法、稳健运行。从 1984 年起，中国形成了中央银行、专业银行的二元银行体制。中国人民银行履行对银行业、证券业、保险业、信托业的综合监管。2003 年，根据第十届全国人民代表大会第一次会议批准的国务院机构改革方案和《国务院关于机构设置的通知》，设立中国银行业监督管理委员会。2003 年 4 月 25 日，中国银行业监督管理委员会成立；2003 年 4 月 28 日起正式履行职责。中国银行业监督管理委员会划入中国人民银行对银行业金融机构的监管职责和原中共中央金融工作委员会的相关职责。根据中共中央决定，中国银行业监督管理委员会成立党委，履行中共中央规定的职责。中国人民银行原来的银行监管一司、二司、非银司、合作司和银行管理司进行了重新整合。整合后的中国银行业监督管理委员会新部门分别是：监管一部负责国有商业银行，监管二部负责股份制商业银行，监管三部负责外资和政策性银行，而非银行金融机构监管部和合作金融机构监管部负责信托公司、租赁公司、资产管理公司等金融机构的监管。

中国证监会为国务院直属正部级事业单位，依照法律、法规和国务院授权，统一监督管理全国证券期货市场，维护证券期货市场秩序，保障其合法运行。改革开放以来，随着中国证券市场的发展，建立集中统一的市场监管体制势在必行。1992 年 10 月，国务院证券委员会（以下简称国务院证券委）和中国证监会宣告成立，标志着中国证券市场统一监管体制开始形成。国务院证券委是国家对证券市场进行统一宏观管理的主管机构；中国证监会是国务院证券委的监管执行机构，依照法律法规对证券市场进行监管。国务院证券委和中国证监会成立以后，其职权范围随着市场的发展逐步扩展。1993 年 11 月，国务院决定将期货市场的试点工作交由国务院证券委负责，中国证监会具体执行。1995 年 3 月，国务院正式批准《中国证券监督管理委员会机构编制方案》，确定中国证监会为国务院直属副部级事业单位，是国务院证券委的监管执行机构，依照法律、法规的规定，对证券期货市场进行监管。1997 年 8 月，国务院决定，将上海、深圳证券交易所统一划归中国证监会监管；同时，在上海和深圳两市设立中国证监会证券监管专员办公室；11 月，中央召开全国金融工作会议，决定对全国证券管理体制进行改革，理顺证券监管体制，对地方证券监管部门实行垂直领导，并将原由中国人民银行监管的证券经营机构划归中国证监会统一监管。1998 年 4 月，根据国务院机构改革方案，决定将国务院证券委与中国证监会合并组成国务院直属正部级事业单位。经过这些改革，中国证监会职能明显加强，集中统一的全国证券监管体制基本形成。1998 年 9 月，国务院批准了《中国证券监督管理委员会职能配置、内设机构和人员编制规定》，进一步明确中国证监会为国务院直属事业单位，是全国证券期货市场的主管部门，进一步强化和明确了中国证监会的职能。

中国保监会是中国商业保险的主管机关，也是国务院直属事业单位。中国保险监督管理委员会成立于1998年11月18日，其基本目的是为了深化金融体制改革，进一步防范和化解金融风险，根据国务院授权履行行政管理职能，依照法律、法规统一监督和管理保险市场。我国保险业起步较迟，但其发展速度极快，市场潜力也很大。1997年全年保险费收入突破1 000亿元人民币，比上年增长了40%左右。这一发展态势若离开配套的保险监管显然有悖于金融体制改革的初衷，而此前我国的保险业由中国人民银行通过所设保险公司实现其监管职能，这使银行与保险无法实行分业管理，使保险业在快速发展的进程中，自身的风险也在不断积累。中国保险监督管理委员会的成立，有利于排除干扰，提高保险监管的独立性与权威性，对于保险市场的良性发育及保险企业的公平竞争有着不容低估的意义。

2.3　行政监管

中国银监会行使对中国银行业金融机构的行政监管职责。注意，中国银行业金融机构仅限于中华人民共和国境内，不包含我国的香港特别行政区、澳门特别行政区和台湾地区。

思考题：

你了解哪些有关行政监管的法律法规？

《银行业监督管理法》是中国银监会行使行政监管职责的主要依据。《银行业监督管理法》赋予中国银监会及其派出机构进行非现场监管、现场检查、监督管理谈话及强制信息披露的权力。

2.3.1　审慎经营规则

审慎经营规则是指以审慎会计原则为基础，真实、客观、全面地反映银行业金融机构的资产价值和资产风险、负债价值和负债成本、财务盈亏和资产净值以及资本充足率等情况，真实、客观、全面地判断和评估银行业金融机构的实际风险，及时监测、预警和控制银行业金融机构的风险，从而有效地防范和化解金融风险，维护金融体系安全、稳定的经营模式。

审慎经营的内容包括但不限于：风险管理、内部控制、资本充足率、资产质量、损失准备金、风险集中、关联交易、资产流动性等。

银行业金融机构应当严格遵守审慎经营规则。银行业金融机构违反审慎经营规则的，中国银监会或者其省一级派出机构应当责令限期改正；逾期未改正的，或者其行为严重危及其稳健运行、损害存款人和其他客户合法权益的，经中国银监会或者其省一级派出机构负责人批准，可以区别情形，采取下列措施：

- 责令暂停部分业务、停止批准开办新业务；
- 限制分配红利和其他收入；
- 限制资产转让；
- 责令控股股东转让股权或者限制有关股东的权利；
- 责令调整董事、高级管理人员或者限制其权利；
- 停止批准增设分支机构。

对于涉嫌违法的相关单位和个人，中国银监会及其派出机构有权进行调查。对于涉嫌违法的相关单位和个人，将采取必要的法律措施。

中国银监会根据履行职责的需要，有权随时要求与银行业金融机构董事、高级管理人员进行审慎性监管谈话，要求银行业金融机构董事、高级管理人员就银行业金融机构的业务活动和风险管理的重大事项作出说明。审慎性监管谈话是监管人员为了了解银行业金融机构的经营状况、风险状况和发展趋势而与其董事、高级管理人员进行的谈话，其作用实施监管人员与被监管的银行业金融机构保持持续不断的沟通，及时了解其经营状况、风险状况，并预测发展趋势，以便继续跟踪监管，提高监管效率。进行审慎性监管谈话并不意味着银行业金融机构一定存在经营问题，即使不存在任何问题，中国银监会也有权要求谈话了解状况。中国银监会有权决定与某一银行业金融机构所有董事会成员谈话，也可与董事和高级管理人员一起谈话。

2.3.2　银行业金融机构的接管、重组、撤销和破产

银行业金融机构的接管，是指中国银监会在银行业金融机构已经或可能发生信用危机，严重影响存款人利益的情况下，对该银行采取的整顿和改组措施。接管是中国银监会依法保护银行业金融机构经营安全、合法性的一项预防性拯救措施，其目的是对被接管的银行业金融机构采取必要措施，以保护存款人的利益，恢复银行业金融机构的正常经营能力。

银行业金融机构的重组，是指通过一定的法律程序，按照具体的重组方案或重组计划，通过合并、兼并收购、购买与承接等方式，改变银行业金融机构的资本结构，

合理解决债务，以便使银行业金融机构摆脱其所面临的财务困难，并继续经营而采取的法律措施。重组的目的是对被重组的银行业金融机构采取对银行业体系冲击较小的市场退出方式，以此维护市场信心与秩序，保护存款人等债权人的利益。对于重组失败的，中国银监会可以决定终止重组，而由人民法院按照法律规定的程序依法宣告破产。

银行业金融机构的撤销，是指中国银监会对经其批准设立的具有法人资格的金融机构依法采取的终止其法人资格的行政强制措施。

银行业金融机构的破产，是指银行业金融机构符合《破产法》规定的情形，经中国银监会向人民法院提出对该银行业金融机构进行破产清算的申请后，被人民法院依法宣告破产的法律行为。

对于银行业金融机构的接管、重组、撤销和破产，具体有以下规定：

■ 银行业金融机构已经或者可能发生信用危机，严重影响存款人和其他客户合法权益的，中国银监会可以依法对该银行业金融机构实行接管或者促成机构重组，接管和机构重组依照有关法律和国务院的规定执行。

■ 银行业金融机构有违法经营、经营管理不善等情形，不予撤销将严重危害金融秩序、损害公众利益的，中国银监会有权予以撤销。

■ 商业银行已经或者可能发生信用危机，严重影响存款人的利益时，中国银监会可以对该商业银行实行接管，且接管期限最长不得超过2年。

■ 银行业金融机构被接管、重组或者被撤销的，中国银监会有权要求该银行业金融机构的董事、高级管理人员和其他工作人员，按照中国银监会的要求履行职责。在接管、机构重组或者撤销清算期间，经中国银监会负责人批准，对直接负责的董事、高级管理人员和其他直接责任人员，可以采取下列措施：

● 直接负责的董事、高级管理人员和其他直接责任人员出境将对国家利益造成重大损失的，通知出境管理机关依法阻止其出境；

● 申请司法机关禁止其转移、转让财产或者对其财产设定其他权利。

2.3.3　强制风险披露

中国银监会应当责令银行业金融机构按照规定，如实向社会公众披露财务会计报告、风险管理状况、董事和高级管理人员变更以及其他重大事项等信息，使投资者、存款人和相关利益者能真实、准确、及时、完整地了解这些信息，以便他们从自身利益角度出发作出相应的反应，反过来激励约束银行业金融机构完善法人治理结构、加强风险管理和内部控制、提高经营管理和盈利能力。

2.4 金融宏观调控

思考题：

你所了解的金融宏观调控措施有哪些？是哪些机构在进行这些宏观调控措施？
这些宏观调控措施对银行产生了哪些影响？

自《中国人民银行法》修订后，中国人民银行不再直接审批、监管银行业金融机构，而主要专注于货币政策的制定和执行。为了更好地维护币值的稳定、对金融市场进行宏观调控以及促进金融市场的繁荣发展，中国人民银行保留了部分必要的银行监管职责，有权对银行业金融机构的以下行为进行检查监督，其中包括：

- 执行有关存款准备金管理规定的行为；
- 与中国人民银行特种贷款有关的行为；
- 执行有关人民币管理规定的行为；
- 执行有关银行间同业拆借市场、银行间债券市场管理规定的行为；
- 执行有关外汇管理规定的行为；
- 执行有关黄金管理规定的行为；
- 代理中国人民银行经理国库的行为；
- 执行有关清算管理规定的行为；
- 执行有关反洗钱规定的行为。

中国人民银行根据执行货币政策和维护金融稳定的需要，可以建议中国银监会对银行业金融机构进行检查监督。并且，当银行业金融机构出现支付困难，可能引发金融风险时，为了维护金融稳定，中国人民银行经国务院批准，有权对银行业金融机构进行检查监督。中国人民银行根据履行职责的需要，有权要求银行业金融机构报送必要的资产负债表、损益表以及其他财务会计、统计报表和资料。

需要注意的是，中国人民银行和中国银监会同时拥有对银行业金融机构的检查监督权，并不会导致对银行业金融机构的双重检查和双重处罚。这是因为中国银监会对银行业金融机构具有的机构监管权并不排斥中国人民银行对银行业金融机构的功能监管权，并且两者的划分在现实操作中非常清晰。

2.5　反洗钱监管

洗钱是指为了掩饰犯罪收益的真实来源和存在，通过各种手段使犯罪收益表面合法化的行为。作为现代社会资金融通的主渠道，银行业是洗钱的易发、高危领域。但银行业金融机构已不是洗钱的唯一渠道，随着金融监管制度的不断严格和完善，洗钱逐步向非银行业金融机构和非金融机构渗透。

思考题：

你所认识的洗钱行为有哪些？洗钱行为有什么危害？

为什么政府和金融机构要抵制洗钱行为？政府和金融机构又通过哪些方式对洗钱行为进行控制和监管？

2.5.1　洗钱概述

洗钱的过程前后分为三个阶段：

■ 处置阶段：将犯罪收益投入到清洗系统的过程，是最容易被侦查到的阶段。

■ 培植阶段：通过复杂的多种、多层的金融交易，将犯罪收益与其来源分开，并进行最大限度地分散，以掩饰线索和隐藏身份。

■ 融合阶段：使非法变为合法，为犯罪得来的财富提供表面的合法掩盖，在犯罪收益披上了合法外衣后，犯罪收益人就能够自由地享用这些肮脏的犯罪收益，将清洗后的钱集中起来使用。

洗钱的方式多种多样，主要包括以下一些方式：

■ 借用金融机构：包括匿名存款、利用银行贷款掩饰犯罪收益、控制银行和其他金融机构。

■ 藏身于保密天堂：利用瑞士、开曼群岛、巴拿马、巴哈马和塞浦路斯等国家或地区严格的银行保密法、宽松的金融规则、自由的公司法和严格的公司保密法，隐匿非法资金。

■ 使用空壳公司（提名人公司）：空壳公司在保密天堂发展迅猛，一般涉及被提名人和持票人。被提名人是为收取一定管理费而根据外国律师的指令登记成立公司的当地人，一般对公司的真实所有人一无所知；持票人是公司的真实所有人。

■ 利用现金密集行业：由于银行现金交易报告制度的限制，大量现金存入银行容易引起怀疑，因此利用现金密集行业（如赌场、夜总会、酒吧、金银首饰店等）

做掩护，通过虚假交易将犯罪收益宣布为经营的合法收入。

■ 伪造商业票据：通过开立在两个不同国家或地区银行的账户，进行真实或虚构的交易，以此隐瞒或掩饰犯罪收益。

■ 走私：通过偷运现金、贵金属或艺术品出境，清洗犯罪收益。

■ 利用犯罪所得直接购置资产（不动产和动产）：通过不断转卖资产，逐渐将非法资金演变为合法资金。

■ 通过证券和保险业洗钱：利用国际证券价格波动剧烈且难以被调查的特点洗钱；利用购买高额保险，再以折扣方式低价赎回，中间差价通过保险公司"净化"。

2.5.2 反洗钱监管机构

中国人民银行为我国反洗钱行政主管部门。中国人民银行的具体反洗钱职责包括：

■ 组织协调全国的反洗钱工作，负责反洗钱资金监测；

■ 制定或者会同国务院有关金融监管机构制定金融机构反洗钱规章；

■ 监督、检查金融机构履行反洗钱义务的情况；

■ 在职责范围内调查可疑交易活动；

■ 接收单位和个人对洗钱活动的举报；

■ 向侦查机关报告涉嫌洗钱犯罪的交易活动；

■ 向国务院有关部门、机构定期通报反洗钱工作情况；

■ 根据国务院授权，代表中国政府与外国政府和有关国际组织开展反洗钱合作。

其他国务院金融监管机构必须配合中国人民银行开展反洗钱监管工作，具体的反洗钱职责如下：

■ 参与制定所监管的金融机构反洗钱规章；

■ 对所监管的金融机构提出按照规定建立健全反洗钱内部控制制度的要求；

■ 发现涉嫌洗钱犯罪的交易活动及时向公安机关报告；

■ 审查新设金融机构或者金融机构增设分支机构的反洗钱内部控制制度方案，对于不符合《中华人民共和国反洗钱法》（以下简称《反洗钱法》）规定的设立申请，不予批准。

我国2004年建立的金融情报中心——反洗钱监测分析中心，负责大额交易和可疑交易报告的接收、分析，是连接反洗钱预防监控和刑事打击工作的桥梁，是开展反洗钱工作的重要机构。反洗钱监测分析中心的具体职责包括：

■ 接受并分析人民币、外币大额交易和可疑交易报告；

■ 建立国家反洗钱数据库，妥善保存金融机构提交的大额交易和可疑交易报告信息；

■ 按照规定向中国人民银行报告分析结果；

■ 要求金融机构及时补正人民币、外币大额交易和可疑交易报告；

■ 经中国人民银行批准，与境外有关机构交换信息、资料。

2.5.3　反洗钱法规体系结构

在我国，反洗钱法律以《反洗钱法》作为主导，反洗钱规章主要包括《金融机构反洗钱规定》和《金融机构大额交易和可疑交易报告管理办法》。

《反洗钱法》旨在预防洗钱活动，维护金融秩序，遏制洗钱犯罪及相关犯罪。反洗钱义务的主体范围为在我国境内设立的金融机构和按照规定应当履行反洗钱义务的特定非金融机构。这些机构应当依法采取预防、监控措施，建立健全客户身份识别制度、客户身份资料和交易记录保存制度、大额交易和可疑交易报告制度，履行反洗钱义务。

《反洗钱法》中规定了大额和可疑交易报告制度，要求银行业金融机构对数额达到一定标准、缺乏明显经济和合法目的的异常交易应当及时向反洗钱信息中心报告，以作为发现和追查违法犯罪行为的线索。所谓"大额"和"可疑"，需要符合以下标准之一：

■ 法人、其他组织和个体工商户之间金额 100 万元以上的单笔转账支付；

■ 金额 20 万元以上的单笔现金收付，包括现金缴存、现金支取和现金汇款、现金汇票、现金支票解付；

■ 个人银行结算账户之间以及个人银行结算账户与单位银行结算账户之间金额 20 万元以上的款项划转等交易。

《反洗钱法》对于客户身份识别也有一定的规定，要求银行业金融机构在与客户建立业务关系或者为客户提供规定金额以上的现金汇款、现钞兑换、票据兑付等一次性金融服务时，应当要求客户出示真实有效的身份证件或者其他身份证明文件，进行核对并登记；要求银行业金融机构不得为身份不明的客户提供服务或者与其进行交易，不得为客户开立匿名账户或者假名账户；以及其他诸多有关客户身份识别的规定。

《金融机构反洗钱规定》要求中国银监会、中国证监会和中国保监会在各自的职责范围内履行反洗钱监管职责。中国人民银行在履行反洗钱职责过程中，应当与国务院有关部门、机构和司法机关相互配合。中国人民银行根据国务院授权代表中国政府开展反洗钱国际合作。中国人民银行可以和其他国家或者地区的反洗钱机构建立合作机制，实施跨境反洗钱监管。

《金融机构大额交易和可疑交易报告管理办法》的主要内容包括：细化大额交易的标准，细化可疑交易的标准以及规定了不需要报告的大额非可疑交易等。

对于细化大额交易的标准，其中主要包括：

■ 单笔或者当日累计人民币交易二十万元以上或者外币交易等值一万美元以上的现金缴存、现金支取、现金结售汇、现钞兑换、现金汇款、现金票据解付及其他形式的现金收支；

■ 单位银行账户之间单笔或者当日累计人民币二百万元以上或者外币等值二十万美元以上的转账；

■ 个人银行账户之间，以及个人银行账户与单位银行账户之间单笔或者当日累计人民币五十万元以上或者外币等值十万美元以上的款项划转；

■ 交易一方为个人、单笔或者当日累计等值一万美元以上的跨境交易。

对于细化可疑交易的标准而言，对银行业金融机构，列举了 18 类需要报告的情形。

对于不需要报告的大额非可疑交易，其中包括：同名下的互转；实盘外汇买卖交易中币种间的转换；金融机构同业拆借、在银行间债券市场进行的债券交易；金融机构在黄金交易所进行的黄金交易；金融机构内部调拨资金等多种情况。

案例研究：洗钱案件

2009 年 12 月 25 日，浙江省乐清市人民法院对张某、叶某非法集资洗钱案公开宣判，认定张某犯非法吸收公众存款罪，判处有期徒刑 7 年，并处罚金 50 万元；叶某犯洗钱罪，判处有期徒刑 3 年，并处罚金 100 万元。该案是全国首例宣判的以非法吸收公众存款罪为上游犯罪的洗钱案件。

法院经审理查明，从 2002 年 10 月开始，张某组织发起入会费为 10 万元至 100 万元数额不等的"经济互助会"，变相非法吸收存款共计 4 488.91 万元。为隐匿非法集资所获得的资金，张某以他人名义购买多处房产及车辆。叶某在明知张某的资金是非法集资所得的情况下，将自己在上海开设的银行账户提供给张某。2007 年 4 月 10 日至 10 月 19 日，张某先后将自己非法所得的资金 1 900.29 万元转入叶某账户。2007

年7月，叶某用现金预付上海汤臣高尔夫某别墅房东傅某定金20万元，随后又从该账户转账798万元到傅某账户作为首付款，并协议约定办理过户手续后付清余款。此后，张某又将1 102.29万元非法集资款转入叶某账户等待支付余款。其间，张某将其中的500万元转账到其朋友陈某委托炒股，另将部分资金转借他人临时周转。2007年11月，因别墅违章搭建，无法办理房产过户手续，张某、叶某无奈放弃购买，并将傅某退还的定金、首付款和违约金共计838万元转入叶某另一账户上。案发后，为逃避打击，叶某将该账户注销。

3　中国银行业的业务监管

银行业金融机构的主要业务包括负债业务、资产业务和中间业务。为此，对于银行业务的监管也将从负债业务的监管、资产业务的监管和中间业务的监管进行阐述。

3.1　负债业务监管

思考题：

银行的负债业务包括哪些？你了解到的哪些监管要求是针对负债业务的？在监管过程中，你认为监管措施是否具有合理性？

负债业务是银行业金融机构形成资金来源的业务，是银行业金融机构资产业务和中间业务的重要基础。银行业金融机构的负债主要由存款和借款构成。

存款是存款人基于对银行业金融机构的信任而将资金存入，并可以随时或按约定时间支取款项的信用行为，是银行业金融机构最主要的资金来源。存款根据币种分类可以分为人民币存款和外币存款；根据存款主体分类，可以分为个人存款和对公存款；根据存款性质分类可以分为活期存款、定期存款、通知存款、协议存款、保证金存款等。具体的存款产品将在本书有关银行产品的章节进行详细阐述。

银行的借款包括短期借款和长期借款。其中短期借款是期限在一年或一年以下的借款，主要包括同业拆借、债券回购、向中央银行借款等；长期借款是期限在一年以上的借款，一般采用发行金融债券的形式。金融债券是银行业金融机构在全国银行间债券市场发行和交易的、按约定还本付息的有价证券，包括普通金融债券、次级金融债券、混合资本债券和可转换债券。

3.1.1　存款业务的办理原则

存款在法律上的含义包括两个方面：

■ 从存款人的角度，存款是单位和个人在银行业金融机构开立账户存入货币资金的行为。

■ 从银行业金融机构的角度，存款是其接受存款人的货币资金，承担对存款人定期或不定期支付本息义务的行为。

根据《商业银行法》，银行业金融机构办理个人储蓄存款业务，应当遵循"存款自愿、取款自由、存款有息、为存款人保密"的原则。

3.1.2　存款业务的基本法律要求

根据《商业银行法》，银行业金融机构存款业务的基本法律要求包括：

■ 经营存款业务特许制：未经中国银监会批准，任何单位和个人不得从事吸收公众存款等商业银行业务，任何单位不得在名称中使用"银行"字样。

■ 以合法正当方式吸收存款：银行业金融机构不得违反规定提高或者降低利率以及采用其他不正当手段，吸收存款。

■ 依法保护存款人合法权益：银行业金融机构应当保证存款本金和利息的支付，不得拖延、拒绝支付存款本金和利息。除非法律、行政法规另有规定，银行业金融机构有权拒绝任何单位和个人查询、冻结、扣划存款人的存款。

3.1.3　存款利率的法律管制

银行业金融机构应当按照中国人民银行规定的存款利率标准确定存款利率，并予以公告。

中国人民银行是管理利率的唯一有权机关，其他任何单位无权制定利率；各类金融机构和各级人民银行都必须严格遵守和执行国家利率政策和有关规定；对擅自提高或者降低存款利率或以变相形式提高、降低存款利率的银行业金融机构，辖区内人民银行按照有关规定予以处罚；依法设立的银行业金融机构，应当接受人民银行对利率的管理与监督，有义务如实按人民银行的要求提供文件、账簿、统计资料和有关情况，不得隐匿、拒绝或提供虚假情况。

活期存款计息规则

活期存款1元起存，计息起点为元（角分不计利息）。利息金额算至分位，分段计息算至厘位，合计利息后分以下四舍五入。除活期存款在每季度结息日时将利息计入本金作为下季度的本金计算复利外，其他存款不论存期多长，一律不计复利。

活期存款实行按季度结息，每季度末月的20日为结息日，次日付息。

关于计息方式，除活期和定期整存整取外，只要不超过中国人民银行同期限档次存款利率上限，计结息规则由各银行业金融机构自行把握，储户只能选择银行，不能选择计息方式。银行业金融机构除仍可沿用普遍使用的每年 360 天（每月 30 天）计息期外，也可选择将计息期全部化为实际天数计算利息，即每年为 365 天（闰年为 366 天），每月为当月公历的实际天数。

人民币存款计息的通用公式为：利息＝本金实际天数×日利率

人民币存款利率的换算为：日利率为年利率的三百六十分之一，月利率为年利率的十二分之一。

可供选择的计息方式包括：

■ 积数计息法：按实际天数每日累计账户余额，以累计积数乘以日利率计算利息。计息公式为：利息＝累计计息积数×日利率（其中：累计计息积数＝每日余额合计数）

■ 逐笔计息法：按预先确定的计息公式逐笔计算利息。若计息期为整年（月）的，计息公式为：利息＝本金×年（月）数×年（月）利率；若计息期有整年（月）又有零头天数的，计息公式为：利息＝本金×年（月）数×年（月）利率＋本金×零头天数×日利率

定期存款计息规则

到期支取的定期存款按约定期限和约定利率计付利息；超过原定存期的部分，除约定自动转存外，按支取日挂牌公告的活期存款利率计付利息，并全部计入本金；提前支取部分按活期存款利率计付利息，提前支取部分的利息同本金一并支取；存期内遇有利率调整，仍按存单开户日挂牌公告的相应定期存款利率计息。定期存款的具体计息方式如下：

■ 整存整取：起存金额 50 元，整笔存入，存款期 3 个月、6 个月、1 年、2 年、3 年或 5 年，到期一次支取本息。

■ 零存整取：起存金额 5 元，每月存入固定金额，存款期 1 年、3 年或 5 年，到期一次支取本息。

■ 整存零取：起存金额 1 000 元，整笔存入，存款期 1 年、3 年或 5 年，支取期 1 个月、3 个月或半年 1 次，固定期限分期支取。

■ 存本取息：起存金额 5 000 元，整笔存入，存款期 1 年、3 年或 5 年，可 1 个月或几个月取息一次，到期一次性支取本金、分期支取利息。

银行业金融机构的下列行为属于利率违规行为：

■ 擅自提高或降低存、贷款利率；

■ 变相提高或降低存、贷款利率；

■ 擅自或变相以高利率发行债券。

单位或个人违反国家利率规定，擅自变动储蓄存款利率的，由中国人民银行或其分支机构责令其纠正，并可以根据情节轻重处以罚款、停业整顿、吊销经营金融业务许可证；情节严重、构成犯罪的，依法追究刑事责任。

3.1.4　存单

存单是表明存款人与银行业金融机构间存在存款合同关系的重要法律证据，约定由存款人将一定数额的款项交付给银行业金融机构，银行业金融机构在存款期满时或某个具体时间向存款人支付本金及利息。

存单的性质属于合同凭证，用来证明存款人与银行业金融机构之间的法律关系。银行业金融机构出具了存单，不论自己的经办人将该笔款项入账或不入账或部分入账，银行业金融机构无权单方面更改，如果单方更改，则其更改违反存款合同规定。认定存单关系效力需要两个要件：

■ 形式要件：存单的真实性，包括存单的样式、版面以及签章的真实性。

■ 实质要件：存款关系的真实性，即存单持有人向银行业金融机构交付存单所记载款项的真实性。

如果存款人与银行业金融机构发生存单纠纷案件，其认定和处理由人民法院受理。

3.1.5　存款合同与存单

存款合同是银行业金融机构与存款人之间达成的权利义务关系协议。存款关系是以存款合同确定的。通过存款合同存款，银行业金融机构与存款人之间形成债权债务关系，银行业金融机构是债务人，存折、存单或存款凭证是其出具的借据；存款人是债权人，存折、存单或存款凭证是债权证书。

存款合同的订立需要经过要约和承诺两个阶段：要约——存款人向银行业金融机构提供的转账凭证或填写的存款凭条；承诺——银行业金融机构收妥存款资金入账，并向存款人出具存单或进账单等。存单或进账单是存款债权的法律凭证，也是存款合同的表现形式。存款合同是一种实践合同，必须是存款人将款项交付银行业金融机构经确认并出具存款凭证后，存款合同方才成立。

存款合同一般采用存款机构制定的格式合同，内容包括：存款人名称、地址、币种、金额、利率、存款期、计息方式和密码等。

存款合同应当采用书面形式，即合同书、信件和数据电文（包括电报、电传、传真、电子数据交换和电子邮件）等可以有形地表现所载内容的形式。活期存款的存折、定期存款的存单、单位存款的存款凭证等，均是存款合同的书面形式。

存单是指受理存款业务的银行或其他金融机构发给存款人的存款凭证，表明存款人与银行业金融机构间存在存款合同关系的重要法律证据，其性质也属于合同凭证。银行业金融机构出具了存单，不论自己的经办人将该笔款项入账或不入账或部分入账，银行业金融机构无权单方面更改，如果单方更改，则其更改违反存款合同规定。如果存款人与银行业金融机构发生存单纠纷案件，其认定和处理由人民法院受理。

3.2 资产业务监管

思考题：

银行的资产业务包括哪些？你了解到的哪些监管要求是针对资产业务的？在监管过程中，你认为监管措施是否具有合理性？

资产是银行业金融机构过去的交易或者事项形成的、由银行业金融机构拥有或者控制、预期会给银行业金融机构带来经济利益的资源。银行业金融机构的资产包括贷款、债券投资和现金资产。

贷款是银行业金融机构对借款人提供的并按约定的利率和期限还本付息的货币资金，是银行业金融机构最主要的资产，也是其最主要的资金运用。贷款业务有多种分类标准，按照贷款期限可以分为短期贷款和中长期贷款；按照有无担保可以分为信用贷款和担保贷款；按照客户类型可以分为个人贷款和公司贷款；按照贷款投向可以分为固定资产贷款、流动资金贷款、并购贷款等。

债券投资已经成为银行业金融机构的一种重要资产形式，我国部分商业银行的债券投资在总资产中的占比已经接近贷款所占比例。银行业金融机构债券投资的目标，是平衡流动性和盈利性，并降低资产组合的风险、提高资本充足率。银行业金融及债权投资的对象包括国债、地方政府债券、中央银行票据、金融债券、资产支持证券、企业债券和公司债券等。

现金资产是银行业金融机构持有的库存现金以及与现金等同的可随时用于支付的

银行资产。我国银行业金融机构的现金资产包括库存现金、存放中央银行款项和存放同业及其他金融机构款项。

3.2.1 授信原则

授信业务是银行业金融机构向客户直接提供资金支持，或者对客户在有关经济活动中可能产生的赔偿、支付责任作出保证，包括贷款、贷款承诺、承兑、贴现、贸易融资、保理、信用证、保函、透支、担保等表内外业务。贷款业务是授信业务的主要内容。对于授信业务而言，其需要遵循以下原则：

■ 合法性原则：银行业金融机构开展授信业务应当遵守国家法律、行政法规和监管规章、规则，并遵循安全性、流动性和效益性原则。

■ 诚实信用原则：银行业金融机构开展授信业务应当遵循平等、自愿、公平和诚实信用的原则。

■ 统一授信原则：银行业金融机构应对单一客户或地区的表内外各种信用发放形式和本外币统一综合授信，确定最高综合授信额度，并加以集中统一控制。

■ 统一授权原则：银行业金融机构应根据统一法人的要求，在其授信业务范围内对有关授信业务职能部门、分支机构及授信业务岗位进行授权。

贷款人在受理借款人的借款申请后，应当根据借款人的管理者素质、经济实力、资金结构、履约情况、经济效益和发展前景等因素，评定借款人的信用等级。在评级后，贷款人的调查人员应当对借款人的信用等级以及借款的合法性、安全性、盈利性等情况进行调查；核实抵押物、质押物、保证人情况，测定贷款的风险。

贷款人应当建立审贷分离、分级审批的贷款管理制度。审查人员应当对调查人员提供的资料进行核定、评定，复测贷款风险，提出意见，按规定权限报批。

贷款调查评估人员负责贷款调查评估，承担调查失误和评估失准的责任；贷款审查人员负责贷款风险的审查，承担审查事务的责任；贷款发放人员负责贷款的检查和清收，承担检查失误、清收不力的责任。贷款人应当根据业务量、管理水平和贷款风险度确定各级分支机构的审批权限。超过审批权限的贷款，应当报上级审批。各分支机构应当根据贷款种类、借款人的信用等级和抵押物、质押物、保证人等情况确定每一笔贷款的风险度。

3.2.2 贷款业务的法律要求

对于贷款业务的一些主要法律要求，《商业银行法》中有明确规定，以下摘录一些相对重要的要求：

■ 银行业金融机构应当对借款人的借款用途、偿还能力、还款方式等情况进行严格审查，实行审贷分离、分级审批的制度。

■ 借款人应当提供担保。银行业金融机构应当对保证人的偿还能力，抵押物、质押物的权属和价值以及实现抵押权、质权的可行性进行严格审查。经银行业金融机构审查、评估，确认借款人资信良好，确能偿还贷款的，可以不提供担保。

■ 银行业金融机构应当与借款人订立书面合同。合同应当约定贷款种类、借款用途、金额、利率、还款期限、还款方式、违约责任和双方认为需要约定的其他事项。

■ 银行业金融机构应当按照中国人民银行规定的贷款利率的上下限，确定贷款利率。

■ 银行业金融机构应当遵守资产负债比例管理的规定：

● 资本充足率≥8%；

● 贷款余额与存款余额的比例≤75%；

● 流动性资产余额与流动性负债余额的比例≥25%；

● 对同一借款人的贷款余额与银行业金融机构资本余额的比例≤10%。

■ 银行业金融机构不得向关系人发放信用贷款；向关系人发放担保贷款的条件不得优于其他借款人同类贷款的条件。

■ 任何单位和个人不得强令银行业金融机构发放贷款或者提供担保。

■ 借款人应当按期归还贷款的本金和利息。借款人到期不归还担保贷款的，银行业金融机构依法享有要求保证人归还贷款本金和利息或者就该担保物优先受偿的权利。

■ 银行业金融机构因行使抵押权、质权而取得的不动产或者股权，应当自取得之日起2年内予以处分。借款人到期不归还信用贷款的，应当按照合同约定承担责任。

3.2.3　贷款分类的法规

我国自2002年开始全面实施国际银行业普遍认同的"贷款五级分类法"，将贷款分为正常类贷款、关注类贷款、次级类贷款、可疑类贷款和损失类贷款。如表1－1所示。

表1-1　贷款五级分类法

贷款类别		内容
正常贷款（优良贷款）	正常类贷款	借款人能履行合同，没有足够理由怀疑贷款本息不能按时足额偿还的贷款。
	关注类贷款	尽管借款人目前有能力偿还贷款本息，但存在一些可能对偿还产生不利影响因素的贷款。
不良贷款	次级类贷款	借款人的还款能力出现明显问题，完全依靠其正常经营收入无法足额偿还贷款本息，即使执行担保，也可能会造成一定损失的贷款。
	可疑类贷款	借款人无法足额偿还贷款本息，即使执行担保，也肯定要造成较大损失的贷款。
	损失类贷款	在采取所有可能的措施或一切必要的法律程序之后，本息仍然无法收回，或只能收回极少部分的贷款。

贷款分类是银行业金融机构按照贷款的风险程度，根据审慎性原则和管理需要，定期对信贷资产质量进行审查，并将审查结果进行分析归类的管理过程，是银行业金融机构信贷管理的重要组成部分。有关贷款分类的详细内容请参见本书下册中风险管理的章节。

3.2.4　贷款合同有关法律要求

贷款合同是以银行业金融机构为贷款人，接受借款人的申请向借款人提供贷款，由借款人到期返还贷款本金并支付贷款利息的协议。

贷款合同的主要内容包括：当事人的名称或者姓名和住所；贷款种类；币种；贷款用途；贷款金额；贷款利率；贷款期限（或还款期限）；还款方式；借贷双方的权利义务；担保条款；违约责任；双方需要约定的其他事项（如纠纷解决方法等）。

贷款人享有的先履行抗辩权（不安抗辩权），是指负有先履行债务的贷款人在贷款合同签订之后，有确切证据证明借款人有以下情形之一，难以按期归还贷款时，可以中止（暂时停止）交付约定款项，并要求借款人提供适当担保：

■ 经营状况严重恶化；

■ 转移资产、抽逃资金，以逃避债务；

■ 丧失商业信誉；

■ 有丧失或者可能丧失履行债务能力的其他情形。

借款人在合理期限内未恢复履行能力并且未提供适当担保的，贷款人可以解除合同。但贷款人对此负有通知义务和举证责任，贷款人没有确切证据中止履行的，应当承担违约责任。

贷款合同的当事人（尤其是作为贷款人的银行业金融机构）可以采取以下保全

措施来维护自己的债权：

■ 代位权：因债务人怠于行使其到期债权，对债权人造成损害的，债权人可以向人民法院请求以自己的名义代为行使债务人的债权。代位权的行使范围以债权人的债权为限，同时，债权人行使代位权的必要费用由债务人负担。

■ 撤销权：因债务人放弃其到期债权或者无偿转让财产，对债权人造成损害的；或者债务人以明显不合理的低价转让财产，对债权人造成损害，并且受让人知道该情形的，债权人可以请求人民法院撤销债务人的行为。如借款人放弃其到期债权或无偿转让其财产，至无法归还银行贷款，银行可依法行使撤销权，请求法院撤销该免除债务行为或无偿转让行为。撤销权的行使范围以债权人的债权为限。债权人行使撤销权的必要费用，由债务人负担。同时，该撤销权的行使有时效限制——撤销权自债权人知道或者应当知道撤销事由之日起 1 年内行使。自债务人的行为发生之日起 5 年内没有行使撤销权的，该撤销权消灭。

当事人发生贷款合同纠纷的，可以通过第三人调解、当事人协商和解、仲裁或诉讼等方式加以解决。当事人不愿和解、调解或者和解、调解不成的，可以根据仲裁协议向仲裁机构申请仲裁。当事人没有订立仲裁协议或者仲裁协议无效的，可以向人民法院起诉。当事人应当履行发生法律效力的判决、仲裁裁决、调解书，拒不履行的，对方当事人可以请求人民法院强制执行。

3.3　中间业务监管

思考题：

银行的中间业务包括哪些？你了解到的哪些监管要求是针对中间业务的？在监管过程中，你认为监管措施是否具有合理性？

中间业务是不构成银行业金融机构表内资产、表内负债，形成银行业金融机构非利息收入的业务。相比于银行业金融机构的传统业务，中间业务不运用或不直接运用银行业金融机构的自有资金；不承担或不直接承担市场风险；以接受客户委托为前提，为客户办理业务；以收取服务费（手续费、管理费等）、赚取价差的方式获得收益；种类多、范围广，产生的收入在银行业金融机构营业收入中所占的比重日益上升。中间业务的类型如表 1-2 所示。

表 1-2　中间业务类型

中间业务	交易业务	外汇交易业务	即期外汇交易
			远期外汇交易
		金融衍生品交易业务	远期
			期货
			互换
			期权
	清算业务	国内联行清算	系统内联行清算
			跨系统联行往来
		国际清算	
	支付结算业务	汇票	
		本票	
		支票	现金支票
			转账支票
			普通支票
		汇款	电汇
			票汇
			信汇
		信用证	
		托收	
	银行卡业务	信用卡	
		借记卡	
	代理业务	代收代付业务	
		代理银行业务	代理政策性银行业务
			代理中央银行业务
			代理商业银行业务
		代理证券业务	
		代理保险业务	
		代理其他业务	委托贷款业务
			代销开放式基金
			代理国债买卖
	托管业务	资产托管业务	
		代保管业务	
	担保业务	银行保函业务	
		备用信用证业务	
	承诺业务	项目贷款承诺	
		开立信贷证明	
		客户授信额度	
		票据发行便利	

续表

中间业务	理财业务	对公理财业务	
		个人理财业务	理财顾问服务
			综合理财服务
			资产管理服务
	电子银行业务	网上银行	企业网上银行
			个人网上银行
		电话银行	
		手机银行	
		自助终端	

3.3.1 中间业务监管现状

在欧美发达国家，银行业金融机构的中间业务发展得相当成熟，美国、日本、英国的银行业金融机构的中间业务收入占全部收益比重的 40% 左右。相比之下，我国银行业金融机构中间业务的总体发展水平较低、效益较差，非利差收入占总收入的比重仍然较低，业务主要集中于结算、银行卡等传统类型，存在收入过于集中、产品发展不均衡、业务结构不合理的情况。作为银行业金融机构的未来利润增长点，中间业务近年来取得了较快发展，涉及的专业领域日渐宽广。但由于种种原因，监管部门对中间业务的规范与管理相对滞后，如现在银行业金融机构执行的相关文件还是基于中国人民银行于 2001 年发布的《商业银行中间业务暂行规定》（已废止）、于 2002 年发布的《关于商业银行中间业务的参考分类及定义》（已废止）、于 2003 年发布的《关于印发〈商业银行中间业务统计制度〉的通知》以及中国银监会于 2003 年发布的《商业银行服务价格管理暂行办法》、于 2007 年发布的《关于落实〈商业银行中间业务暂行规定〉有关问题的通知》等。

随着银行业金融机构中间业务外部环境发生较大变化，有些监管文件已难以适应发展的需要，对监管部门的监管造成诸多不便，并对银行业金融机构中间业务发展带来不利影响，如我国对分业经营的限制使银行业金融机构难以推出跨领域、综合性、多方位的中间业务产品，难以扩展中间业务的深度和广度，并使中间业务拓展面临一系列法律风险。此外，中间业务类型繁多、变化发展快，针对其中部分业务类型已有专门的监管法规，且多以通知形式发布，如对于电子银行业务有银监会于 2006 年发布的《电子银行业务管理办法》，对于银信合作有中国银监会于 2010 年发布的《关于规范银信理财合作业务有关事项的通知》，而对于中间业务总体监管的法律法规尚缺乏系统性，多以通知形式发布，如中国银监会于 2012 年发布的《关于整治银行业金融机构不规范经营的通知》。

同时，银行业金融机构中间业务存在信贷化现象，也给监管带来了难度。银行业金融机构在开展中间业务的过程中，通过收取财务顾问费、贷款换股权、银信合作等方式，将部分信贷利息收入转移至中间业务收入，或者以中间业务的名义，开展实质上涉及银行资产与负债的信贷业务，从而使中间业务表内化。中间业务信贷化模糊了信贷业务的本质和监管范围，制约了货币政策的实施效果，影响金融体系与实体经济的稳定；银行业金融机构对存贷利差的依赖，不利于中间业务收入的持续健康增长，不利于银行业金融机构经营战略的转型。以融资顾问费用为例，其增长主要源于银行业金融机构对企业利息收入的结构调整，属于银行利息收入的内部转换，是典型的"息改费"式增长，而非中间业务的真实增长。有的银行金融机构为应付上级行对中间业务的利润考核，通过降低对企业贷款的利率上浮幅度，同时将该部分利息转化为财务顾问等费用的方式，实现中间业务的快速"增长"，但实际上并未提供与该收费相匹配的金融服务。对此，《关于整治银行业金融机构不规范经营的通知》，提出银行贷款规范经营的"七不准"及服务收费"四原则"。此外，中国银监会即将发布《商业银行服务价格管理办法》，统一规范银行业金融机构的服务项目收费。

此外，有关同业拆借业务和回购业务也有相应的监管要求。

资料分享：同业拆借业务

同业拆借是指金融机构（主要是商业银行）之间为了调剂资金余缺，利用资金融通过程的时间差、空间差、行际差来调剂资金而进行的短期借贷。我国金融机构间同业拆借是由中国人民银行统一负责管理、组织、监督和稽核。金融机构用于拆出的资金只限于交足准备金、留足 5% 备付金、归还中国人民银行到期贷款之后的闲置资金，拆入的资金只能用于弥补票据清算、先支后收等临时性资金周转的需要。严禁非金融机构和个人参与同业拆借活动。

1984 年 10 月，我国针对中国人民银行专门行使中央银行职能，二级银行体制已经形成的新的金融组织格局，对信贷资金管理体制也实行了重大改革，推出了统一计划，划分资金，实贷实存，相互融通的新的信贷资金管理体制，允许各专业银行互相拆借资金。新的信贷资金管理体制实施后不久，各专业银行之间，同一专业银行各分支机构之间即开办了同业拆借业务。不过，由于当时实行严厉的紧缩性货币政策，同业拆借并没有真正广泛地开展起来。

1986 年 3 月国务院颁布的《中华人民共和国银行管理暂行条例》，也对专业银行之间的资金拆借作出了具体规定。此后，同业拆借在全国各地迅速开展起来。

1995 年，为了巩固整顿同业拆借市场的成果，中国人民银行进一步强化了对同业拆借市场的管理，要求跨地区、跨系统的同业拆借必须经过人民银行融资中心办理，不允许非金融机构和个人进入同业拆借市场，从而使同业拆借市场得到了进一步规范和发展。1995 年 11 月中国人民银行发出通知，为了从根本上消除同业拆借市场的混乱现象，要求商业银行在 1996 年 4 月 1 日前撤销其所办的拆借市场。这一措施为建立全国统一的同业拆借市场奠定了坚实的基础。

1996 年 1 月 3 日，经过中国人民银行长时间的筹备，全国统一的银行间同业拆借市场正式建立；同年 6 月放开了对同业拆借利率的管制，拆借利率由拆借双方根据市场资金供求状况自行决定，初步形成了全国统一的同业拆借市场利率（CHIBOR）。全国银行间同业拆借市场，包括金融机构通过全国银行间同业拆借中心提供的交易系统进行的同业拆借（称一级网），以及通过各地融资中心进行的同业拆借（称二级网）。随着全国银行间同业拆借市场的建立和逐步完善，金融机构直接进行拆借交易的渠道已经开通，1997 年下半年中国人民银行决定停办各地融资中心业务，清理收回逾期拆出资金，撤销相应的机构。

1998 年，中国人民银行开始着手撤销融资中心机构，清理拖欠拆借资金。同年 10 月，保险公司进入同业拆借市场；1999 年 8 月，证券公司进入同业拆借市场。2002 年 6 月，中国外币交易中心开始为金融机构办理外币拆借业务，统一的国内外币同业拆借市场正式启动。

资料分享：回购业务

债券回购交易是指债券持有人（正回购方，即资金融入方）在卖出一笔债券、融入资金的同时，与买方（逆回购方，即资金融出方）协议约定于某一到期日再以事先约定的价格将该笔债券购回的交易方式。一笔回购交易涉及两个交易主体（资金融入方和资金融出方）、两次交易契约行为（初始交易和回购期满时的回购交易）和相应的两次清算。债券回购交易包括债券质押式回购交易和债券买断式回购交易。债券质押式回购交易指正回购方（卖出回购方、资金融入方）在将债券出质给逆回购方（买入返售方、资金融出方）融入资金的同时，双方约定在将来某一指定日期，由正回购方按约定回购利率计算的资金额向逆回购方返回资金，逆回购方向正回购方返回原出质债券的融资行为。债券买断式回购交易（亦称开放式回购）是指债券持有人（正回购方）在将一笔债券卖给债券购买方（逆回购方）的同时，交易双方约定在未来某一日期，再由卖方（正回购方）以约定价格从买方（逆回购方）购回相等数量同种债券的交易行为。银行间债券回购业务的主要法规为《银行间债券回购业务暂行规定》。

3.3.2　银行业金融机构服务规范

根据《关于整治银行业金融机构不规范经营的通知》，银行业金融机构贷款规范经营"七不准"禁止性规定包括：

■ 不得以贷转存。坚持实贷实付和受托支付原则，将贷款资金足额直接支付给借款人的交易对手，不得强制设定条款或协商约定将部分贷款转为存款。

■ 不得存贷挂钩。贷款业务和存款业务应严格分离，不得以存款作为审批和发放贷款的前提条件。

■ 不得以贷收费。不得借发放贷款或以其他方式提供融资之机，要求客户接受不合理中间业务或其他金融服务而收取费用。

■ 不得浮利分费。遵循利费分离原则，严格区分收息和收费业务，不得将利息分解为费用收取，严禁变相提高利率。

■ 不得借贷搭售。不得在发放贷款或以其他方式提供融资时强制捆绑、搭售理财、保险、基金等金融产品。

■ 不得一浮到顶。贷款定价应充分反映资金成本、风险成本和管理成本，不得笼统将贷款利率上浮至最高限额。

■ 不得转嫁成本。依法承担贷款业务及其他服务中产生的尽职调查、押品评估等相关成本，不得将经营成本以费用形式转嫁给客户。

金融服务收费"四原则"包括：

■ 合规收费。服务收费应科学合理，服从统一定价和名录管理原则。

■ 以质定价。服务收费应合乎质价相符原则，不得对未给客户提供实质性服务、未给客户带来实质性收益、未给客户提升实质性效率的产品和服务收取费用。

■ 公开透明。服务价格应遵循公开透明原则，各项服务必须"明码标价"，充分履行告知义务，使客户明确了解服务内容、方式、功能、效果，以及对应的收费标准，确保客户了解充分信息，自主选择。

■ 减费让利。应切实履行社会责任，对特定对象坚持服务优惠和减费让利原则，明确界定小微企业、"三农"、弱势群体、社会公益等领域相关金融服务的优惠对象范围，公布优惠政策、优惠方式和具体优惠额度，切实体现扶小助弱的商业道德。

3.4　资本监管

思考题：

为什么银行监管机构需要对银行进行资本监管？资本监管的作用是什么？

监管机构一般通过哪些方式和措施对银行进行资本监管？

从不同的角度，银行业金融机构通常在三个意义上使用"资本"概念——会计资本、监管资本和经济资本。对于银行业金融机构监管来说，需要关注的是监管资本，即银行业监督管理当局为了满足监管要求、促进银行业金融机构审慎经营、维持金融体系稳定而规定的银行业金融机构必须持有的资本。监管资本的作用在于：满足银行业金融机构正常经营对长期资金的需要；吸收损失；限制银行业金融机构业务过度扩张和承担风险；维持市场信心；为银行业金融机构管理，尤其是风险管理提供最根本的驱动力。因此，资本监管是审慎银行监管的核心，是提升银行体系稳定性、维护银行业公平竞争的重要手段，是促使商业银行可持续发展的有效监管手段。

3.4.1　监管资本的构成

依据原来的《商业银行法》，商业银行的资本充足率不得低于 8%。随着金融危机后市场的发展和对于金融监管要求的深化，中国银监会于 2012 年发布的《商业银行资本管理办法（试行）》，要求所有商业银行在 2018 年年底达标，在过渡期内分步实施，并鼓励有条件的商业银行提前达标。《商业银行资本管理办法（试行）》给出了商业银行资本充足率达标的分步实施时间表：对系统重要性银行，核心一级资本充足率、一级资本充足率和总资本充足率分别不得低于 6%、7% 和 9%；对其他银行，核心一级资本充足率、一级资本充足率和总资本充足率分别不得低于 5%、6% 和 8%。在过渡期内，2013 年年底核心一级资本充足率增长 0.5%，2014—2018 年核心一级资本充足率每年增长 0.4%，2018 年年底达标。

《商业银行资本管理办法（试行）》中要求资本充足率报表总共 32 张，包括 1 张汇总表、4 张资本定义相关报表、10 张信用风险相关报表、16 张市场风险相关报表和 1 张操作风险报表。

有关监管资本的要求以及其和风险管理的联系，请参见本书下册第五章有关银行风险管理的内容。

3.4.2 资本监管的要点和干预措施

有效资本监管的起点是商业银行自身严格的资本约束。商业银行的董事会和高级管理层对维持本行资本充足率承担最终责任，并应建立完善的资本评估程序，识别、计量和报告所有重要的风险，系统、客观地评估这些风险和分配相应的资本，并制定保持资本水平的战略和相应的制度安排。

中国银监会应对商业银行资本管理程序进行评估，完整的资本充足率评估程序包括：董事会和高级管理层的监督；健全的资本评估；风险的全面评估；完善的监测和报告系统；健全的内部控制检查。商业银行董事会作为决策机构在制定商业银行经营战略的同时，要制订清晰的、切实可行的资本规划，商业银行的规模扩张必须有充足和可靠的资本为支持。高级管理层应根据董事会的总体战略要求，健全资本充足率管理的相关制度安排和组织体系，并确保制度的执行，满足最低资本要求。在此基础上，逐步强化风险评估能力，在风险与资本之间建立更为密切的关系，确立风险资本管理理念。

为确保商业银行能够应付经营过程中的各种不确定性而导致的损失，中国银监会可以根据商业银行的风险状况和风险管理能力，个案性地要求商业银行持有高于最低标准的资本，并按照商业银行资本充足率水平，对商业银行实行分类监管。

商业银行董事会负责本行资本充足率的信息披露，未设立董事会的，由行长负责。信息披露的内容须经董事会或行长批准，并保证信息披露的真实性、相关性、及时性、可靠性、可比性和实质性，以便市场参与者能够对商业银行资本充足率作出正确的判断。对于涉及商业机密而无法披露的项目，商业银行应披露项目的总体情况，并解释项目无法披露的原因。资本充足率的信息披露包括风险管理目标和政策、并表范围、资本规模、资本充足率水平以及信用风险和市场风险。

依据监管资本的充足程度，中国银监会将采取不同的干预措施。对资本充足的商业银行，中国银监会支持其稳健发展业务。为防止其资本充足率降到最低标准以下，中国银监会可以采取下列干预措施：

■ 要求商业银行完善风险管理规章制度；

■ 要求商业银行提高风险控制能力；

■ 要求商业银行加强对资本充足率的分析及预测；

■ 要求商业银行制订切实可行的资本维持计划，并限制商业银行介入部分高风险业务。

对资本不足的商业银行，中国银监会可以采取下列纠正措施：

■ 下发监管意见书：内容包括对商业银行资本充足率现状的描述、将采取的纠正措施、各项措施的详细实施计划；

■ 要求商业银行在接到中国银监会监管意见书的 2 个月内，制订切实可行的资本补充计划；

■ 要求商业银行限制资产增长速度；

■ 要求商业银行降低风险资产的规模；

■ 要求商业银行闲置固定资产购置；

■ 严格审批或限制商业银行增设新机构、开办新业务。

对于采取上述纠正措施后商业银行逾期未改正的，或其行为已严重危及该商业银行稳健运行、损害存款人和其他客户合法权益的，根据商业银行风险程度及资本补充计划的实施情况，中国银监会有权依法采取限制商业银行分配红利和其他收入、责令商业银行停办除低风险业务以外的其他一切业务、停止批准商业银行增设机构和开办新业务等措施。

对资本严重不足的商业银行，中国银监会除采取针对资本不足银行的前述纠正措施外，还可以采取以下纠正措施：

■ 要求商业银行调整高级管理人员；

■ 依法对商业银行实行接管或者促成机构重组，直至予以撤销。

在处置此类商业银行时，中国银监会还将综合考虑外部因素，采取其他必要措施。

职业道德规范准则与银行监管习题

一、单项选择题：

1. （   ）是金融市场有效运转的基础，更是商业银行正常运转的基石。

    A. 道德和文化   B. 技巧和理论   C. 准则和规范   D. 信任和诚信

2. 中国银行业协会于（   ）年发布实施了《银行从业人员职业操守》，旨在规范和提高银行业从业人员的职业行为和道德水准。

A. 2006　　　　　　B. 2007　　　　　　C. 2008　　　　　　D. 2009

3. 下列哪一款不属于从业准则的基本准则（　　　）。

A. 守法合规　　　　B. 诚实守信　　　　C. 敬业奉献　　　　D. 独立客观

4. 受到雇主给予的警告、降薪、扣发奖金、降职、撤职、开除、辞退等纪律处分而本人有异议时，考生和持证人应当（　　　）。

A. 行使诉权

B. 借机造谣滋事、诋毁诽谤

C. 通过正常渠道反映和解决

D. 按照雇主规定妥善交接并离职

5. 银行作为金融体系中最重要的一环，为各行各业提供着广泛的金融服务，并通过扩大资产负债规模来增加利润，风险成为银行体系不可消除的（　　　）。

A. 外生因素　　　　B. 内生因素　　　　C. 市场因素　　　　D. 经营因素

6. "促进银行业的合法、稳健运行，维护公众对银行业的信心，保证银行业公平竞争，提高银行业竞争能力"是我国银行监管的（　　　）。

A. 战略目标　　　　B. 具体目标　　　　C. 总体目标　　　　D. 主要目标

7. 下列哪一项不是银行监管的原则（　　　）。

A. 依法原则　　　　B. 公平原则　　　　C. 公开原则　　　　D. 公正原则

8. 监督检查中现场检查的作用不包括（　　　）。

A. 发现和识别风险

B. 保护和促进作用

C. 评价和指导作用

D. 处理和评估作用

9. 在我国，按照法律的效力等级划分，银行监管法规体系结构由（　　　）三个层级的法律规范构成。

A. 法律、行政法规和司法解释

B. 法律、行政法规和规范性文件

C. 法律、行政法规和规章

D. 行政法规、规章和规范性文件

10. 目前我国银行监管的主体是（　　　）。

A. 中国证监会

B. 中国人民银行

C. 中国银监会

D. 中国银行业协会

11. 中国银行业协会成立于（　　　）年，是在民政部登记注册的全国性非营利社会团体，由中国银监会主管。

A. 1998　　　　　　B. 1999　　　　　　C. 2000　　　　　　D. 2001

12. 中国银行业协会在收到申请人的申请之日起（　　　）日内，决定是否接受申请人的申请，并将决定书面通知申请人。逾期未作答复视同接受申请。

A. 15　　　　　　　B. 30　　　　　　　C. 45　　　　　　　D. 60

13. （   ）是中国银监会行使行政监管职责的主要依据。

A.《银行业监督管理法》   B.《中国人民银行法》

C.《商业银行法》   D.《行政许可法》

14. 银行业金融机构违反审慎经营规则的，中国银监会或者其省一级派出机构不会采取的措施有（   ）。

A. 限制分配红利和其他收入   B. 公告批评

C. 限制资产转让   D. 停止批准增设分支机构

15. 下列选项中，错误的有（   ）。

A. 审慎经营规则以审慎会计原则为基础

B. 银行业金融机构即使不存在审慎性监管问题，中国银监会也有权要求谈话了解状况

C. 银行业金融机构的接管目的是，保护银行业金融机构的利益，恢复其正常经营能力

D. 银行业金融机构重组失败的，中国银监会可以决定终止重组，而由人民法院按照法律规定的程序依法宣告破产

16. 下列哪一项是错误的（   ）。

A. 中国人民银行不直接审批、监管银行业金融机构

B. 中国人民银行有权对银行业金融机构执行有关反洗钱规定的行为

C. 中国人民银行有权对银行业金融机构执行有关黄金管理规定的行为

D. 中国人民银行和中国银监会同时拥有对银行业金融机构的检查监督权，会导致银行业金融机构的双重检查和双重处罚

17. 下列说法正确的是（   ）。

A. 银行业是洗钱的易发、高危领域

B. 银行业金融机构是洗钱的唯一渠道

C. 洗钱分为处置阶段和培植阶段

D. 洗钱由非银行业金融机构向银行业金融机构渗透

18. （   ）为我国反洗钱行政主管部门。

A. 中国人民银行   B. 中国银监会   C. 中国证监会   D. 中国保监会

19. 中国人民银行的具体反洗钱职责不包括（   ）。

A. 组织协调全国的反洗钱工作，负责反洗钱资金监测

B. 执行有关反洗钱规定的行为

C. 在职责范围内调查可疑交易活动

D. 接收单位和个人对洗钱活动的举报

20. 其他国务院金融监管机构必须配合中国人民银行开展反洗钱监管工作，具体反洗钱职责不包括（　　）。

A. 监督、检查金融机构履行反洗钱义务的情况

B. 参与制定所监管的金融机构反洗钱规章

C. 对所监管的金融机构提出按照规定建立健全反洗钱内部控制制度的要求

D. 发现涉嫌洗钱犯罪的交易活动及时向公安机关报告

21. 我国于（　　）年建立金融情报中心——反洗钱监测分析中心。

A. 2001　　　　　　　B. 2002　　　　　　　C. 2003　　　　　　　D. 2004

22. 反洗钱监测分析中心的具体职责不包括（　　）。

A. 接受并分析人民币、外币大额交易和可疑交易报告

B. 按照规定向中国人民银行报告分析结果

C. 要求金融机构及时补正人民币、外币大额交易和可疑交易报告

D. 在职责范围内调查可疑交易活动

23. 对于细化大额交易的标准，包括单位银行账户之间单笔或者当日累计人民币（　　）以上或者外币等值二十万美元以上的转账。

A. 一百万元　　　B. 二百万元　　　C. 三百万元　　　D. 四百万元

24. 对于细化大额交易的标准，包括个人银行账户之间，以及个人银行账户与单位银行账户之间单笔或者当日累计人民币（　　）以上或者外币等值十万美元以上的款项划转。

A. 五十万元　　　B. 一百万元　　　C. 一百五十万元　　　D. 二百万元

25. 银行业金融机构的主要业务不包括（　　）。

A. 负债业务　　　B. 资产业务　　　C. 投资银行　　　D. 中间业务

26. （　　）是银行业金融机构形成资金来源的业务，是银行业金融机构资产业务和中间业务的重要基础。

A. 负债业务　　　B. 资产业务　　　C. 投资银行业务　　　D. 中间业务

27. 存款根据（　　）分类，可以分成人民币存款和外币存款。

A. 币种　　　B. 存款主体　　　C. 存款性质　　　D. 存款期限

28. 银行短期借款是期限在一年或一年以下的借款，不包括（　　）。

A. 金融债券　　　　　　　　　　　B. 同业拆借

C. 债券回购　　　　　　　　　　　　　　D. 向中央银行借款

29. 根据（　　　），银行业金融机构办理个人储蓄存款业务，应当遵循"存款自愿、取款自由、存款有息、为存款人保密"的原则。

A. 《银行业监督管理法》　　　　　　　　B. 《中国人民银行法》

C. 《商业银行法》　　　　　　　　　　　D. 《行政许可法》

30. 根据《商业银行法》，存款业务的基本法律要求不包括（　　　）。

A. 经营存款业务特许制

B. 以合法正当方式吸收存款

C. 依法保护存款人合法权益

D. 存款自愿、取款自由、存款有息、为存款人保密

31. 银行业金融机构应当按照（　　　）规定的存款利率标准确定存款利率，并予以公告。

A. 国务院　　　　　　　　　　　　　　　B. 中国证监会

C. 中国银监会　　　　　　　　　　　　　D. 中国人民银行

32. 活期存款（　　　）元起存，计息起点为元（角分不计利息）。

A. 1　　　　　　B. 0.1　　　　　　C. 0.01　　　　　　D. 0.5

33. 活期存款实行按（　　　）结息。

A. 月度　　　　　　B. 季度　　　　　　C. 半年度　　　　　　D. 年度

34. 下列选项中错误的是（　　　）。

A. 利息金额算至分位，分段计息算至厘位

B. 活期存款每季度末月的 20 日为结息日

C. 计息时，银行业金融机构可以沿用普遍使用的每年 365 天

D. 可选择的计息方式包括积数计息法和逐笔计息法

35. 定期存款计息方式不包括（　　　）。

A. 整存整取　　　　　B. 零存整取　　　　　C. 整存零取　　　　　D. 零存零取

36. 关于存单，下列说法错误的是（　　　）。

A. 存单是表明存款人与银行业金融机构间存在存款合同关系的重要法律证据

B. 存单的性质属于合同凭证

C. 认定存单关系效力需要形式要件和实质要件

D. 如果存款人与银行业金融机构发生存单纠纷案件，其认定和处理由中国银监会受理

37. 存款合同的订立需要经过（　　）和承诺两个阶段。

A. 要约　　　　　　B. 要约邀请　　　　　C. 反要约　　　　　D. 合同成立

38. 关于存款合同，下列说法错误的是（　　）。

A. 存款合同是一种诺成合同

B. 存折、存单或存款凭证是债券证书

C. 存款合同应当采用书面形式

D. 存款合同的订立需要经过要约和承诺两个阶段

39. 贷款业务有多种分类标准，按照（　　）可以分为个人贷款和公司贷款。

A. 贷款期限　　　　B. 有无担保　　　　C. 客户类型　　　　D. 贷款投向

40. 银行业金融机构债券投资的目标，是平衡（　　）和盈利性，并降低资产组合的风险、提高资本充足率。

A. 安全性　　　　　B. 流动性　　　　　C. 谨慎性　　　　　D. 稳健性

41. 我国银行业金融机构的现金资产不包括（　　）。

A. 库存　　　　　　　　　　　　B. 存放中央银行款项

C. 存放同业及其他金融机构款项　　D. 债券投资款项

42. （　　）是授信业务的主要内容。

A. 贴现业务　　　　　　　　　　B. 证券投资业务

C. 贷款业务　　　　　　　　　　D. 金融租赁业务

43. 下列说法错误的是（　　）。

A. 授信业务包括承兑、贷款、保理、保函、透支等表内外业务

B. 贷款人应当建立审贷分离、分级审批的贷款管理制度

C. 贷款调查评估人员负责贷款调查评估，承担调查失误和评估失准的责任

D. 贷款审查人员负责贷款风险的审查、检查和清收

44. 应当遵循的资产负债比例管理的规定错误的是（　　）。

A. 资本充足率≥8%

B. 贷款余额与存款余额的比例≤75%

C. 流动性资产余额与流动性负债余额的比例≥25%

D. 对同一借款人的贷款余额与银行业金融结构资本余额的比例≤20%

45. 下列关于《商业银行法》规定的贷款业务的法律要求错误的是（　　）。

A. 借款人应当提供担保

B. 银行业金融结构应当与借款人订立书面合同

C. 借款人应当按期归还贷款的本金

D. 银行业金融机构应当按照中国人民银行规定的贷款利率的上下限，确定贷款利率

46. 不良贷款不包括（　　）。

A. 关注类贷款　　　　B. 次级类贷款　　　　C. 可疑类贷款　　　　D. 损失类贷款

47. （　　）是不构成银行业金融机构表内资产、表内负债，形成银行业金融机构非利息收入的业务。

A. 资产业务　　　　B. 负债业务　　　　C. 中间业务　　　　D. 贷款业务

48. 下列哪一项不属于中间业务（　　）。

A. 交易业务　　　　　　　　　　B. 投资业务

C. 清算业务　　　　　　　　　　D. 支付结算业务

49. 下列哪一项是汇款业务（　　）。

A. 互换　　　　　　　　　　　　B. 汇票

C. 托收　　　　　　　　　　　　D. 系统内联行清算

50. 下列哪一项不是承诺业务（　　）。

A. 备用信用证业务　　　　　　　B. 项目贷款承诺

C. 开立信贷证明　　　　　　　　D. 票据发行便利

51. 作为银行业金融机构的未来利润增长点，（　　）近年来取得了较快发展，涉及的专业领域日渐宽广。

A. 资产业务　　　　B. 负债业务　　　　C. 中间业务　　　　D. 贷款业务

52. （　　）即将发布《商业银行服务价格管理办法》，统一规范银行业金融机构的服务项目收费。

A. 中国银监会　　　　B. 中国证监会　　　　C. 中国人民银行　　　　D. 国务院

53. 银行业金融机构贷款规范经营"七不准"禁止性规定不包括（　　）。

A. 不得以贷转存　　　　　　　　B. 不得减费让利

C. 不得存贷挂钩　　　　　　　　D. 不得一浮到顶

54. 金融服务收费"四原则"不包括（　　）。

A. 合规收费　　　　B. 以质定价　　　　C. 浮利分费　　　　D. 减费让利

55. 对于银行业金融机构监管来说，需要关注的是监管（　　）。

A. 资本　　　　　　　　　　　　B. 负债

C. 资产负债率　　　　　　　　　D. 贷款余额与存款余额的比例

56. 下列哪一项不是银行业金融机构监管资本的作用（　　）。

A. 满足银行业金融机构正常经营对长期资金的需要

B. 限制银行业金融机构业务过度扩张和承担风险

C. 保持银行业金融机构利润的持续增长

D. 维持市场信心

57. 商业银行的资本充足率不得低于（　　）。

A. 7%　　　　　　B. 8%　　　　　　C. 9%　　　　　　D. 10%

58. 中国银监会于 2012 年发布的《商业银行资本管理办法（试行）》，要求所有商业银行的资本充足率在（　　）年底达标。

A. 2017　　　　　B. 2018　　　　　C. 2019　　　　　D. 2020

59. 《商业银行资本管理办法（试行）》规定，对系统重要性银行，核心一级资本充足率、一级资本充足率和总资本充足率分别不得低于（　　）。

A. 6%、7% 和 8%　　　　　　　　B. 6%、7% 和 9%

C. 5%、6% 和 7%　　　　　　　　D. 5%、6% 和 8%

60. 《商业银行资本管理办法（试行）》规定，对其他银行，核心一级资本充足率、一级资本充足率和总资本充足率分别不得低于（　　）。

A. 6%、7% 和 8%　　　　　　　　B. 6%、7% 和 9%

C. 5%、6% 和 7%　　　　　　　　D. 5%、6% 和 8%

61. 《商业银行资本管理办法（试行）》规定，在过渡期内，2013 年年底核心一级资本充足率增长（　　）。

A. 0.3%　　　　　B. 0.4%　　　　　C. 0.5%　　　　　D. 0.6%

62. 商业银行的（　　）对维持本行资本充足率承担最终责任，并应建立完善的资本评估程序。

A. 董事会　　　　　　　　　　　　B. 高级管理层

C. 董事会和高级管理层　　　　　　D. 监事会

63. 对于资本充足的商业银行，为防止其资本充足率降到标准线以下，中国银监会可以采取的干预措施不包括（　　）。

A. 要求商业银行完善风险管理规章制度

B. 要求商业银行提高风险控制能力

C. 要求商业银行限制资产增长速度

D. 要求商业银行加强对资本充足率的分析

64. 对于资本不足的商业银行，中国银监会可以采取的纠正措施有（　　）。

A. 要求商业银行完善风险管理规章制度

B. 要求商业银行提高风险控制能力

C. 要求商业银行限制资产增长速度

D. 要求商业银行加强对资本充足率的分析

65. 对于资本不足的商业银行，中国银监会可以要求商业银行在接到中国银监会监管意见书的（　　）个月内，制订切实可行的资本补充计划。

A. 1　　　　　　　B. 2　　　　　　　C. 3　　　　　　　D. 4

二、简答题：

1. 阐述特许公司银行家的从业准则的第一条基本准则包括几款。

2. 请简述特许公司银行家的从业准则的第四条第三款的内容。

3. 银行监管的对象有哪些？

4. 简述我国银行监管的具体目标。

5. 简述存款业务的办理原则。

6. 授信业务需要遵循哪些原则？

7. 简述银行业金融机构应当遵守的资产负债比例。

8. 当借款人出现哪些情形，贷款人可以中止交付约定款项并要求其提供适当担保？

9. 中间业务中的交易业务包括外汇交易业务和金融衍生品交易业务，请简述金融衍生品交易业务包括哪些。

10. 个人理财业务包括哪些服务内容？

第二章　经济学基础

学习要求说明:

1. 描述宏观经济理论及宏观经济环境

2. 阐述宏观经济学的主要研究因素

3. 理解国民收入的含义

4. 解释国内生产总值的计量方法及其组成部分

5. 描述乘数以及其对国民收入的影响

6. 阐述消费、储蓄、投资及加速原理对经济的影响

7. 推导 IS 和 LM 曲线

8. 推导总需求和总供给曲线及其均衡水平

9. 讨论中国经济增长的原因，并分析中国可能面临的主要挑战

10. 评估宏观经济环境对银行及其他企业的影响

11. 描述经济周期及其影响

12. 阐述经济周期的各个阶段

13. 理解各种经济周期理论

14. 解释完全就业的概念，区分经济周期中各种失业类型

15. 描述宏观经济中通胀及通缩的主要类型

16. 描述各种经济指标，介绍指标的运用和其局限性

17. 评估经济周期对银行及其他企业的影响

18. 阐述货币政策和财政政策

19. 评估货币政策对经济的影响；评估货币政策的主要目的和货币政策的主要
工具

20. 评估财政政策对经济的影响；评估财政政策的主要目的和财政政策的主要工具

21. 讨论货币政策及财政政策的应用，讨论其对银行和其他企业的影响

引言

公司银行业务是我国银行的主要业务之一，宏观经济环境对公司银行业务的开展和实现有着很重要的影响。因此，深刻了解所处的宏观经济环境对公司银行业务的开展至关重要。所谓宏观经济环境是指一国经济发展的战略阶段和战略水平、经济制度及其市场体系、收入水平、财政预算规模、财政收支平衡、贸易与国际收支等。

想要认识和了解宏观经济环境，必须学习经济学的基本知识。这些知识使得银行从业者在开展业务时能采用一些宏观经济理论和宏观经济分析的方法，在当时的宏观经济环境下作出更为理性的判断。

1 宏观经济分析

宏观经济学是一门以国家整体经济运行作为主要研究对象的学科，它揭示了两大核心问题：一是宏观经济为什么会在短期内发生不同程度的波动，二是宏观经济中的什么力量决定了一国经济的长期增长。另外，宏观经济学的研究具有很强的现实性，即通过对宏观经济理论的研究，对宏观经济现象的分析，能综合判断和预测一个国家宏观经济运行的整体现状及发展趋势，为本国政府实施宏观经济调控的政策提供理论和现实依据，进而影响一个国家的行业或企业的发展方向和发展预期。

1.1　宏观经济学主要考虑因素

宏观经济学研究的对象是整体经济运行，调控经济的目的在于最大化经济体的产出。而在其研究中考虑的主要因素包括：经济增长、经济周期波动、通货膨胀、失业、国家财政、国际贸易等方面，涉及国民收入及全社会消费、储蓄、投资及国民收入的比率，物价水平，货币流通量和流通速度，就业人数和失业率，国家预算和赤字，进出口贸易和国际收入差额等。

宏观经济学研究这些因素所采用的方法包括：宏观经济理论、宏观经济政策和宏观经济计量模型。

■ 宏观经济理论包括：国民收入决定理论、消费函数理论、投资理论、货币理论、失业与通货膨胀理论、经济周期理论、经济增长理论、开放经济理论等。

■ 宏观经济政策包括：经济政策目标、经济政策工具、经济政策机制（即经济政策工具如何达到既定的目标）、经济政策效应与运用等。

■ 宏观经济计量模型包括：根据各派理论所建立的不同模型。这些模型可用于理论验证、经济预测、政策制定，以及政策效应检验等。

1.2　国民收入的含义

虽然宏观经济学研究涵盖的内容很广泛，但其基本目标始终是保持国民收入的稳定增长以及相伴随的物价稳定、充分就业和保持国际收支平衡。为了达到这个目标，我们首先需要对国民收入的组成、核算和影响因素有充分的认识。

国民收入是衡量一个国家在一定时期内经济业绩的指标。它指一个国家在一定时期投入生产资源所创造的所有价值总和。

国民收入通常以货币来计量。所有价值总和可从三个角度定义：

■ 国民所生产的最终产品和劳务的总价值；

■ 国民生产这些产品和劳务所取得的总收入；

■ 兼具生产者和消费者的人们从他们收入中消费的商品和劳务。

在宏观经济学中用两个主要统计数值来反映国民收入。

■ 国内生产总值（GDP）

■ 国民生产总值（GNP）

当然还包括其他一些指标，如国民生产净值（NNP）、狭义的国民收入（NI）、个人收入（PI）、个人可支配收入（DPI）。

1.3 国内生产总值的组成及其计量方法

国内生产总值（Gross Domestic Product，GDP），是一个国家或地区在一定时期内所生产的全部产成品（商品和劳务）的市场价值的总和。它是衡量全社会国民总产出或总收入水平的核心指标，也是公认衡量国家经济状况的最佳指标。它不但可以反映一个国家的经济表现，还可以反映一国的国力与财富状况。

在 GDP 的定义当中，要特别注意：

■ GDP 的统计范围为全部的产成品，如果只是中间产品则不计入 GDP。例如一辆出厂的汽车，计入 GDP 的只有这辆车的市场价值，而生产过程中使用的钢铁、玻璃、塑料等原材料的价值则不计入，这样做是为了避免重复计算。由此可以看出，GDP 统计的实际上是一个新增产值的概念，即一个时期内使用生产要素进行生产所获得的所有增加值的总和。

■ 像家务劳动、自给自足的生产，以及地下交易、黑市交易等活动，因为无法衡量其市场价值，也不计入 GDP 的统计范畴。

1.3.1 核算 GDP 的三种方法

在学习核算 GDP 的几种具体方法之前，首先要了解国民收入、社会总产出、社会总收入和社会总支出这几个变量之间的基本关系。社会总产出（Aggregate Output）是指一个经济体在一个时期内所生产的全部产品和服务的价值。而一个社会的总收入（Aggregate Income）是指在生产产品和服务过程中支付给生产要素提供者的全部报酬的价值总和。因为产出的产品价值必然为生产过程中所使用的全部生产要素价值的总和，所以一个社会在一定时期内的总产出和总收入必然相等。而社会总支出（Aggregate Expenditure）是指在一定时期内为进行生产和服务所产生的全部支出的总和，它必然与社会的总产出和总收入相等。因此我们有一个基本的关系：在一定时期内，

$$社会总产出 = 社会总收入 = 社会总支出$$

不难看出，所谓的社会总产出就是我们要核算的国内生产总值（GDP）。因此GDP核算通常有三种方式，这三种方式分别从总产出、总支出、总收入的角度反映了国民收入的情况。

生产法

这种方法按提供产品与劳务的各个部门的产值总和来计算国内生产总值。通过这种方法可以反映GDP的来源。

运用这种方法进行计算时，各生产部门所使用的中间产品的产值并不计算在内，只计算全部的增加值。商业和服务等部门的产值也按增值法计算。卫生、教育、行政、家庭服务等部门无法计算其增值，就按工资收入来计算其服务的价值。把所有部门生产的增加值加总，再与国外要素净收入相加，考虑统计误差项，就可以得到用生产法计算的GDP了。

支出法

这是通过核算整个经济体购买最终产品和服务的总支出来计量GDP的方法。整个经济体的总支出包括一定时期内的消费、投资、政府支出以及净出口这几个方面。

■ 消费（Consumption，C）是国民收入的重要组成部分，这里主要指居民消费，通常也被称为消费者支出，包括购买耐用消费品（如家电、汽车等）、非耐用消费品（如食物、化妆品等）以及劳务（如医疗、旅游等）。在发达经济体中居民消费可以占到社会全部支出的70%左右。

■ 投资（Investment，I）是指购买资本货物——不会被消耗的并会被用于未来生产的物品。实例包括修造铁路或工厂。所谓的资本物品，指的是在生产过程中不会被一次性消耗掉，而能在未来生产中继续使用的物品，如厂房、机械设备等。

收入的增加将导致更多的投资，但是高利率将阻碍投资。我国学者普遍认为经济增长主要是由投资决定，投资是经济增长的基本推动力，是经济增长的必要前提。

■ 政府支出（Government Expenditure，G）指的是各级政府为实现全部或部分人群的福利而进行的采购，如在教育、医疗、国防设备、社会服务等方面的支出。这样的采购大部分是由政府税收收入来支付的，并且不以市场定价来进行收费。在提供政府服务的过程中需要使用各种生产要素，要素所有者提供这些要素所获得的收入也会进入整个经济的循环当中。

■ 净出口（Net Export，$X - M$）：X 表示出口，M 表示进口，$X - M$ 表示一个国家的净出口水平。进口是对他国产品和服务的购买，是本国收入的流出，因此需从 GDP 统计中扣除；而出口是本国收入的增加，是购买本国商品的支出，因此需计入 GDP 核算当中。

将上述四个项目加总，用支出法计算 GDP 的公式可以写成：

$$GDP = C + I + G + (X - M) \tag{1}$$

公式（1）表示在一个开放经济体下的 GDP 核算公式，如果在一个封闭的经济体中，即不存在进口和出口的情况，则 GDP 的核算公式变为：

$$GDP = C + I + G \tag{2}$$

收入法

又称分配法，是从生产过程创造收入的角度，根据生产要素的收入，也就是企业的生产成本来反映最终成果的一种计算方法。按照这种计算方法，GDP 的核算公式为：

GDP = 劳动者报酬 + 生产税净额 + 固定资产折旧 + 营业盈余

其中，劳动者报酬是雇员为企业提供劳动获得的工资和各种形式的报酬，包括工资、利息收入和租金收入；生产税净额是企业向政府支付的间接税减去政府对企业的转移性支付；固定资产折旧是生产中使用的房屋和设备在核算期内磨损的转移价值；营业盈余是企业从事经营活动所获得的利润。

1.3.2 从 GDP 到个人可支配收入

在国民收入的核算体系中，除了 GDP 之外，还有几个重要的相关概念。

■ 国民生产总值（Gross National Production，GNP）：指一国国民在一定时期内所生产的全部最终产品的市场价值。GNP 是一个国民概念，而 GDP 是一个地域概念，这是两者最本质的区别。

例如 A 国国民在 B 国工作的收入，将计入 A 国的 GNP，而不计入 B 国的 GNP；同时，这笔收入会计入 B 国的 GDP，而不计入 A 国的 GDP。GDP 与 GNP 的关系可以表达为：

GNP ＝GDP + 来自国外的要素收入净额

＝GDP + （来自国外的要素收入 – 支付国外的要素收入）

其中：来自国外的要素收入是本国常住者从国外获得的资本和劳务收入。具体来说，它是本国资本对外投资或参与国外生产活动而获得的利息收入、红利、投资收益以及本国居民在国外工作（一年以下）获得的劳务收入；支付国外的要素收入是本国对国外支付的资本和劳务收入。具体来说，它是外国资本对本国投资或参与本国生产活动而从本国获得的利息收入、红利、投资收益以及本国支付给外籍员工（一年以下）的劳务收入。因此，从数量关系看，GNP 的主要部分源于 GDP。

■ 国民生产净值（Net National Product，NNP）：指一个国家在一定时期内（通常为一年）新增加的价值，等于国民生产总值中扣除当年消耗掉的资本（折旧）后的价值余额。

任何产品价值中不但包括含有消耗的原材料、燃料的价值，还包括有使用的资本设备的折旧。最终商品价值中扣除资本设备消耗的价值，就得到了净增价值，因而从国民生产总值中扣除资本折旧，就是国民生产净值。它表示社会经济活动中能够用于消费的净投资的价值总额。

关系表达式为：NNP = 国民生产总值 – 折旧

■ 国民收入（National Income，NI）：狭义的国民收入，是指一国在生产最终产品过程中，使用的全部生产要素在一定时期内的全部收入。统计国民收入中包括的项目有：

NI ＝工资收入 + 企业和政府的税前利润 + 利息收入 +

非公司商业净利润 + 租金 + 生产税净额

其中，工资收入是居民个人提供生产性服务所取得的收入，非公司商业净利润指小业主或农户通过商业行为所获得的净利润。

在统计上，国民收入与 GDP 的关系可以表示为：

GDP ＝国民收入 + 资本消耗抵扣 + 统计差异

其中资本消耗抵扣是一个折旧项，衡量了对现有资本存量消耗进行替代的需求，通过资本消耗抵扣，可以维持资本的现有生产力水平。简单地说，利润＋资本消耗抵扣，得到的就是资本所获得的全部收益。

■ 个人收入（Personal Income，PI）：衡量居民户的收入情况，相应地，也衡量了消费者的购买力水平。个人收入包括全部居民户收入所得，包括已收到的和未收到的。个人收入和国民收入的不同在于个人收入的统计当中不包括非居民户所得的要素收入，又加入了居民从政府获得的转移收入部分。用公式可表示为：

个人收入 = 国民收入 – 企业向政府支付的间接税 – 企业所得税 –

未分配企业利润 + 政府向居民户的转移支付

■ 个人可支配收入（Disposable Personal Income，DPI）：个人收入减去个人所得税，即为个人可支配收入。个人可支配收入衡量了居民的税后收入，是居民可以真正用于购买产品或服务，或进行储蓄的收入，因此这是与居民的支出和储蓄相关度最高的一个变量。

表 2 – 1 是一个从 GDP 调整到个人可支配收入的示例：

表 2 – 1　××国从全年 GDP 调整到全年个人可支配收入 单位：百万美元

工资收入	818 613
企业税前利润	210 756
国有企业税前利润	16 355
利息收入	83 998
非公司商业净利润（含租金）	94 559
生产税净额（来源于生产中使用的要素）	71 094
生产税净额（来源于产品）	94 840
等于：国民收入（NI）	**1 390 215**
加：统计差异	10
加：资本消耗抵扣	209 383
等于：国内生产总值（GDP）	**1 599 608**
减：未分配企业利润	110 431
减：企业所得税	53 176
加：政府向居民户的转移支付	163 979
等于：个人收入（PI）	**1 224 653**
减：个人所得税及非税支付	275 169
等于：个人可支配收入（DPI）	**949 484**

一般在宏观经济学范围内讨论国民收入时，如非特别注明，都使用 GDP 来作为衡量指标。用 GDP 作为衡量指标时，我们认为一国的总收入、总支出和总产量是相等的。

1.4 乘数

思考题：

如果 M 国的边际储蓄倾向（MPS）=0.2；投资增加 50 000 000 美元，M 国新增的国民收入是多少及投资乘数是多少呢？

1.4.1 乘数定义及种类

乘数是宏观经济学的又一重要概念，乘数也称为倍数。它反映了消费、投资、政府支出等变化所引起的一系列连锁反应是如何影响国民收入的变动的。

根据均衡国民收入的定义，

$$Y = C + I + G + X \tag{1}$$

$$C = \alpha + \beta Y_d \tag{2}$$

$$Y_d = Y - T_X + T_R \tag{3}$$

$$Y = \alpha + \beta(Y - T_X + T_R) + I_0 + G_0 + X_0 \tag{4}$$

$$I = I_0 \tag{5}$$

$$G = G_0 \tag{6}$$

$$X = X_0 \tag{7}$$

经过整理有：

$$Y = (\alpha + I_0 + G_0 - \beta T_X + \beta T_R + X_0) / (1 - \beta) \tag{8}$$

其中，I_0 为投资支出，G_0 为政府支出，T_X 为税收，T_R 为政府转移支付，X_0 为净出口，α 是基本消费，β 是边际消费倾向。

根据这个公式可以得到以下乘数：

■ 投资乘数。指投资变动 1 单位后引起的国民收入变动倍数。

■ 政府支出乘数。指政府支出变动 1 单位后引起国民收入变动倍数。

■ 税收乘数。指政府税收变动 1 单位后引起国民收入变动倍数。

■ 政府转移支付乘数。指政府转移支付变动 1 单位后引起国民收入变动倍数。政府转移支付乘数与税收乘数的值相等，究其缘由是因为它们都是通过影响消费支出来影响国民收入，但符号相反。

■ 平衡预算乘数。指政府收入和支出两者同时以相等数量增加或减少时国民收入变动对政府支出变动的比率。

■ 对外贸易乘数。指出口变动 1 单位后引起国民收入变动倍数。

1.4.2　投资乘数

投资乘数是凯恩斯于 1936 年提出的，此乘数是衡量投资变化与收入变化的关系，其公式为：

$$k = \frac{1}{1 - \text{MPC}}$$

其中，

MPC = 边际消费倾向（Marginal propensity to consume）

所以投资乘数是（1 − MPC）的倒数，也是边际储蓄倾向的倒数。

从公式中可以看出边际消费倾向越明显，即人们愿意将更多的收入用于消费，投资在经济体中发挥的乘数效应就越大。

例题：投资乘数的计算

假设 M 国的政府投资增加 1 亿元，边际消费倾向是 0.9，假设经济体中没有其他流出和流入发生。

我们能够得到：增加投资 1 亿元会增加国民收入 1 亿元，后者当中的90%用于消费，10%用于储蓄，假设消费全部用于投资，则 0.9 亿元的新增消费中，有 90% 又被消费，而其中的 10% 又会被储蓄……（以此类推）。最终的结果是，投资增加 1 亿元，国民收入就上升了 10 亿元，储蓄增加了 1 亿元。可见，通过投资乘数效应进行了国民收入的创造。

我们运用公式计算可得：

$$k = \frac{\Delta Y}{\Delta I} = \frac{1}{1 - \Delta C / \Delta Y}$$

$$k = \frac{1}{0.1} = 10$$

所以 $\Delta Y = 10$ 亿元，$\Delta C / \Delta Y$ 是边际消费倾向，可以得出案例中投资乘数等于 10。

1.4.3　乘数效应

乘数效应是指经济活动中的某一变量增减所引起的经济总量变化的连锁反应程

度，它包括正反两方面的作用。比如在现实经济中，政府扩大投资或增加公共支出的同时减少税收，这使得用于一个部门的投资支出会转化为其他部门的收入，而这个部门把得到的收入在扣除储蓄后用于消费或投资，又会转化为另外一个部门的收入。如此循环下去，就会导致国民收入加倍扩大，进而引发宏观经济的扩张效应；同理，如果政府减少投资或削减公共支出的同时增加税收，这就会使得国民收入加倍收缩，进而引发宏观经济的紧缩效应。

因此，当经济体中存在不完全就业的情况时，通常政府可能会增加投资，通过乘数效应的作用来拉动全社会就业水平。例如，政府增加对城市公路建设的投资，直接创造就业岗位20万个，并发现通过就业增加的连锁反应，导致总收入增加，收入增加导致总需求增加，从而进一步增加就业岗位，如此循环下去，总共增加了40万人的就业岗位，这时就业乘数即为2。然而，乘数效应不会无限度地持续，因为在每个环节都会有一定的流出，如储蓄、税收等环节，就都使得政府投资对经济的拉动作用在一轮一轮的循环当中逐渐减弱，直到消失。

中国在应对全球金融危机时采取了4万亿元投资的经济刺激计划。为了最大限度地获得乘数效应，一方面，政府在投资项目的选择上着眼于产业链长，带动效应大的项目；另一方面，努力提高居民消费倾向，扩大消费在经济体中的占比等。最终目的是希望带动国民经济的良性发展。

1.4.4、乘数效应的有效性

乘数效应虽然具有按一定倍数增加或减少国民收入的效应，但凯恩斯认为乘数效应并不像我们看起来的那么有效，它是受很多外在条件限制的。

一方面，乘数效应在发挥其作用时存在着时滞性。例如，收入的增加也许不会立即导致消费的增加，而是被用于储蓄或者偿还过去的债务，这导致了消费增长的滞后。另外，如果一国的经济中不存在过剩的生产能力，那么投资的增加能引发消费的增加，但不会使得产量和收入增加，只能引起物价上涨。

另一方面，乘数效应创造的过程中存在一定的流出性。如前所述，在乘数效应创造的过程中，每个环节都会有一部分的流出用于储蓄、税收等，减弱了乘数效应对国民收入的拉动或紧缩的作用，直到所有作用消失。例如，政府支出的增加对消费支出产生连锁影响，从而使国民收入成倍增加，而政府的税收增加则类同于负投资的增加，又会使得国民收入成倍地减少。

1.5　消费和储蓄

思考题：

在一个经济体中消费和储蓄有什么联系？

1.5.1　消费函数

消费函数是反映消费支出及影响消费支出的各个因素之间的函数关系式。

凯恩斯理论假定：在影响消费的各种因素中，收入是具有决定性意义的因素，收入的变化决定消费的变化。随着收入的增加，消费也会增加，但是消费的增加不及收入的增加多。收入和消费两个经济变量之间的这种关系叫做消费函数或消费倾向。

表达式为：$C = C(Y)$，其中 C 表示消费，Y 表示收入。

平均消费倾向（APC），反映在任意收入水平上消费支出占收入的比率。表达式为：$APC = C/Y$，其中 C 表示消费，Y 表示收入。

边际消费倾向（MPC），消费增量与收入增量的比率。表达式为

$$MPC = \Delta C/\Delta Y = \mathrm{d}c/\mathrm{d}Y$$

边际消费倾向是消费曲线上任一点的斜率，因此，$0 < MPC < 1$，并且随收入增加，MPC 递减。

从短期来看，消费不仅依赖于即期收入，也依赖于上期收入等其他变量。因此，短期消费函数表达为：$C = a + bY$。其中 a 为自发性消费支出，b 为边际消费倾向。如图 2-1 所示。

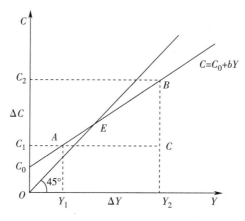

图 2-1　短期消费函数

从长期来看，消费只依赖于即期收入，人们不可能依赖前期收入等其他因素来消费。因此，消费只能是即期收入的函数。表达式为：$C = kY$。长期消费函数应在收支相抵线（45°线）的下方。如图 2 - 2 所示。

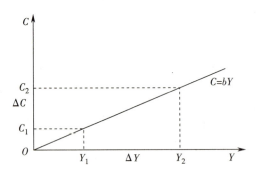

图 2 - 2　长期消费函数

1.5.2　储蓄函数

在国民收入中，与消费相对应的一个变量是储蓄。由于在研究国民收入决定时，假定储蓄只受收入的影响，故储蓄函数又可定义为储蓄与收入之间的依存关系。通常，在其他条件不变的情况下，储蓄随收入的变化而同方向变化。

表达式为：$S = S(Y)$，其中 S 表示储蓄，Y 表示收入。

平均储蓄倾向（APS），反映在任意收入水平上储蓄总量占收入总量中的比例。表达式为：$APS = S/Y$：其中 S 表示储蓄，Y 表示收入。

边际储蓄倾向（MPS），指收入增加引起的储蓄增量，即储蓄曲线上某点储蓄增量对收入增量的比率。其表达式为：$MPS = \Delta S / \Delta Y = \mathrm{d}s / \mathrm{d}Y$。边际消费倾向是储蓄曲线上任一点的斜率，因此 $0 < MPS < 1$，并且随收入增加而递增。

从短期看，因自发消费从而引起了负储蓄。因此，储蓄函数表达为：$S = -a + (1-b)Y$。其中 $-a$ 为收入为零时的负储蓄，$(1-b)$ 为边际储蓄倾向。如图 2 - 3 所示。

1.5.3　消费和储蓄的关系

消费和储蓄对国民经济平稳较快发展具有重要意义。消费增长对于经济增长具有平稳、可持续的拉动作用，但消费增长需要一定规模的储蓄作为支撑。

消费和储蓄在经济学中的关系：

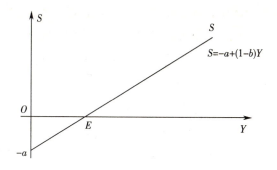

图 2 – 3 储蓄函数图

■ 消费函数和储蓄函数之和等于总收入。

■ 边际消费倾向和平均消费倾向递减，边际储蓄倾向和平均储蓄倾向递增。

■ 平均消费倾向与平均储蓄倾向之和恒等于 1，即 $APC + APS = 1$。

■ 边际消费倾向和边际储蓄倾向之和恒等于 1，即 $MPC + MPS = 1$。

如图 2 – 4 所示，E 是收支相抵点，E 的左边为消费大于收入，引发负储蓄；E 的右边是消费小于收入，引发正储蓄。

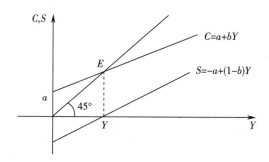

图 2 – 4 消费和储蓄关系

1.6 投资

思考题：

在一个经济体中哪些因素会影响投资水平？

1.6.1 投资概述

投资是指用一些有价值的资产，比如资金、人力和产权等，将其投到某个企业的项目或其他类型的经济活动中，从中获取经济回报的商业过程。投资种类有很多，大概可分为实物投资和资本投资。前者是直接参与投资，并通过生产或经营活动取得利润；后者是间接的投资形式，其具体通过购买企业的股票或公司债，参与企业的利润分配。在宏观经济学中所提到的投资主要指实物投资。

传统经济学理论认为，利率是决定投资水平的主要因素。所以，如果政府想增加经济活力，常见的一种方法就是通过降低利率来降低企业的融资成本，促进投资的增加。与之相反，如果政府希望减轻通货膨胀的压力，会提高利率以抑制投资。然而，也有一些学者的研究表明利率的影响实际上是有限的，特别是当企业从累积利润中获得了足够的内部资金时，潜在的投资回报率才是决定投资增长的主要因素。

凯恩斯主义理论认为，除非一个项目投资对企业的持续经营重要到可以不计代价，否则，只有投资边际效率超过目前的利率水平时企业才会进行投资。因此要促进投资的增长，是可以通过降低利率或者提高投资的边际效率来实现。

而新古典企业固定投资理论认为，企业将资本存量向合意的水平调整的进度决定投资率，即企业计划生产的预期产量越多，则成本越小，导致合意资本存量越大。

住房投资理论认为，住房需求受财富、其他可供选择投资的利息率及分期付款率影响。住房投资率由现行价格水平上建筑商提供住房的速率来决定。

存货投资理论认为，企业有一个合意的存货—销售比率。如果销售非预期的扩大或缩小，实际比例也会与合意水平不一致，从而企业通过改变它们的生产来调整存货。

1.6.2　加速原理的产生

1913 年，艾伯特·阿夫塔里昂在《生产过剩的周期性危机》一文中提出加速原理。后期，克拉克和庇古将加速原理作为决定投资和解释经济周期的原理分别加以探讨和研究。但直到 1883 年，凯恩斯在《就业、利息和货币通论》中提出投资乘数以后，加速原理这时才引起普遍的重视。

在国民经济中，投资与国民收入是相互影响的。乘数原理说明了投资变动对国民收入变动的影响，而加速原理要说明国民收入变动对投资变动的影响。所以说，加速原理是论证投资取决于国民收入（或产量）变动率的理论。可用下列公式来说明加速原理：

$$I_t = I_o + D = a \times (Y_t - Y_{t-1}) + D$$

在上式中，I_t 代表总投资，它分为净投资 I_o，即新增加的投资和重置投资，及折

旧 D，净投资 I_o 取决于加速系数 a 和本期收入 Y_t 与上期收入 Y_{t-1} 的差异。加速系数指产量增加一定量所需要增加的净投资量，即净投资量与产量增加量之比，它反映了社会的生产技术水平。例如，如果在一定的生产技术水平之下，增加 200 万元的产量需要增加的净投资为 400 万元，则加速系数为 2。与加速系数相关的另一个概念是资本—产量比率，即生产一单位产量所需要的资本量，或者资本量与产量之比。在技术不变的条件下，加速系数与资本—产量比率的数值是相同的。

例题：投资加速原理

通过一个案例来说明加速原理，我们可以这样举例，设 $a = 2$（资本—产量比率也为 2），折旧率为 10%，可以作出如下加速原理表。

年	产量	资本量	净投资	重置投资	总投资
1	200	400	—	40	40
2	220	440	40	44	84
3	240	480	40	48	88
4	260	520	40	52	92
5	260	520	0	52	52
6	250	500	−20	50	30

根据上表，我们可以说明加速原理的基本含义：

第一，投资是产量变动率的函数，而不是产量变动的绝对量的函数。也就是说，投资的变动取决于产量变动率，而不是产量变动量。

第二，投资的变动大于产量的变动。当产量增加时，投资的增加率大于产量的增长率（在上表中，从第 1 年到第 2 年，产量增加 10%，而总投资增加 110%）；当产量减少时，投资的减少也大于产量减少（在上表中，从第 5 年到第 6 年，产量减少 3.85%，而总投资减少 42.31%），这就是加速的原理。投资变动大于产量变动的原因是，现代的生产均是一种"迂回生产"，即采用了大量的机器设备，这在刚开始时投资量会比较大。因此，在产量减少时，投资自然会减少得更多。

第三，如果要保持投资增长率不变，产量要保持在一定的增长率水平上（在上表中，第 2 年到第 3 年和第 3 年到第 4 年，要使净投资不变，产量的增长率应分别为 9% 和 8.4%）。如果产量保持在原水平，那么投资必然要下降（在上表中，从第 4 年到第 5 年，产量没变，总投资减少 43.48%）。从这可以看出，当国民经济发展到一定程度时，很难再实现高增长。

总之，加速原理说明了投资水平的变动是产量（即国民收入）的变动引起的。因此，产量是决定投资的一个非常重要的因素。当然，影响投资的因素还有很多，比如企业家的预期、投资成本、利息率、风险和技术进步等。但是加速原理是假定这些因素不变及其设备得到充分利用的情况下，产量是如何影响投资的。

它的实质是，对其资本品的需求是一种引致性的需求，而对产出量需求的变化会导致对资本存量需求的变化，从而引致投资。因此，它的特点是强调预期需求的作用，而不强调投入的相对价格或利率的作用。

下面我们将具体解释与加速原理相关的几个概念。

■ 自发投资与引致投资

自发投资的定义为：它被看做是一个独立因素，其独立性表现为投资本身不受国民收入或消费变动的制约，投资主要出于心理、政治和技术进步等引发的投资，也可以说，它是由人口、技术、资源及政策等这些外生因素的变动所引起的投资。

引致投资也被称为诱发投资，它指的是因国民收入或消费的变动所引起的投资。

加速原理的研究对象是引致投资（诱发投资）。

■ 资本产量比率与加速系数

资本产量比率为生产1个单位的产品所需几个单位资本，即资本/产量。为了使我们能更简化地分析经济问题，一般均假设在经济体内，在相当长的时间内资本/产量这个比率不变。

1.6.3　投资的波动性

上面，我们已经学习了运用加速原理来说明投资和产量变化的关系，下面我们需要了解一些引起投资发生波动的因素。

■ 不确定性预期

假设企业的存在是为了满足消费者的需要，那么投资就存在着风险，这是因为投资是现在的事情，收益是未来的事情，企业对未来消费者需求的预期具有不确定性，即不确定性预期。凯恩斯认为，投资的决策很大程度上受到投资者对未来的乐观或悲观的情绪影响，因此，即使再精明的企业家，也不可能完全准确地预测未来的结果。预期的可靠的基础是不存在的，这就导致了投资量会随着预期而频繁地变化。

通常情况下，整个经济处于复苏或繁荣的时候，企业对未来报以乐观的态度，认为此时投资的风险较小，是投资的好机会；而当整体经济处于萧条或衰退时，企业对未来持悲观的态度，认为此时投资的风险较大，应该谨慎投资。

■ 投资决策的时间

投资决策可能会被提前或者推迟，这主要取决于当时的经济环境。例如，一个企业正考虑投资一个项目，然而当前经济处于衰退状态，使得企业不能最有效地运用其全部资本，这时多数企业会选择等待，直到经济开始复苏为止。这就导致了投资将与 GDP 的变化有密切的关系，企业在投资中可能发生大幅度的波动。

1.7　总需求与总供给

思考题：

总供给和总需求指的是什么？它们在我们的经济中起什么作用？

1.7.1　总述

宏观经济学所谓的均衡，是指在某个价格水平下，社会的总需求与总供给相等，不存在供不应求或者供过于求的现象。或者是为了求得在宏观水平上的均衡水平，我们采取了类似微观经济学的分析框架，即寻找在相应价格水平下的供给和需求水平，分别得到供给曲线和需求曲线，两者的交点位置即为宏观经济的均衡产出水平和均衡价格水平。

比微观更复杂的是，在宏观领域，我们要研究两个市场的均衡，即产品市场的均衡和货币市场的均衡。只有在两个市场同时达到均衡的情况下，才能实现整个宏观层面的平衡。这也成为指导财政政策和货币政策的基础。

1.7.2　IS 曲线

IS 曲线反映的是产品市场的均衡，通过 IS 曲线可以得到给定利率水平下对应的均衡总产出水平。投资和储蓄是保持市场均衡的主要变量，因此称为 IS 曲线。

我们知道，一个经济体的总支出必然与总收入 Y 相等。在前面我们已经介绍过，从支出的角度，国民收入可以分解为：

$$Y = C + I + G + (X - M)$$

而从收入的角度，国民收入可以分解为居民的消费、居民的储蓄（两者共同构成了居民户的收入）及政府税收 T 三部分。所以可以得到：

$$Y = C + S + T$$

综合上面两个公式，以及总收入等于总支出的基本关系，我们得到：

$$C + I + G + (X - M) = C + S + T$$

从而可以得到 IS 曲线的基本分析框架，即：

$$S - I = (G - T) + (X - M)$$

其中 $S - I$ 为私人部门过剩储蓄（Excess Saving），$G - T$ 为政府财政赤字（Fiscal Deficit），而 $X - M$ 为一个国家的净出口（Net Export）。这个表达式表明，一个国家的私人部门过剩储蓄将一部分用于补贴财政赤字，一部分用于对外投资（$X - M > 0$ 说明经常账户顺差，$X - M < 0$ 则说明资本账户逆差，即资金净流出）。

在上述分析框架中，每个变量都受到总产出或者总收入 Y 的影响。$S - I$ 随 Y 的增加而增加（收入增长使得储蓄和投资都随之增长，因为投资资金来源于储蓄，所以我们可以假定储蓄增加的幅度超过投资增加的幅度）；$G - T$ 随 Y 的增加而减少（经济增长使得政府税收增加）；$X - M$ 随 Y 的增加而减少（经济增长，需求增加，从而增加了进口）。因此给定利率水平，等式的左边与 Y 同向变化，右边与 Y 反向变化。由此，我们可以得出图 2 – 5。

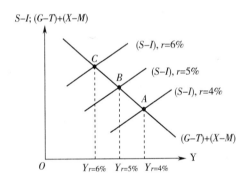

图 2 – 5　产品市场均衡

注意：$S - I$ 曲线会随着 r（利率）的变化而上下移动，r 的变动会影响投资的水平，r 上升，投资成本上升，投资总量下降，$S - I$ 上升（因此，r 上升，$S - I$ 曲线向左移动）。$(G - T) + (X - M)$ 曲线不受到 r 变动的影响，因此不会随 r 的变换而移动。

$S - I$ 曲线与 $(G - T) + (X - M)$ 曲线的交点代表了给定利率水平下，产品市场的均衡。

由图 2 – 5 可以得到图 2 – 6 的 IS 曲线。IS 曲线代表了不同利率水平下，均衡状态下的产出水平。

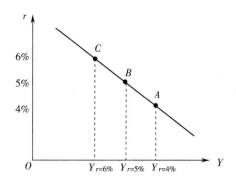

图 2 - 6　IS 曲线

1.7.3　LM 曲线

LM 曲线反映的是货币市场的均衡，通过 LM 曲线，可以得出给定真实货币供给水平时，Y 与 r 的均衡水平。货币市场均衡的实现条件是：真实货币供给（Real Money Supply）与真实的货币需求相等（Real Money Demand）。这里所谓的真实，是指去除了价格因素对货币供给和需求的影响。这个实现条件可以表示为：

$$MV = PY$$

其中 M 指名义货币供给（Nominal Money Supply）；P 指价格水平（Price Level）；Y 指真实收入/支出（Real Income/Expenditure）；V 指资金的周转率（The Velocity of Money）。可以看到 MV 即为名义的货币供给水平；PY 为名义的货币需求水平。上面的公式可以调整为：

$$M/P = (M/P)_D = kY$$

其中，$k = 1/V$，指每得到一单位的真实收入，人们所愿意持有的货币量，即持币意愿。这里的货币是相对于股票、证券等资产类别而言的。

k 与 r 负相关，因为提高的利率水平会使人们更倾向于投资高收益产品。即真实的货币需求 $(M/P)_D$ 是关于 r 和 Y 的函数：$(M/P)_D = M(r, Y) \rightarrow M/P = M(r, Y)$

由此我们可以得到 LM 曲线的分析框架：

$$M/P = M(r, Y)$$

可以看到，在 M/P 水平维持不变的情况下，r 和 Y 呈现正相关。这是因为当 Y 增加时，M/P 不变，要求 k 下降。表明 Y 与 k 负相关。而我们已经知道 k 与 r 之间存在负相关的关系，所以 Y 与 r 是正相关的。由此，我们可以得到图 2 - 7，即 LM 曲线。

注意 Y 与货币需求正相关，因此 M/P 水平上升时，LM 曲线向右移动。

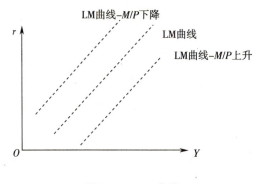

图 2 - 7　LM 曲线

1.7.4　总需求曲线

结合 IS 和 LM 两条曲线，我们可以得到宏观层面上的总需求曲线（Aggregate Demand Curve），简称 AD 曲线。在 IS - LM 的交点上，产品市场和货币市场同时处于均衡。而在其他任何点上，至少有一个市场没有满足均衡条件。

如图 2 - 8，M 不变，当 P_1 上升至 P_2 时，M/P 下降，LM 曲线向左移动（$LM_1 \rightarrow LM_2$）；IS 曲线不受影响。则 $IS - LM$ 的交点从 E_1 变为 E_2。可以看到，Y 下降。由此我们得出 P 和 Y 的负向相关的关系，从而相应的 AD 曲线。它跟微观经济学的需求曲线形状相似，都是随着价格水平上升，需求下降，但它代表的是整个市场微观需求的加总。

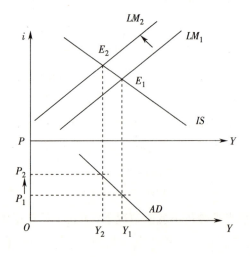

图 2 - 8　AD 曲线

1.7.5 总供给曲线

总供给曲线是所有厂商供给产量的总和。类似于总需求曲线，总供给曲线是专门用来描述总供给和价格水平之间的关系。

凯恩斯主义总供给曲线是一条水平的曲线，这条曲线的含义是，在既定的价格水平上，厂商愿意供给社会所需求的任何数量的产品。

凯恩斯主义的总供给曲线如图2-9所示。

从图2-9能够看出，总供给曲线 AS 在 P_0 的价格条件下是水平的线。表明在现行的价格水平下，企业愿意供给任何有需求的产品数量。

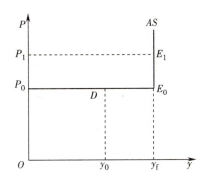

图2-9 凯恩斯总供给曲线

为什么会出现这样的情况？

凯恩斯认为：当社会上的情况是严重失业的，各个厂商可以在既定的工资水平下，得到它们所必需的任何数量的劳动力。因此，当我们假定生产成本只包括工资，那么工资这种生产成本在严重失业的情况下，是不会随产量的变动而变动的，从而产品的价格水平也不会随产量的变动而变动。所以，这时候厂商愿意在既定的价格水平下供给市场任何数量的产品。

图2-9中，垂直的部分（E_0E_1）称为古典总供给曲线区域。古典学派认为，总供给曲线是一条位于经济的潜在产量或充分就业产量上的垂直线。换句话说，在长期中，经济的就业水平或产量并不随着价格的变动而变动，它始终处在充分就业的状态下。

但是，大部分西方学者都认为：水平的总供给曲线和垂直的总供给曲线都是最极端的情况。

在短期中，总供给曲线是一条向右上方倾斜的曲线（如图2-10所示）。表明更高的价格水平将导致更高的总产量。

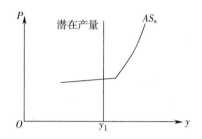

图 2 - 10　短期供给曲线

1.7.6　总需求—总供给模型（AD - AS 模型）

AD - AS 模型建立在收入—支出模型和 IS - LM 模型的基础上，研究总需求和总供给相结合的情况，可以用来解释国民收入如何受价格水平的影响，说明价格变化的原因，以及在社会经济中，总需求与总供给的均衡是如何实现的（如图 2 - 11）所示。

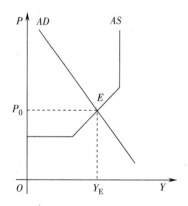

图 2 - 11　总需求—总供给曲线

图 2 - 11 中，水平的 AS 曲线称为凯恩斯主义情形，认为当产量增加（即 AD 线向右移动）时，均衡价格保持不变。这种情况所描述的是经济社会远离充分就业和潜在产量的情况，为了增加总需求的扩张性宏观经济政策在不引起价格水平上涨的前提下较多地提高产量水平。

在长期的总供给—总需求曲线中，总供给曲线为垂直的 AS 曲线，总需求 AD 向右移动时，均衡产量保持不变，这是古典经济学派描述的情形。这种情况下，采取扩张性宏观经济政策只能提高价格，不能增加产量。

在短期的总供给—总需求曲线中，总供给曲线为斜向右上方的 AS 曲线，总需求 AD 向右移动时，均衡产量和均衡价格都随之而上升。表明在短期中，尤其是经济处于潜在产量或充分就业产量之下的时候，总需求上升所带来的价格水平的上升，是能够导致总供给量增加的。

关于宏观经济政策将在货币政策与财政政策中做具体讲解。

案例研究：在短期和长期调节总需求与总供给不平衡所采用的手段

每个人都能看到一个时期总需求与总供给是否平衡，如果总需求小于总供给，物价指数下降，钱值钱了，出现通货紧缩；当总需求大于总供给，物价指数上升，钱不值钱了，出现通货膨胀；如果物价指数平稳，国家的宏观经济平衡。

在短期和长期调节总需求与总供给不平衡所采用的手段：一个国家经济理想状态为总需求等于总供给，但现实中总需求与总供给总是不平衡的，这正是为什么政府要对经济进行宏观调控。政府刺激总需求的办法是刺激消费，刺激投资，增加出口，相对效果比较明显；而在增加总供给时需要一个比较长的时间，比如，要增加一个钢厂，要考虑原材料铁厂、矿厂等能不能满足钢厂的需要，还要增加工人，再进行生产。因此，一个政府在短期内调整的是总需求，在长期内调整的才是总供给。

1.8　中国经济增长和经济稳定

思考题：

我国在金融危机后仍能保持经济增长的原因是什么？

改革开放以来，中国经济呈现持续快速的增长态势，创造了"中国奇迹"。中国一跃成为 GDP 的"世界老二"，并大有赶超美国之势。

1.8.1　我国经济增长的几大因素

■ 改革开放基本国策的实行是中国经济腾飞的前提条件。

改革将政府的工作重点转向经济建设。先后实行了农村经济体制改革和城市国有企业改革，改革了僵化的制度，解放了生产力。

而对外开放政策使得外国投资者纷纷涌入中国。他们带来了资金、先进的技术以及管理经验，利用短短的几十年时间，中国走完西方国家上百年才走完的路，中国迅速在世界的东方崛起，成为令世人瞩目的"世界工厂"。

■ 教育的发展提高了劳动者素质，为经济发展提供源源不断的动力。

九年义务教育的普及，以及高等教育的快速发展，中国劳动者素质普遍提高。

中国每年培养的工程师数量超过了美日每年培养的总和，并且还在迅速增长中。

尖端科技在中国迅速兴起，带动了中国高科技产业的快速发展，这些产业每年都大量出口创汇，成为我国出口的重要组成部分。

中国每年申请的专利数量已跃居世界之首，由此终结了美日专利申请量世界第一的历史。

■ 发达国家和地区产业转移浪潮的形成恰逢中国实行改革开放，中国经济发展面临难得机遇。

随着美日欧以及中国台湾地区产业结构的升级调整，发达国家和地区的低端产业纷纷移向中国。虽说中国所接受的是劳动力密集型低端产业，但不可否认这些产业确实为中国工业化奠定了扎实的基础。大规模的工业化强有力地促进经济的增长。

■ "三驾马车"——投资、出口、消费强有力地推动中国经济发展。

改革开放以来，国企以及私企在各行业的投资逐年增长，拉动了相关产业的快速发展。随着经济的快速发展，资金越来越充足，各领域的投资不断增多，投资拉动中国经济快速增长。

随着中国对外开放，海外市场也向中国敞开大门，中国出口迅猛增长。使得中国已超越德国成为世界上出口最多的国家。出口的迅速增长形成巨大需求，刺激中国经济迅速发展。

消费是"三驾马车"中比较疲软的，但其对经济增长的贡献不可忽视。随着居民收入的逐年增加，消费市场也日趋繁荣，内需的扩张虽然慢于经济增长速度，但也是以较快速度增长，刺激了经济的繁荣。

■ "城镇化"带动中国经济的迅速发展。

城市本身就蕴含巨大的生产力。城市拥有素质更高的从业人员，拥有更好的基础设施，有利于经济的发展。世界各国的发达程度以及人均 GDP 等指标与城镇化率基本上呈正相关，就很好地说明了城镇化在经济发展中的作用。

中国近年来经济一直保持高增长率与城市的持续扩张关系密切，城镇化率每年以接近一个百分点的速度提高。在 2011 年中国城镇人口首次超越农村人口，这在中国城镇化进程中有标志性意义。随着城市的继续扩张，中国经济的发展将迈上一个新台阶。

■ 相对稳定的国际、国内环境是中国经济崛起的保障。

我国在国际上面临的压力虽大，却始终没有发生战争，国内始终保持稳定，并将主要的人力物力投入到经济建设这个中心，中国经济随之腾飞。

1.8.2　中国经济面临的挑战

中国的 GDP 虽然保持平稳增长，背后却也隐藏着一系列亟待解决的问题。

■ 金融危机和经济危机的爆发。这使得各国央行大幅实施宽松的货币政策，大印钞票，放松信贷，这无疑为新一轮通货膨胀埋下祸根。而所引发的流动性过剩推高了国际商品价格，使得中国的贸易条件恶化，加大国内制造业的成本压力。

■ 我国正处于经济和社会转型时期。经济体制转型要从原来的粗放和低效成长方式转变为集约和高效成长方式。在这一转变过程中，宏观经济运行会面临各种各样复杂的问题。由于城市产业结构的调整，经济体制、社会保障制度的改革等，使得我国城市社会引发了诸多经济、社会矛盾，其主要体现在以下几个方面：转型期内贫困人口的贫困程度加剧，贫富差距继续扩大；转型时期企业结构调整，经济效益下降，下岗职工增多，失业率有攀高趋势。社会保障制度不健全。

■ 国际收支双顺差的结构失衡和外汇储备持续大幅增长的总量失衡。外汇持续大量净流入，使得外汇占款成为中央银行基础货币投放的主要渠道。国际收支失衡的现状，放大了脆弱性。

1.9　宏观经济对银行和企业的影响

思考题：

思考宏观经济对钢铁、石油行业/企业的影响。

讨论宏观经济如何影响金融行业。

1.9.1　宏观经济环境对银行业的影响

改革开放以来，我国银行业发生了巨大变化。银行体系不断扩大，目前，已形成包括中央银行、政策性银行、国有商业银行、股份制商业银行、众多的城市商业银行、信用合作社和外资银行在内的多重体系。在银行体系不断完善的过程中，中国银行业整体也保持了较快的增长速度。

在不同的宏观经济环境下，商业银行的风险也呈现出截然不同的特征。我们认为可以通过以下五个方面来具体度量银行业外部整体宏观经济环境对于我国银行业的影响，即世界经济形态、中国经济转型、融资结构、金融监管体系以及银行业同业竞争市场格局。

■ 世界经济形态的变化给中国银行业带来的挑战

首先，从整个世界经济形态来看，经济增长模式将发生深刻变化，发达国家正在改变低储蓄、高消费的增长方式，与此同时"美国消费，中国制造，中东和俄罗斯提供资源"的世界经济模式将发生深刻变化。其次，新一轮的产业技术革命正在爆发，因金融危机和应对气候变化催生了以低碳经济和"互联网"为代表的新技术革命，表明全球新一轮的产业升级和调整已然势不可当。然而目前世界经济体表现出的贸易保护主义，全球流动性泛滥等使得世界经济仍存在较大的风险和不确定性。因此作为世界金融的主体参与者，世界格局的经济形势变化及金融风险将极大程度地影响中国银行业的发展。

■ 中国经济转型对中国银行业发展的影响

中国经济转型至少包括三个层次的内容：经济增长方式的转变，实现从粗放外延式发展向集约式发展转变；经济结构的调整，实现科技创新机制完善与产业升级，从"中国制造"向"中国创造"转变；改善民生，从 GDP 崇拜向关注民生福祉、和谐发展转变。每一层次的转型都对银行业的运营环境产生显著的影响，对经营产生明显的压力。

同时，由于经济转型中经济增长方式和经济结构等都会发生根本性变化，已经适应当前经济生态的各行业领域都将面临转型挑战。金融作为现代经济的核心，必将首当其冲，尤其是对于服务实体经济转型提升而自身发展还远未成熟的银行业而言，这种转型的压力的确很大

■ 中国融资渠道改善对中国银行业的影响

目前，我国的融资结构仍然以间接融资为主。随着直接融资渠道快速发展，直接融资占比将会逐渐提高，融资结构将得以逐步改善。银行贷款这种间接融资方式也将被部分取代。这对银行业的经营模式和业务结构带来挑战。

■ 金融监管体系深化下中国银行业的发展

目前国内外金融监管更趋审慎，金融体制改革不断深化。首先，国际金融监管出现新变化，例如监管当局要求银行建立全面风险管理体系，将杠杆率作为新的监管工具，控制银行规模过度扩张，进一步加强流动性风险管理；其次，国内金融监管将更加审慎，比如会继续强化资本监管，对核心资本充足率有更高的要求，另外也会完善动态拨备，进一步优化信贷结构，加强对房地产、地方政府融资平台等领域的监管。

利率市场、汇率形成机制以及人民币境外贸易等方面的金融体制改革也会不断增强完善。这些都对银行业风险控制和体制改革提出更高要求。

■ 行业内激烈的竞争格局给银行业带来的挑战

银行同业竞争加剧，市场格局深刻变化，中国银行业将进入"群雄逐鹿"的白热化阶段。大型银行的股份制改革告一段落，将进入新的历史阶段，发展活力明显增强，规模优势不断巩固。中型银行将加速向二线城市扩张，并着力完善发展战略，打造自身特色。小型银行纷纷谋求跨区域发展，大力拓展业务空间。政策性银行商业化转型继续稳步推进，综合实力不断增强，正雄心勃勃、蓄势待发。外资银行进一步加快市场布局，在发达地区和高端客户中进一步与中资银行展开激烈竞争。此外，随着综合化经营的进一步推进和金融产品的不断丰富，银行与信托、证券机构的竞争将逐渐展开。第三方支付、第三方理财等机构逐步规范化发展也将"分食"商业银行的相关业务领域。

综上所述，外部宏观环境变化对银行业发展是挑战同时也是机遇。银行业要努力提高金融创新能力，为更有效地满足客户需求开辟新途径。

1.9.2　宏观经济环境对企业的影响

宏观经济不仅仅对银行业有影响，对我国的各行各业都存在着很大的影响，同样也决定着行业以及企业的发展方向和发展前景。

首当其冲的是，企业要密切关注国家经济发展的战略政策。这对企业有重要的影响，其政策既可以是鼓励的，也可以是限制的。对鼓励类产业投资项目，国家制定优惠政策支持，企业可以考虑对这些项目的投资；对于限制类项目，国家督促改造和禁止新建，企业要谨慎进入或者退出；而对于淘汰类项目，国家禁止投资，企业也要根据大趋势抽回投资或者不进入。

当然，在宏观经济环境总体状况较好的时候，企业通常会投资和扩大再生产，在竞争中谋取更多的销售份额，但当过多的投资和生产时，就可能引起整体宏观经济"过热"而引发通胀。由于上下游行业间存在价格传导机制，则企业承受的成本上涨压力不断增强，但企业内部消化吸收能力逐渐减弱。如果经济继续偏热，整体经济发展会呈现不健康态势，也会导致企业家信心不足。

当经济由"热"转"冷"时，企业的大规模投资及大规模生产的产品将会过剩，导致供大于求，很多企业会因库存积压过大，资金周转速度放缓，出现资金压力，更有甚者会出现破产倒闭，这个时候，大多数企业会选择减少生产，而社会中就会出现失业，使得消费不足，进而再影响企业的生产和销售。

宏观经济的"过热"和"过冷"均会给企业带来不利的影响。因此，宏观经济的稳定健康发展是企业长久生存的最重要的因素。

案例研究：宏观经济环境对我国出口类玩具企业的影响

出口类玩具企业在金融危机时期的表现：金融危机时期，由于国外经济状况表现为疲软，导致出口骤减，同时国内经济受到冲击，导致内需不足，生产成本增加。这些不利的宏观经济因素使得出口类玩具企业面临的最大危机是因出口的骤减和生产成本剧增的双重压力造成利润的大幅下滑。部分中小出口类玩具企业将可能因为宏观整体经济环境的不利，过早地遭到市场淘汰。在这种经济环境下，出口类玩具企业做大的可能性不高。

为了应对这种不利的环境，国内一些品牌玩具企业应开始自主生产适合国内市场的玩家，以低价销售的方式扩大在国内的销售份额。

2　经济周期

经济周期又称为商业周期，它是经济运行中周期性出现的经济扩张与经济紧缩交替更迭、循环往复的现象。

2.1　经济周期的各个阶段

思考题：

什么是经济萧条？又是什么引起经济繁荣？

经济周期的特征是经济活动呈现高峰和低谷交替现象。经济周期大致可以分为四个阶段（如图 2-12 所示）。

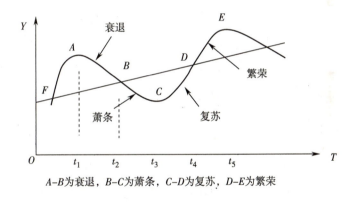

A–B为衰退，B–C为萧条，C–D为复苏，D–E为繁荣

图 2-12　经济周期的四个阶段

衰退期

经济出现停滞或负增长的时期。在宏观经济学上通常定义为"在一年中，一个国家的国内生产总值（GDP）的增长连续两个或两个以上季度出现下跌"。

凯恩斯认为对商品总需求的减少是经济衰退的主要原因。经济衰退的普遍特征：消费者需求、投资急剧下降；对劳动的需求、产出下降、企业利润急剧下滑、股票价格和利率一般也会下降。这时乘数和加速器以反向的方式运转从而加速经济走向衰落。

萧条期

这个时期整体经济处于下行趋势，总需求非常低，产出水平也非常低，失业率增长，公众对未来持悲观的态度。通常，我们把轻微的萧条称为衰退。

在萧条期内，银行的盈利水平下降，甚者往往会经历坏账损失，其自有资本也会受到侵蚀。这个时期的信贷应该处于收紧状态，一是因为企业的不景气，使得银行对出借资金更加谨慎。二是由于经济活动水平的降低，银行获得可放贷资金的数目减少。

复苏期

当价格降低到一定程度后，公众预期价格再不会下降而是上升，这时候公众会提前消费，刺激总需求的增长。这就会导致投资的增长，就业率的提高，产出的增加等。

当然，经济从萧条走向复苏可能由多种因素造成：比如，政府会在经济处于下行时采取刺激经济的投资计划，可投资建设国防、道路等，或者采取低利率等量化宽松的货币政策。政府还会鼓励企业家信心，如税收减免、宽松的管理等政策，促使企业增加对工厂和设备的投资。

繁荣期

需求不断增长，生产发展迅速，投资增加，工资和物价的水平不断上涨，这个时期社会资源得到充分的利用，企业家信心大增，公众对未来持乐观态度。

此时，银行的信贷处于扩张趋势，银行盈利水平很好，经营稳健。

2.2 经济周期理论回顾

思考题：

乘数—加速原理在经济周期中如何运用？

2.2.1 经济周期理论历史回顾

自19世纪中期以来，对经济周期理论的提法有几十种之多。本节对经济周期理论进行历史回顾，主要介绍凯恩斯主义形成之前的一些主要经济周期理论。在介绍具体的经济周期理论之前，我们将其归类为外生经济周期理论和内生经济周期理论两类。

■ 外生经济周期理论

外生经济周期理论认为，经济周期的根源在于经济之外的某些因素的变动。外生经济周期理论包括：

创新理论认为是创新引起了经济周期性波动。

太阳黑子理论认为是太阳黑子的变化影响了农业生产与整个经济，进而引起了经济周期性波动。

非货币投资过度理论认为是新领土开拓、技术发明或人口增加等所引起的投资过度导致了经济的周期性波动。

政治性周期理论认为政府出于政治目的，周期性地制止通货膨胀加剧或用通货膨胀来消灭失业引起的经济周期。

外生经济周期理论并不否认经济中内在因素，如投资等，它们只是更加强调引起这些因素变动的根本原因在经济体系之外，并且，这些外生因素不受经济因素的影响。

■ 内生经济周期理论

内生经济周期理论认为是经济体系内的因素自发地运动就引起了周期性波动。内生经济周期理论包括：

货币理论认为经济周期是由于银行货币和信用交替地扩大与紧缩所引起的，而这种货币与信用的运动，又是一个经济本身所形成的自发过程。

货币投资过度理论认为是过度的投资引起了繁荣与萧条的交替，而投资过度的根源又在于货币与信用的扩张。

心理理论认为人的乐观或悲观的预期是周期性波动的原因，而引起这种心理预期变动的则是经济因素。

消费理论认为经济周期，特别是生产过剩性危机的发生，归因于由于收入分配不平等而造成的消费不足。

内生经济周期理论并不否认外生因素对经济的冲击作用，但它强调经济中这种周期性的波动是经济体系内的因素引起的。

可见，在凯恩斯主义出现之前的经济周期理论中，既有外生经济周期理论，也有内生经济周期理论。下面具体地介绍几种重要的理论。

■ 纯货币周期理论

由英国经济学家霍特里提出，是一种用货币因素来解释经济周期的理论。属于内生经济周期理论。

这种理论认为，经济周期是一种纯货币现象。经济中周期性的波动完全是由于银行体系交替地扩大和紧缩信用所造成的。

在发达的资本主义社会，流通工具主要是银行信用。商人运用的资本主要来自银行信用。当银行体系降低利率、扩大信用时，商人就会向银行增加借款，从而增加向生产者的订货。这样就引起生产的扩张和收入的增加，而收入的增加又引起对商品需求的增加和物价上升，经济活动继续扩大，经济进入繁荣阶段。但是，银行扩大信用的能力并不是无限的。当银行体系被迫停止信用扩张，转而紧缩信用时，商人得不到贷款，就减少订货，由此出现生产过剩的危机，经济进入萧条阶段。在萧条时期，资金逐渐回到银行，银行可以通过某些途径来扩大信用，促进经济复苏。根据这一理论，其他非货币因素也会引起局部的萧条，但只有货币因素才能引起普遍的萧条。

许多经济学家认为，货币在现代经济中是非常重要的，货币量的变动（即信用的扩大与缩小）对经济周期也有相当大的影响，但把引起经济周期的唯一原因归结为货币并不符合实际情况。

■ 投资过度周期理论

这是一种用生产资料的投资过多来解释经济周期的理论。

这种理论认为，无论是什么原因引起了投资的增加，这种增加都会引起经济繁荣。这种繁荣首先表现在对投资品（即生产资料）需求的增加以及投资品价格的上升。这就更加刺激了对资本品的投资。资本品的生产过度发展引起了消费品生产的减少，从而形成经济结构的失衡。而资本品生产过多必将引起资本品过剩，于是出现生产过剩危机，经济进入萧条。属于这种观点的经济学家对最初引起投资增加的原因有不同的解释。

奥地利经济学家哈耶克等人认为是货币量的增加引起投资增加。他们用货币因素来说明经济结构的失调，以及由此所引起的经济波动，被称为货币投资过度理论。这种理论属于内生经济周期理论。

瑞典经济学家卡塞尔、维克塞尔和德国经济学家斯皮托夫等人认为是新发明、新发现、新市场开辟等因素引起了投资增加。他们用非经济因素（技术、领土、人口等）来说明经济结构的失调，以及由此所引起的经济波动，被称为非货币投资过度理论。这种理论属于外生经济周期理论。

■ 创新周期理论

熊彼特提出的是一种用技术创新来解释经济周期的理论。属于外生经济周期理论。

创新是指对生产要素的重新组合，例如，采用新生产技术、新的企业组织形式，开辟新产品、新市场等。这个理论首先用创新来解释繁荣和衰退。

繁荣：创新提高了生产效率，为创新者带来了盈利，引起其他企业仿效，形成创新浪潮。创新浪潮使银行信用扩大、对资本品的需求增加，引起经济繁荣。

衰退：随着创新的普及，盈利机会的消失，银行信用紧缩，对资本品的需求减少，这就引起经济衰退。

但经济周期实际上包括繁荣、衰退、萧条、复苏四个阶段。这种理论用创新引起的"第二次浪潮"来解释这一点。

在第一次浪潮中，创新引起了对资本品需求的扩大和银行信用的扩张，这就促进了生产资本品的部门扩张，进而又促进了生产消费品的部门扩张，这种扩张引起物价普遍上升，投资机会增加，也出现了投机活动，出现了第二次浪潮，即第二次浪潮是第一次浪潮的反映。

然而，这两次浪潮有重大的区别，即第二次浪潮中许多投资机会与本部门的创新无关。这样，在第二次浪潮中包含了失误和过度投资行为。这就在衰退之后出现了另一个失衡的阶段——萧条。萧条发生后，第二次浪潮的反映逐渐消除，经济转向复苏。要使经济从复苏进入繁荣还有待于创新的出现。

■ 消费不足周期理论

该理论的早期代表人物是英国经济学家马尔萨斯和法国经济学家西斯蒙第，近期代表人物是英国经济学家霍布森。

主要用于解释经济周期中危机阶段的出现以及生产过剩的原因，并没有形成为解释经济周期整个过程的理论。这种理论属于内生经济周期理论。

认为经济中出现萧条与危机是因为社会对消费品的需求赶不上消费品的增长，而消费品需求不足又引起对资本品需求不足，进而使整个经济出现生产过剩性危机。消费不足的根源则主要是由于国民收入分配不平等所造成的穷人购买力不足和富人储蓄过度。

■ 心理周期理论

由英国经济学家庇古和凯恩斯提出，强调心理预期对经济周期各个阶段形成的决定作用。属于内生经济周期理论。

认为预期对人们的经济行为有决定性的影响，乐观与悲观预期的交替引起了经济周期中繁荣与萧条的交替。当任何一种原因刺激了投资活动，引起高涨后，人们对未来的预期的乐观程度一般总超过合理的经济考虑下应有的程度。这就导致过多的投资，形成经济过度繁荣。而当这种过度乐观的情绪所造成的错误被觉察以后，又会变成不合理的过分悲观的预期。由此过度减少投资，引起经济萧条。

凯恩斯则认为，萧条的产生是由于资本边际效率的突然崩溃，而造成这种崩溃的正是人们对未来的悲观预期。

■ 太阳黑子周期理论

由英国经济学家杰文斯父子提出，用太阳黑子来解释经济周期，属于外生经济周期理论。

认为太阳黑子的活动对农业生产影响很大，而农业生产的状况又会影响工业及整个经济。太阳黑子的周期性决定了经济的周期性。具体来说，太阳黑子活动频繁就使农业生产减产，农业的减产影响到工业、商业、工资、购买力、投资等方面，从而引起整个经济萧条。相反，太阳黑子活动的减少则使农业丰收，整个经济繁荣。他们用长期中太阳黑子活动周期与经济周期基本吻合的资料来证明这种理论。

以上这些理论从不同的角度分析了经济周期的原因，解释了经济周期中的某些现象，但还没有哪一种理论能作出令人满意的解释。

2.2.2 现代经济周期理论

现代经济周期理论是宏观经济学的一个组成部分，它用国民收入决定理论来解释经济周期。现代经济周期理论也非常丰富。本节中我们在概括介绍这些理论的基础之上，重点介绍其中最重要的乘数—加速原理相互作用的经济周期理论。

■ 现代经济周期理论概况

现代宏观经济学有不同的流派，从而也就有不同的经济周期理论。

凯恩斯主义宏观经济学以国民收入决定理论为中心，所以，就把经济周期理论作为国民收入决定理论的动态化。凯恩斯主义学派的经济周期理论有这样几个特征。

第一，国民收入的水平取决于总需求，因而引起国民收入波动的主要原因仍在于总需求。以总需求分析为中心是凯恩斯主义经济周期理论的特征之一。

第二，在总需求中，消费占的比例相当大，但根据现代经济学家的理论与经验研究，消费在长期中是相当稳定的。消费中的短期变动，尤其是耐用品的消费变动，对经济周期也有影响，但并不是主要原因。政府支出是一种可以人为控制的因素，净出口所占的比例很小。这样，经济周期的原因就在于投资的变动。所以说，凯恩斯主义经济周期理论是以投资分析为中心的，都是要分析投资变动的原因及其对经济周期的影响。

凯恩斯主义的经济周期理论都是从凯恩斯关于国民收入决定的分析出发的，但分析的方法与角度不同，结论也不同。

例如，英国经济学家卡尔多从凯恩斯的储蓄—投资关系出发，分析了事前投资、事后投资、事先储蓄和事后储蓄之间的差异如何引起经济周期。

美国经济学家萨缪尔森的乘数—加速原理相互作用理论则分析了投资与产量之间的相互关系如何引起周期性波动。

除了凯恩斯主义之外，货币主义与理性预期学派也提出了自己的经济周期理论。货币主义者强调了货币因素的作用，从货币量变动对经济的影响，解释了经济周期。理性预期学派则强调了预期失误是经济周期的原因。

这些经济周期理论之间尽管千差万别，但有两点是相同的。

第一，强调了内生因素，即经济因素是引起经济周期的关键作用。即使是外生因素给经济带来冲击，这些外生因素也要通过内生因素才能起作用。从这种意义上说，现代经济周期理论是内生经济周期理论。

第二，强调了在市场经济中经济周期存在的必然性。

我们可以通过对乘数—加速原理相互作用的介绍来了解现代经济周期理论的这些特点。

■ 乘数—加速原理相互作用理论

这一原理用乘数原理与加速原理的相互作用来解释经济周期。

乘数—加速模型的经济周期含义：

一是在经济中投资、国民收入、消费相互影响，相互调节。如果政府支出为既定（即政府不干预经济），只靠经济本身的力量自发调节，那么，就会形成经济周期。周期中各阶段的出现，正是乘数与加速原理相互作用的结果。而在这种自发调节中，投资是关键的，经济周期主要是投资引起的。

二是乘数与加速原理相互作用引起经济周期的具体过程是，投资增加引起产量的更大增加，产量的更大增加又引起投资的更大增加，这样，经济就会出现繁荣。然而，产量达到一定水平后由于社会需求与资源的限制无法再增加，这时就会由于加速原理的作用使投资减少，投资的减少又会由于乘数的作用使产量继续减少。这两者的共同作用又使经济进入萧条。萧条持续一定时期后由于产量回升又使投资增加、产量再增加，从而经济进入另一次繁荣。正是由于乘数与加速原理的共同作用，经济中就形成了由繁荣到萧条，又由萧条到繁荣的周期性运动。

三是政府可以通过干预经济的政策来减轻经济周期的波动。如果政府运用经济政策改变这些变量，则经济周期的波动可以减轻，甚至消除。

案例研究：选举过程和经济波动之间的关系

首先，选举对经济状况非常敏感，当失业率高时，人民把糟糕的经济状况归咎于在任者，并对他们投反对票。

其次，由于政治家喜欢连任，故在选举时提出自己的经济政策来拉拢选票。

最后，选民目光短浅，这使得政治家在选举来临之际过分刺激经济，尽管这个做法会在选举后带来不利影响。过分刺激经济会引起通货膨胀，选举后为了制止通货膨胀，政府放慢经济发展，带来失业。但选民比较健忘，他们不记仇，只要在下一轮选举中恢复即可。

于是有人认为，选举过程是经济波动的主要来源。

2.3 失业

思考题：

给出一个失业的原因，并举例。

2.3.1 充分就业水平

所谓的充分就业，也称作完全就业，指的是除了正常的暂时不就业，所有的人都能找到合适的职务，没有浪费现象。即我们常说的"一个萝卜一个坑"，此时，就业者能够做到有效地工作，人力资源也达到最优配置，不存在两个人的工作三个人干，或者三个人的工作两个人干的任何一种情况。在充分就业情况下，仍然会存在摩擦性失业和结构性失业。充分就业与一定的失业率并存。

凯恩斯认为达到充分就业的经济主张是：刺激私人投资，可以扩大个人消费；促进国家投资，比如通过投资公共工程、救济金、教育等，抵补私人投资的不足；通过实行累进税来提高社会消费倾向。

充分就业是宏观经济调控所追求的主要目标，也是人民实现家庭收入最大化所追求的理性预期。

2.3.2 失业概述

失业即达到就业年龄，具备工作能力谋求工作但未得到就业机会的状态。对于就业年龄，不同国家往往有不同的规定，美国为 16 周岁，中国为 18 周岁。

失业的计量

$$L = E + U$$

式中 L = 劳动力总数

E = 就业人数

U = 失业人数

$$\mu = \frac{U}{L}$$

式中 μ = 失业率

U = 失业人数

L = 劳动力人数

我国的失业数据由统计部门通过失业的调查后得到，但这些数据不可能是完全准确的。尽管如此，如果出现失业率的重大变动，还是大体能反映经济运行的问题。

失业原因以及分类

失业可能的原因包括工人拒绝降低工资、企业通过价格管制或垄断造成市场缺乏足够的竞争。失业被视为是市场机制的不完善造成的，政府需要做的事情是尽量保证市场力量自由地发挥作用。

根据失业产生的原因，可以把失业区分为：

■ 自愿性失业：摩擦性失业，结构性失业；

■ 非自愿性失业：技术性失业，周期性失业；

■ 隐蔽性失业等不同类型。

自愿失业

自愿失业是指工人所要求的实际工资超过其边际生产率，或者说不愿意接受现行的工作条件和收入水平而未被雇用而造成的失业。

由于这种失业是基于劳动人口主观不愿意就业而造成的，所以被称为自愿失业。

■ 摩擦性失业

指人们在转换工作过程中的失业，指在生产过程中由于难以避免的摩擦而造成的短期、局部的失业。

这种失业在性质上是过渡性的或短期性的。

它通常起源于劳动力供给方。

■ 结构性失业

是指劳动力供给和需求不匹配造成的失业。

既有失业，又有空缺职位，失业者或者没有合适的技能，或者居住地不当，因此无法填补现有的职位空缺。结构性失业在性质上是长期的，而且通常起源于劳动力的需求方。这种失业是由经济变化导致的，这些经济变化引起特定市场和区域中的特定类型劳动力的需求相对低于其供给。

造成特定市场中劳动力的需求相对低可能有以下原因：

技术变化。原有劳动者不能适应新技术的要求，或者是技术进步使得劳动力需求下降。

消费者偏好的变化。消费者对产品和劳务的偏好的改变，使得某些行业扩大而另一些行业缩小，处于规模缩小行业的劳动力因此而失去工作岗位。

劳动力的不流动性。流动成本的存在制约着失业者从一个地方或一个行业流动到另一个地方或另一个行业，从而使得结构性失业长期存在。

非自愿失业

非自愿失业，是指有劳动能力、愿意接受现行工资水平但仍然找不到工作的现象。这种失业是由于客观原因所造成的，因而可以通过经济手段和政策来消除。经济学中所讲的失业是指非自愿失业。

■ 周期性失业

周期性失业是指经济周期波动所造成的失业，即经济周期进入衰退或萧条时，因社会总需求下降而造成的失业。

周期性失业对于不同行业的影响是不同的，一般来说，需求的收入弹性越大的行业，周期性失业的影响越严重。

■ 技术性失业

在生产过程中引进先进技术代替人力，以及改善生产方法和管理而造成的失业。

从长远角度看，劳动力的供求总水平不因技术进步而受到影响；

从短期看，先进的技术、生产力和完善的经营管理，以及生产率的提高，必然会取代一部分劳动力，从而使一部分人失业。

隐藏性失业

除了这几种主要失业类型外，经济学中常说的失业类型还包括隐藏性失业，所谓隐藏性失业是指表面上有工作，但实际上对产出并没有作出贡献的人，即有"职"无"工"的人，也就是说，这些工作人员的边际生产力为零。

当经济中减少就业人员而产出水平没有下降时，即存在着隐藏性失业。

美国著名经济学家阿瑟·刘易斯曾指出，发展中国家的农业部门存在着严重的隐藏性失业。

案例研究：我国大学生的失业原因

目前，中国接受高等教育的大学生出现了就业困难。很多人认为中国的高学历者是"严重供过于求"，其实不然，接受高等教育者占其总人口比例在西方国家是60%～70%，韩国达到了80%，而中国接受高等教育者只占总人口的7%。

中国的大学生之所以出现"严重供过于求"的现象，主要原因有以下几个：

第一个原因：中国的高端产业发展不起来。

以中国国产手机波导为例，波导曾经是中国手机第一品牌，2000—2003年波导连续四年夺得国产品牌手机销量第一，2004年首次超过所有洋品牌夺得国内手机市场销量第一；但是2007年上半年波导亏损2.4亿元人民币。目前，三星、苹果、诺基亚等国际手机巨头就占据了中国过半的手机市场份额。

第二个原因：中国企业的科技创新比较落后。

以电脑为例，中国生产的电脑从鼠标到键盘到DVD到操作系统到电脑的芯片，所有这些核心技术都掌握在外国的企业手中，真正和中国有关的就是杀毒软件（现在的杀毒软件正在向免费化发展）。

第三个原因：大学生的素质下降严重。

大学生的素质下降严重是由于中国的大学扩招过快，而大学的软件（教师）、硬件（高级实验室）设施没有相应地跟上，以及中国大学拿证（毕业证、学历证、研究生证、硕士证、博士证）太容易所致。由于扩招，不少大学（尤其是专科学校）对大学生实行的是"宽进宽出"政策。很多一线的高校不清楚自己要培养什么样的人才，而是一味地向榜样北大、清华靠近，而北大、清华等重点大学并没有向更高一层发展。现在中国的高校"中专改大专、大专升本科，本科院校又加紧申请硕士点、博士点，而国家的重点大学并没有向更高一层发展"，所以中国很多大学都办成了一个模式，就好像工厂里批量生产产品的生产线一样，生产的产品都一样。试想这样的大学又怎么能够培养出"有强大的科研实力和创新实力的人才"呢？

第四个原因：中国大学生的创业意识薄弱及中国好的创业环境太少。

中国除了北京和深圳外，大部分地区没有好的创业环境，美国很多城市都有着良好的创业气氛和得天独厚的创业环境（如重点实验室、丰厚的资本、很多高级的人才等）。

资料来源：人民网。

2.4 通货膨胀

思考题

通货膨胀与通货紧缩的成因和类型？

2.4.1 通货膨胀的含义

通货膨胀指因货币供给大于货币实际需求，也即现实购买力大于产出供给，导致货币贬值，而引起的一段时间内物价持续而普遍地上涨的现象。即指经济中价格水平的持续上涨。

通货膨胀主要由通货膨胀率来反映。

$$\pi_t = \frac{\Delta P}{P_{t-1}}$$

式中 P 表示价格水平（可用 GDP 指数，也可用消费者物价指数 CPI 和生产物价指数 PPI 来表示）。

2.4.2 通货膨胀的分类

按照价格标准划分：

■ 低通货膨胀

价格上涨比较缓慢而且是可以预测的。一般认为年通货膨胀率是 1 位数的通货膨胀。在这种通胀下，物价相对比较稳定，人们对货币也比较信任。

■ 急剧通货膨胀

总价格水平以每年 20%、100% 甚至 200% 上涨，是 2 位数或 3 位数的通货膨胀。这种通货膨胀局面难以控制，如果形成并且稳固下来，整个经济体会出现严重的经济扭曲现象，人们对货币不再信任。

■ 恶性通货膨胀

最恶性的通货膨胀，人们手中的货币几乎没有固定价值，物价不停地增长，这种灾难性的影响使市场经济变得一无是处。

按通货膨胀的成因划分：

■ 需求拉动型通货膨胀：由于社会总需求过度增长，超过社会总供给的增长幅度，导致商品和劳务供给不足、物价持续上涨的通货膨胀类型，其特点：自发性、诱发性、支持性。

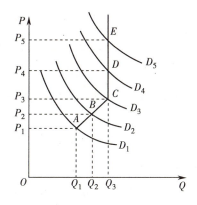

图 2 – 13　需求拉动型通货膨胀

■ 成本推进型通货膨胀：由于成本自发性增加而导致物价上涨的通货膨胀类型。这是成本方或供给方形成的通货膨胀，因此又称为供给型通货膨胀，即是由于厂商生产成本增加而引起的一般价格总水平的上涨。

造成成本上涨的因素有：工资过度上涨；利润过度增加等。因此又分为两类：

一是工资推进的通货膨胀。由于工资过度上涨所造成的成本增加，从而进一步推动总价格水平上涨的通货膨胀。工资是生产成本的主要组成部分，工资上涨会使生产成本增长，在既定的价格水平下，厂商愿意并且能够供给的数量将减少，从而使得总供给曲线向左上方移动。

在完全竞争的市场上，工资率完全由劳动的供求均衡所决定，但是在现实经济中，劳动市场往往是不完全的，强大的工会组织的存在往往可以使得工资过度增加，如果工资增加超过了劳动生产率的提高，则提高工资就会导致成本增加，从而导致一般价格总水平上涨，而且这种通胀一旦开始，还会引起"工资—物价螺旋式上升"，工资物价互相推动，形成严重的通货膨胀。

二是利润推进的通货膨胀。由于厂商想要谋求更大的利润，从而导致的一般价格总水平的上涨。它与工资推进的通货膨胀一样，具有市场支配力的垄断和寡头厂商都可以通过提高产品的价格而获得更高的利润，与完全竞争市场相比，不完全竞争市场上的厂商可以减少生产数量而提高价格，以便获得更多的利润。为此，厂商都试图成为垄断者。结果导致价格总水平上涨。

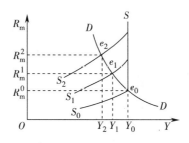

图 2－14　成本推动型通货膨胀

■ 结构性通货膨胀

由于经济结构因素的变动，会出现一般价格水平的持续上涨，从生产率提高的速度可以得知，当一些部门快而另一些部门慢的时候，生产率提高慢的部门付出的工资要向生产率提高快的部门看齐，这个结果就导致全社会工资增长率超过生产增长率，最终导致结构性通货膨胀。

2.4.3　通货紧缩

当市场上流通货币减少，同时人们所得货币减少，购买力就会下降，导致物价水平下跌，造成通货紧缩。长期的通货紧缩会抑制投资与生产，导致失业率升高及经济衰退。

类型划分

通货紧缩可以划分为相对通货紧缩和绝对通货紧缩。

■ 相对通货紧缩

指物价水平在零值以上，在适合一国经济发展和充分就业的物价水平区间以下。在这种状态下，物价水平虽然还表现为正增长，但其已经低于该国正常经济发展和充分就业所需要的物价水平，通货处于相对不足的状态。在这种情况下，经济的正常发展已经开始被损害，如果不予以重视，后期会加重对经济发展的损害。

■ 绝对通货紧缩

指物价水平在零值以下，即物价出现负增长，这种状态说明一国通货处于绝对不足状态。这种状态的出现，极易造成经济衰退和萧条。

根据对经济的影响程度，又可将绝对通货紧缩分为轻度通货紧缩、中度通货紧缩和严重通货紧缩。

这三者的划分标准主要是物价绝对下降的幅度和持续的时间长度。

一是轻度通货紧缩，物价出现负增长，但幅度不大（比如-5%），时间不超过两年。

二是中度通货紧缩，物价下降幅度较大（比如在5%～10%），时间超过两年。

三是严重通货紧缩，物价下降幅度超过两位数，持续时间超过两年甚至更长的情况。

20世纪30年代世界性的经济大萧条所对应的通货紧缩，就属于严重通货紧缩。

案例研究1：全球性通胀的原因

2007—2008年上半年，全球大宗商品、粮食和资产价格普遍出现大幅上涨，通胀压力上升成为全球性现象。2007年5月，世界通货膨胀水平上升至近7年来的最高水平，当月主要工业国家的平均通胀率达到2.8%。新兴市场国家的通货膨胀率也明显上升。2008年3月，韩国、新加坡、印度尼西亚、阿根廷、土耳其和越南消费价格指数涨幅分别为8.8%、8.5%、8.2%、8.8%、9.2%和19.4%。

这是由于：

一是全球流动性过剩；

二是以美联储为首的各主要国家央行应对次贷风波而采取的大幅降息和注入流动性的政策；

三是国际市场石油、玉米、小麦和金属等初级产品价格普遍高涨。

案例研究2：两次世界大战之间德国的超速通货膨胀

第一次世界大战之后，德国经历了一次历史上最引人注目的超速通货膨胀。

从1922年1月到1924年12月，德国的货币和物价都以惊人的比率上升。例如，每份报纸的价格从1921年1月的0.3马克上升到1922年5月的1马克。在1923年秋季，价格实际上飞起来了：一份报纸价格在10月1日达到2 000马克。1923年12月，货币供给和物价突然稳定下来。

正如财政引起德国的超速通货膨胀一样，财政改革也结束了超速通货膨胀。在1923年年底，政府雇员的人数裁减了1/3，而且，赔款支付暂时中止并最终减少了。同时，新的中央银行德意志银行取代了旧的中央银行德国国家银行。政府要求德意志银行不要通过发行货币为其筹资。

分析：根据我们对货币需求的理论分析，随着持有货币成本的下降，超速通货膨胀的结束会引起实际货币余额增加。随着通货膨胀上升，德国的实际货币余额减少，然后，随着通货膨胀下降，实际货币余额又增加。但实际货币余额的增加并不是即刻的。也许实际货币余额对持有货币成本的调整是一个渐进的过程。也许使德国人民相信通货膨胀已真正结束需要一段时间，从而预期的通货膨胀比实际通货膨胀下降得要慢一点。

2.5　经济周期的经济指标

经济指标是反映经济活动结果的一系列数据和比例关系。通过对经济指标的分析可以判断出经济周期。

一是先行指标，主要有货币供应量、股票价格指数等，这类指标对将来的经济提供预示性的信息。从实践来看，先行指标可以对经济的高峰和低谷作出计算和分析，得出结论的时间可以比实际高峰和低谷出现时间大约提前半年。

二是同步指标，主要包括失业率、国民生产总值、生产价格指数、消费价格指数等，这类指标计算出的国民经济转折点大致与总的经济活动的转变时间同时发生。

三是滞后指标，主要包括库存量，银行未收回贷款规模等。这类指标反映的是国民经济正在发生的情况，并不预示将来的变动。我国的滞后指标主要有：短期商业贷款利率、工商业未还贷款、制造产品单位劳动成本等。这类指标反映出的国民经济的转折点一般比实际晚半年。

例题：我国宏观经济周期的指标情况

由于是进行宏观经济周期的判断，所以滞后指标就不用分析了，主要看先行指标和同步指标。

■ 先行指标分析：

货币供应量：

货币供应量是指一国在某一时点上为社会经济运转服务的货币存量，它由包括中

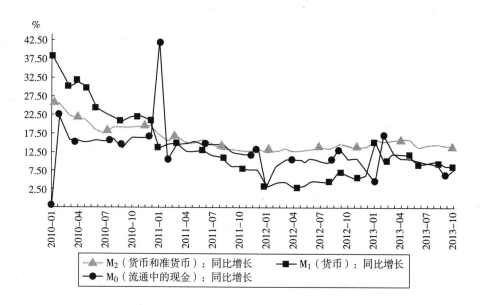

数据来源：同花顺 iFinD。

央银行在内的金融机构供应的存款货币和现金货币两部分构成。理论上，货币是需求的载体，因此货币供给的收缩与扩张会直接影响到总需求的收缩与扩张，货币供给成为国家宏观经济调控的主要手段（后面 3.1 货币政策会具体论述），所以货币供应量也是一个重要的经济分析指标。

■ 同步指标分析：

国内生产总值（GDP）：

国内生产总值（GDP）的增长速度一般用来衡量经济的增长速率，它是反映一定时期经济发展水平变化程度的动态指标，也是反映一个国家经济是否具有活力的基本指标。

从 GDP 增速的变化走势图上看，自 2010 年以来，我国的 GDP 增长持续放缓，但就国际上平均水平来看，我国的经济还处于持续增长状态。

失业率：

截至 2012 年年末，我国城镇居民失业率基本上保持在百分之四点多，不到百分之五，比较平稳。

通货膨胀：

相比于 2012 年，2013 年年初 CPI 稍有回落，但自第三季度开始又有抬头，物价仍处于较高水平，而 PPI 增速一直处于负增长，经济形势非常复杂。

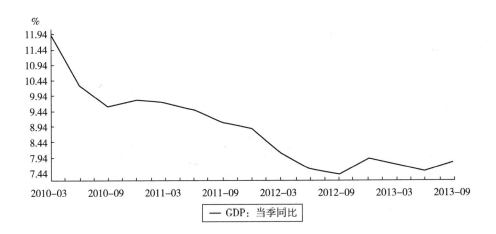

数据来源：同花顺 iFinD。

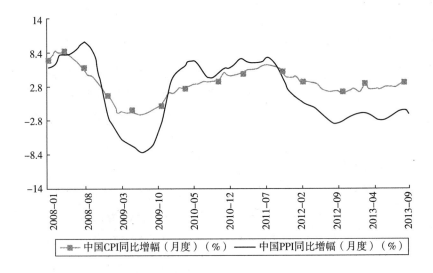

2.6　经济周期对银行和企业的影响

思考题

经济周期如何影响金融行业？

思考经济周期对不同行业/企业的影响情况和结果。

我们在前文中已经了解了经济周期分为萧条期、恢复期、繁荣期和衰退期四个阶段，而这四个阶段的相互转变是经济周期波动的成因。经济周期的波动对具体的行业或企业有一定的影响。

2.6.1　经济周期对银行的影响

经济决定金融，金融反作用于经济。随着我国社会主义市场经济体制的建设和完善，宏观经济与银行业之间的关系愈加密切，相互作用愈加明显。

■ 经济周期波动对银行业系统性风险的影响

经济波动发生后的宏观调控政策变化对银行业会产生重大影响，进而是加大银行系统性风险的重要因素之一。

一般来讲，在经济繁荣、平稳阶段，银行业经营稳健，获利能力较强，不易发生系统性风险；而在经济低潮期银行业已经经历了萧条周期的冲击，也不易发生系统性风险，系统性风险多发生在经济由繁荣向萧条过渡的阶段。在经济繁荣阶段，由于对经济预期比较好，实体经济往往扩大经营规模，导致负债过高，当经济转入衰退周期的时候，企业的普遍盈利能力下降，进而直接影响银行业的资产质量和盈利能力，而银企之间的信用链条一旦断裂，会导致银行的损失和金融体系流动性的短缺。一旦一些银行机构出现经营失败，使得投资者信心动摇，风险会迅速地向其他银行传播，并导致系统性风险。

银行业系统性风险产生的具体过程如图 2 – 15 所示。

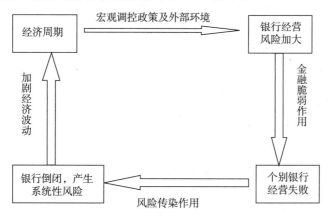

图 2 – 15　系统性风险产生机理

■ 经济周期波动对银行经营风险的影响

银行业面临的经营风险主要是经济体制改革及经济周期波动形成的不良资产而导致的，也可以说是信用风险引出的。随着不良资产形成因素的变化，经济周期对其影响自始至终都存在，并且是最重要的影响因素之一。

经济波动主要通过三条途径对银行业经营风险产生影响：

一是通过行业及实体经济传导的信用风险。经济周期会直接打击实体经济经营状况，当银行业在繁荣阶段的信贷投放量过大时，企业在经济衰退期会导致负债过高，容易引起资金链断裂，这就给银行带来信用风险。

二是宏观经济政策的传导导致的政策性风险。每次经济周期的来临总伴随国家宏观调控政策，当经济过热时，国家调控的重点是限制产能过剩行业的经营，那么银行业在这些行业的贷款会产生不良的信用风险；而紧缩的货币政策会导致银行业资金萎缩，引起银行业的流动性风险。

三是金融市场传导导致的市场风险。如利率、汇率及股票价格等的周期波动使得银行业面临市场性风险。

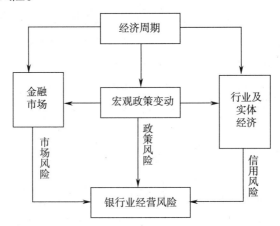

图 2 - 16　经营风险产生机理

因此，经济周期给银行带来了信用、政策和市场等方面的风险。

2.6.2　经济周期对其他企业的影响

近几年，我国正处于高速增长阶段向中速增长阶段转换的阶段，经济增长速度的下滑，对我国很多企业和产业带来了不少的挑战，为什么当前有很多企业面临很大困难，这都与宏观经济运行中存在经济周期这个大背景有很大关系。

一般来讲，经济从复苏走向繁荣的这一阶段中，人们的收入增加、消费需求旺盛、企业的生产规模扩大、利润增加；当经济从繁荣走向衰退和萧条时，企业产品滞销、开工率不足、生产规模缩小、价格下跌、企业的利润减少，有的企业甚至出现亏损或破产。

　　实际上，经济周期波动对不同的企业有不同的影响，比如防御性企业。这类企业的产品需求相对稳定，并不受经济周期衰退的影响，例如，食品企业和公用事业。

　　在经济周期波动中，周期敏感性行业往往受到的影响最大。这类企业的特征就是产品价格呈周期性波动。周期敏感性行业包括汽车、钢铁、房地产、有色金属、石油化工等。比如，最耳熟能详的就是石油企业，其价格随着国际经济的繁荣、衰退和复苏呈现增长、下降和回升。

　　综上所述，经济周期波动对企业的影响是经济周期对国民经济发展状况的具体表现。企业作为国民经济的要素之一，宏观经济对其产生的作用既有微观的一面，也有宏观的一面。

3　货币政策与财政政策

宏观经济政策是为了达到一定的经济目的对宏观经济活动采取一系列调节手段和措施。宏观经济政策最主要的工具是货币政策和财政政策。运用这两个政策工具来达到以下四点目标。

- 稳定物价；
- 充分就业；
- 经济增长；
- 平衡国际收支。

3.1　货币政策

思考题：

中央银行在货币政策的制定和实施当中扮演什么样的角色？

货币政策是指政府或中央银行通过货币来影响经济活动，是宏观经济政策的一种方式，特别指通过控制货币供给以及调整利率，直接地或间接地通过公开市场操作和设置银行最低准备金来调控经济，以使得经济达到某种程度。

货币政策的假设前提基于货币供应、银行信贷和利率对真实经济存在影响。货币政策的使用者对这些变量进行管理和控制，并且认为，货币需求对产出水平、就业和物价等有很重要的影响。即如果使得货币需求增加，价格保持稳定，那么产出量和就业就必须得到相应的增加。但是，如果保持产出量和就业不受影响，物价水平则一定会上涨。

2008 年以前的主流政治、经济观点是货币需求的改变主要影响物价和货币价值，从长期来看对产出量和就业没有明显影响。因此货币政策的目标应该是创造一个稳定的金融环境，从而保证经济的参与主体，即消费者和企业可以通过市场的力量，决定产出和就业水平。

2008 年之后情况发生了变化。后危机时代货币政策的主要目标转变为稳定产出和就业形势，通过货币供应的增加和低利率水平直接抵消经济运行中的衰退力量。

3.1.1　货币政策分类

货币政策分为扩张性的和紧缩性的两种。

扩张性的货币政策是通过提高货币供应增长速度来刺激总需求，在这种政策下，取得信贷更为容易，利息率会降低。因此，当总需求与经济的生产能力相比很低时，使用扩张性的货币政策最合适。

紧缩性的货币政策是通过削减货币供应的增长率来降低总需求水平，在这种政策下，取得信贷较为困难，利息率也随之提高。因此，在通货膨胀较严重时，采用紧缩性的货币政策较合适。

3.1.2　货币政策工具

公开市场业务

公开市场业务是货币政策工具之一，指的是中央银行在金融市场上买卖政府债券来控制货币供给和利率的政策行为。它已经成为目前大多数市场经济国家的中央银行控制货币供给量的重要和常用的工具。

当经济处于过热时，中央银行卖出政府债券回笼货币，使货币流通量减少，导致利息率上升，促使投资减少，达到压缩社会总需求的目的。当经济处于增长过慢、投资锐减不景气的状态时，中央银行买进政府债券，把货币投放市场，使货币流通量增加，导致利息率下降，从而刺激投资增长，使总需求扩大。

效果：

■ 主动性强，它可以按照政策目的主动进行操作；

■ 灵活性高，买卖数量、方向可以灵活控制；

■ 调控效果和缓，震动性小；

■ 影响范围广。

局限性：

■ 中央银行必须具有强大的、足以干预和控制整个金融市场的金融实力；

■ 要有一个发达、完善的金融市场，且市场必须是全国性的，市场上证券种类齐全并达到一定规模；

■ 必须有其他政策工具的配合。

法定存款准备率

是指以法律形式规定商业银行等金融机构将其吸收存款的一部分上缴中央银行作为准备金的比率。

效果：

■ 即使准备率调整的幅度很小，也会引起货币供应量的巨大波动；

■ 其他货币政策工具都是以存款准备金为基础；

■ 即使商业银行等金融机构由于种种原因持有超额准备金，法定存款准备金率的调整也会产生效果；

■ 即使存款准备金率维持不变，它也在很大程度上限制商业银行体系创造派生存款的能力。

局限性：

■ 法定存款准备金率调整的效果比较强烈，致使它有了固定化的倾向；

■ 存款准备金对各种类别的金融机构和不同种类的存款的影响不一致，因而货币政策的效果可能因这些复杂情况的存在而不易把握。

再贴现政策

指中央银行对商业银行持有未到期票据向中央银行申请再贴现时所做的政策规定。包括两方面的内容：一是再贴现率的确定与调整；二是规定向中央银行申请再贴现的资格。

效果：

■ 再贴现率的调整可以改变货币供给总量；

■ 对再贴现资格条件的规定可以起到抑制或扶持的作用，并能够改变资金流向。

局限性：

■ 主动权并非只在中央银行，甚至市场的变化可能违背其政策意愿；

■ 再贴现率的调节作用是有限度的；

■ 再贴现率易于调整，但随时调整会引起市场利率的经常波动，使商业银行无所适从。

货币政策的作用机制

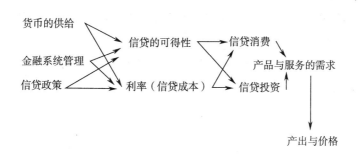

图 2-17 货币政策作用机制

3.1.3 货币政策最终目的

货币政策的最终目标一般有四个：稳定物价、充分就业、促进经济增长和平衡国际收支等。

稳定物价

所谓稳定物价目标是中央银行货币政策的首要目标，而物价稳定的实质是币值的稳定。所谓币值，原指单位货币的含金量，在现代信用货币流通条件下，衡量币值稳定与否，已经不再是根据单位货币的含金量，而是根据单位货币的购买力，即在一定条件下单位货币购买商品的能力。

充分就业

所谓充分就业目标，就是要保持一个较高的、稳定的就业水平。在充分就业的情况下，凡是有能力并自愿参加工作的人，都能在较合理的条件下随时找到适当的工作。

经济增长

所谓经济增长就是指国民生产总值的增长必须保持合理的、较高的速度。目前各国衡量经济增长的指标一般采用人均实际国民生产总值的年增长率，即用人均名义国民生产总值年增长率剔除物价上涨率后的人均实际国民生产总值年增长率来衡量。

平衡国际收支

所谓平衡国际收支是指一国对其他国家的全部收入和支出大致持平。其又分为静态平衡和动态平衡。

- 静态平衡指以一年内的国际收支持平为目标的平衡；
- 动态平衡指以一定时期的国际收支数额持平为目标的平衡。

案例研究1：货币投放节奏

2010年8月金融数据显示，当月人民币贷款增加了5485亿元，同比多增93亿元。分部门看，住房贷款增加了1888亿元，其中，短期贷款增加878亿元，中长期贷款增加1010亿元；非金融企业及其他部门贷款增加3602亿元，其中，短期贷款增加1588亿元，中长期贷款增加1011亿元，票据融资增加917亿元。数据还显示，8月末，广义货币（M_2）余额78.07万亿元，同比增长13.5%；狭义货币（M_1）余额27.33万亿元，同比增长11.2%；流通中货币（M_0）余额4.58万亿元，同比增长14.7%。

分析：信贷投放节奏更均衡。从数据可以看出，广义货币（M_2）增速从高位向常态平稳回落，符合宏观调控的预期和稳健货币政策的要求。而从2012年的贷款和社会融资规模看，增长速度也并不缓慢。8月，作为货币供应量重要指标的广义货币（M_2）同比增长13.5%，比上月末和上年末分别低1.2个和6.2个百分点。尽管目前广义货币增速看起来比过去低一些，但实际货币条件与经济平稳较快增长是相适应的。目前中国金融创新不断增多，2012年以来信贷投放节奏的主要特点是更加均衡，公众资产结构日益多元化。

案例研究2：2014年货币政策走向分析

2013年年底，央行货币政策委员会强调，要继续实施稳健的货币政策，保持适度流动性，实现货币信贷及社会融资规模合理增长，改善和优化融资结构和信贷结构，同时寓改革于调控之中，增强金融运行效率和服务实体经济能力。"保持适度流动性"的提法显然与2013年第三季度货币政策思路出现了微妙变化。在第三季度货币政策执行报告中，并没有"保持适度流动性"的提法，其表述为："加强流动性总闸门的调节作用，引导货币信贷及社会融资规模平稳适度增长。"

目前，国内对于中国经济下行普遍感到担忧。虽然有些担忧可能过于悲观了，但现实也提醒我们对 2014 年经济工作不能掉以轻心，眼下必须直面两大问题：

第一，2014 年地方债务压力并不轻松。虽然整体政府债务属于可控范围，但高达 40% 的负债率必须引起重视，尤其是考虑到局部地区的债务问题仍很严重，控制债务扩张的政策在 2014 年将十分严厉。

第二，2014 年中国实体经济融资成本将易升难降。企业融资成本居高不下主要是三个原因共同作用的结果：首先是实体经济自身。近年来制造业和房地产业"二元化"问题突出，房地产业对利率水平不敏感，吸引各类资金持续流入，结果必然是其他行业感到"融资难、融资贵"。其次是影子银行体系，它的快速膨胀在满足企业融资需求的同时，也推高了融资成本。最后是银行，金融脱媒日益明显，居民存款占银行负债比例下降，理财产品收益率一路走高。

由此可见，2014 年经济决策难度很大。在这种情况下，货币政策究竟是偏松还是偏紧，将极为考验调控艺术。

在央行去杠杆的政策调控背景下，中国的利率水平呈现上升趋势的概率正在增大。可以认为，在中国货币政策执行的变局中，重中之重是防控债务风险。防控债务风险，放到货币政策和金融调控层面上，是放弃高杠杆的发展模式。可以预见，在 2014 年的货币政策执行过程中，去杠杆将是一个重要的操作目标。在此种情况下，市场流动性紧张可能会成为常态。

面对这样局面，市场的共识是引导资金更多进入实体经济并不断进行去杠杆化。可以预期，中国经济的去杠杆仍将持续，这并非是短期内就可见效的一项工作。中国金融要迈上新的台阶，要真正服务于实体经济，必须深刻认识实体经济部门的内生性金融要求，改变只有金融机构方才能够从事金融活动的监管意识，将票据发行、债券发行、股票发行等"金融权"归还给实体经济部门，才能形成金融部门与实体经济部门互动的金融创新发展新格局。（资料来源：中国报告大厅网站）

3.2 财政政策

思考题：

财政政策的"挤出效应"是怎样表现的？

财政政策在宏观经济政策中如何运用于现实经济体？

财政政策是指国家根据一定时期政治、经济和社会发展的情况，通过财政支出与税收政策来调节社会总需求。如增加政府支出，可以刺激总需求，从而增加国民收入，反之则压抑总需求，减少国民收入。而税收是国民收入的另一个力量，如增加政府税收，可以抑制总需求从而减少国民收入；反之，减少税收，可以刺激总需求增加国民收入。因此，财政政策是国家整个经济政策的另一个重要组成部分。

3.2.1 财政政策工具

财政政策工具分为：收入政策工具和支出政策工具。收入政策工具主要是税收。支出政策工具分为购买性支出政策和转移性支出政策，其中，购买性支出政策又有公共工程支出政策和消费性支出政策之别。

税收政策

税收政策是通过增税和减税两个方面来发挥对经济的调节作用的。

这一政策具有如下特点：

■ 需要经过一定的法律程序，决策时滞较长。一国政府的税收增减都是通过调整税法来实现的，而税法是需要经过一定的政治程序才能通过、付诸实施的。

■ 对于政府来说减税容易增税难，增税易遭到纳税人的反对。

■ 税收直接影响人们的可支配收入，而且是无偿的永久性的影响。当政府以增加税收的办法来弥补财政赤字时，实质是将资金从个人或企业手中转移到政府手中，如果政府所扩大的支出效率不高或无效益时，对需求的抑制作用将是双重的。

■ 政府的减税政策是通过增加居民的可支配收入实现的，而这又依赖于居民的边际消费倾向，对于政府来说是不确定因素。

公共工程支出政策

政府人为地扩大公共工程支出，更多地承担民间不愿意或在萧条年份不愿意投资的工程，可以扩大总需求，有助于经济复苏。

这一政策具有如下特点：

■ 积累性强。公共工程支出政策的结果往往是形成若干公共投资项目，可供居民长时期消费，具有积累性质，容易受到注重财政生产性的国家的青睐。

■ 效率低下的可能性大。由于投资于公共工程的目的是刺激经济、解决就业问题，决策往往比较仓促，公共工程本身是否必要就成了问题。

■ 时滞长。一个工程的建设期间少则一两年，多则几年、十几年甚至是几十年，往往是用在劳动力和原材料上的开支还没有花出去之前，经济的形势就有可能变化了，使财政政策由逆调节变成顺调节，加大了经济波动的不稳定。

■ 公共工程政策是中央政府动用地方性政策工具来调节经济，有可能打破原有的均衡，形成地区间新的不平衡。

公共工程是一种地方性公共品，本应由地方政府投资。中央政府为调节经济刺激需求在某些特定的地方建设某些公共工程，但我国的现实情况是，中央政府用全国的资金为某些地方供给公共品，负担了本该由该地方政府支出的建设项目，结果导致各地方为了得到中央政府的更多投资，出现争项目、争投资，这样就增大了投资的风险，并会出现投资不均现象。因此，公共工程政策工具一定要与政府间财政转移支付政策协调配合。

政府消耗性支付政策

指政府直接购买劳务和消费品并用于当期，如增加政府雇员，提高雇员工资，扩大办公设备的购买等。

这一政策具有如下特点：

■ 与公共工程支出政策相比，其时滞短。

■ 与转移支出政策相比，其公平性差。如增加政府雇员工资与增加失业人员的救济金相比，前者会扩大就业者与无业者之间的收入差距；如果同时同比例提高二者的收入，对需求的影响就取决于他们的边际消费倾向。就单个消费者来说，其边际消费倾向与他的个人偏好相关；就消费者群体来说，我们则要从其年龄、职业、社会环境等方面入手分析。与一国的其他同等素质的劳动者比较，如果政府雇员的实际收入（业余收入、灰色收入甚至是黑色收入均应包括在内）并不低，则这种支出对需求的刺激作用也是极其有限的。

■ 这一政策的效率取决于政府工作的效率。如政府是否有必要设置那么多的机构，雇用那么多的人员，政府雇员的工资是否已经足够高，办公设施是否已经足够好等。因为发展中国家政府机构本身有膨胀的倾向，这是由于私人大公司并不像工业化国家那样重要，低工资的政府雇员身份本已让人羡慕不已，普遍不分功绩贡献地提高工资对机构膨胀倾向有刺激作用。

■ 政府雇员工资变动对劳动力市场有重要的影响。一是因为"熟练技术人员（医生、工程师等）较之高级行政人员和管理人员更有可能移民，因为前者享有广泛得多的海外市场。二是任何部门劳动者工资的提高都会不同程度地提高整个社会的平均工资水平，特别是政府雇员工资的提高对社会有着强烈的示范作用，也相当于提高了最低工资水平线，出于降低成本的考虑，理性的企业宁可减少雇用工人的数量，对扩大就业有一定的负面影响。

■ 消耗性支出，特别是政府雇员提高工资的资金来源应该是税收，避免用政府举债收入，这是由政府活动本身是向社会提供公共服务的特性决定的。

转移支付政策

通过政府为企业、个人或下级政府提供无偿资金援助，以调节社会分配和生产的政策。如对居民的补助，对企业的投资补助、限价补助、进出口补助等，都会直接促进企业生产发展或保证企业利润的提高。

这一政策具有如下特点：

■ 对国民收入分配的影响功能较强。转移支出本身具有直接影响国民收入分配的功能，政府增加对低收入者的支出，可缩小贫富差距。

■ 转移支付政策对需求的扩张作用更大。低收入者的边际消费倾向要比高收入者的边际消费倾向大，增加对低收入者的财政补贴支出，对社会总需求的刺激作用更大。

■ 积累性差。转移支付资金转化为积累资金的可能性要比公共工程支出和政府消耗性支出的政策小，其用于消费的部分将更大。

■ 对需求的影响与受益者的层次关系重大。如从年龄结构看，通常年轻人的边际消费倾向最大，中年人其次，老年人的边际消费倾向最低。

财政支出政策还以倍数扩张的乘数效应对经济产生影响，政府应根据不同情况选择不同组合的支出政策。同时也需要与税收政策等密切配合，以便发挥较好的政策效果。

公债政策

公债发行是财政部门的重要事项，但发行公债会对金融状况造成一定的影响，甚至是重大的冲击。

在公债如何发行、何时发行、发行条件等问题上，需要注意如下因素：

■ 社会资金供求状况，特别是社会闲置资金对公债的需求；

■ 金融状况，如信贷规模、利率、金融市场的完善程度等；

■ 政府的应债能力，特别是在社会对国债需求空间较大的情况下，更要避免出现政府债务负担过重的局面。公债本身是一种直接信用，可以避免间接信用过度所导致的金融风险。但是，在有些情况下，它也会变成一种间接的融资渠道，如商业银行选择公债为资金的主要"贷放"对象时，间接融资所固有的问题便有可能在此产生。

财政政策的作用机制

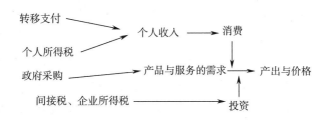

图 2-18　财政政策的作用机制

3.2.2　财政政策中的自动稳定器

自动稳定器

又称为内在的稳定器，指在经济中能够自动地趋向于抵消总需求变化的政策工具与活动。

其特征是对总需求的调节是自动的，不需要人们预先作出判断和采取措施，它可以自行发挥作用，减轻需求水平的波动，进而起到稳定经济的作用。自动稳定器主要包括累进制税收，政府转移支付等。例如，当经济衰退时，国民产出水平下降，个人收入减少，政府税收收入自动减少。在实行累进制税的情况下，经济衰退使纳税人的收入自动进入较低的纳税档次，政府的税收下降幅度大于个人收入下降幅度，从而起到抑制经济衰退的作用。

相机抉择的稳定器

指为了使经济达到预定的总需求水平和就业水平，政府根据不同情况所采取的财政措施。

其特征是不能自动地发挥作用，而是靠人们对客观经济形势进行分析判断，然后再相机决定所要采取的财政措施。

相机抉择的稳定器主要包括调整政府购买商品和劳务的水平；调整税率；调整税收起征点和减免税规定；调整转移支付条件；调整加速折旧政策规定等。

3.2.3　财政政策的目的

■ 物价相对稳定

稳定相对物价是财政政策的最基本的要求。这并不是要冻结物价，而是把物价总水平的波动调整到经济能够稳定发展和可容纳的范围之内。物价相对稳定也可以进一步解释为，使经济发展避免过度的通货膨胀或通货紧缩，这也是实施财政政策调控经济的首要任务。因此，在采取财政措施时必须首先弄清导致通货膨胀或通货紧缩的原因，如果是由于需求过旺或需求不足造成的，则需要调整投资性支出或通过税收控制工资的增长幅度；如果是由结构性摩擦造成的，则必须从调整经济结构着手。

■ 经济可持续均衡增长

经济增长是一个国家生存和发展的条件。它要求经济的发展保持在一定的速度幅度，既不要出现较大的下降、停滞，也不要出现严重的过热。因此，经济增长是实际增量，而不是由于通货膨胀造成的虚假增长；增长的速度可以持续，不是大起大落。经济增长是全社会总量和人均数量的实际增长。

衡量经济增长除总量的增长外，还应包括其他方面的增长，比如，技术的进步、资源的合理配置、社会结构和生态平衡。这些方面对经济增长的长足性是非常重要的，如果只强调量的增长，将会带来一系列社会问题，如通货膨胀加剧、环境污染严重、生态失衡、能源紧张等。这些后果必将导致社会资源的浪费和经济发展的不稳定。因此，健康的经济增长，应该是经济的可持续、均衡增长。作为财政政策，则在于如何去引导经济发展实现最佳的经济增长。

■ 收入合理分配

指社会成员的收入分配公正、合理，公平与效率相结合，避免过于悬殊。公平分配并不是平均分配，它是在一定社会规范下既有差距又注意均衡协调的分配。

财政在追求公平分配目标时，首先要合理适度地确定纳税人的税收负担；其次要为所有纳税人创建一个公平竞争的税收环境，不因国别、所有制等不同而实施不同的税收政策；最后要通过对高收入人群实行累进税率的个人所得税、财产税、遗产税等，对低收入层实行最低生活保障、社会保障等财政转移支付，防止和纠正收入水平的过分悬殊。

■ 资源合理配置

指对现有的人力、物力、财力等社会资源进行合理分配，使其发挥最有效的作用，获得最大的经济效益和社会效益。在市场经济条件下，资源的配置主要是通过市场机制来进行，通过价值规律、供求关系以及竞争机制的作用，把有限的资源配置到能够提供最高回报的地方去。但是，市场机制不是万能的，存在着市场失灵的现象。

因此政府有必要从全社会的整体利益出发，在市场自发作用的基础上对社会资源的配置进行合理的调节。财政作为政府对资源配置进行调节的重要工具，其方式表现为两个方面：一是通过财政收入和支出的分配数量和方向直接影响各产业的发展，如对需要鼓励和发展的产业或事业加大财政投入的力度，或者实行财政补贴，通过财政资金的示范和鼓励引导社会资金的流入；二是通过制定合理的财政税收政策，引导资源在地区之间、行业之间的合理流动，如通过实行低税政策或加速折旧、投资抵免等税收优惠政策，吸引社会资源流入国家鼓励发展的产业。

应当指出的是，财政调节资源合理配置是为了弥补存在的市场失灵，它不能代替市场机制在资源配置方面的关键性作用，更不能干扰正常的市场规则和市场运行，以免对市场效率造成伤害。

■ 提高社会生活质量

经济发展的最终目标是满足社会全体成员的需要。需要的满足程度，不仅仅取决于个人消费需求的实现，更重要的是社会的共同消费需求的实现。社会共同的消费需求，包含公共安全、环境质量、生态平衡、基础科学研究和教育、文化、卫生等水平的提高。因此，社会共同消费需求的满足程度，即为社会生活质量的水平。财政政策把社会生活质量作为政策目标之一，主要采取定期提高工教人员的工资，增加社会公共设施的投资，提高公共福利的服务水平，对农副产品的生产和流通实施多种补贴等。

案例研究：美国经济出现"滞胀"

美国作为一个市场经济体制比较完善的国家，也很重视微观调节。特别是 20 世纪 70 年代后期，经济陷入"滞胀"的情况下，用宏观政策进行总量调节，已经遇到了很大难题。

微观财政政策工具的运用主要表现在以下一些方面：一是利用大幅度优惠减轻企业、居民负担，鼓励私人投资和消费，刺激供给和内需有效增长；二是政府自身投入高新技术开发与研究，带动高新技术产业发展；三是政府融入市场，引入竞争机制提高国家开支效率。

分析：

政府对经济的干预不仅可以涉及属于宏观的经济领域、涉及总量平衡和收入的再分配等，而且可以在属于微观范畴的生产和消费等方面发挥作用。现代资本主义市场经济中的国家具有双重身份：首先，它是一个微观经济的引导者、管理者，担负着干预调节微观经济运行过程的任务；其次，它又作为市场主体之一，直接参与经济运行过程，通过提供供给产品等微观活动，对供给和需求都有重大影响作用。

美国政府通过微观财政政策工具引导企业和居民的生产与消费，是政府干预微观经济的典型事例。当经济处于衰退时，政府运用税收优惠来减轻企业、居民负担，可有效地刺激私人投资和消费，拉动经济的复苏和增长。反之，当经济过热时，则可以加大税收力度，抑制私人投资和消费，避免经济发生波动。而政府投入高技术开发与研究，则直接弥补了市场中的不足，推动了高新技术产业的发展。同样，政府通过采购活动，间接影响市场微观主体的经济行为，达到调节市场经济运行的目的。

3.3　货币政策与财政政策对银行和企业的影响

思考题：

试用财政政策和货币政策的相关理论来评价当前经济政策及其绩效。

货币政策和财政政策统称为宏观经济政策。针对经济生活中出现的问题，选择适当的宏观经济政策并通过实施达到预期的目标，是研究宏观经济政策的意义所在。

3.3.1　宏观经济政策在现实中的具体运用

■ 双松，即宽松的财政政策和宽松的货币政策同时使用：宽松的财政政策是指通过增加政府支出或减少税收来增加社会总需求；宽松的货币政策是指通过降低法定存款准备金率、降低利率来增加货币供应量。

双松的结果：社会的总需求扩大，以此来扩大就业，刺激经济增长。

缺点：在对付经济衰退的同时，也会带来通胀的压力。

■ 双紧，即紧缩的财政政策和紧缩的货币政策同时使用：紧缩的财政政策是指通过减少政府支出或增加税收来限制社会投资和消费；紧缩的货币政策是指通过提高法定存款准备金率、提高利率来减少货币供应量。

双紧的结果：能对付严重的通货膨胀带来的经济压力。

缺点：可能会造成经济停滞。

■ 松财政、紧货币，宽松的财政政策是为了扩大总需求，但随着总需求的扩大，就会出现通货膨胀的经济压力。因此，如果此时采用紧缩的货币政策，可以抑制增加

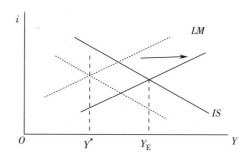

图 2 − 19 双松的财政政策效应

总需求而出现的通货膨胀。

缺点：会出现"挤出效应"。

（挤出效应是指政府增加支出的行为所引起的居民消费或投资降低的效果。导致这样的效应有两种原因：一是财政支出扩张引起利率上升，利率上升抑制居民支出，特别是抑制民间投资；二是政府增加支出需要举债或者加大税收，减少了居民可用于消费或投资的资金）

■ 松货币、紧财政，当经济衰退时，为了刺激经济增长，主要采取增加货币供应量的手段，扩大社会总需求，同时，紧缩财政政策，可以减少政府投资，减少财政赤字，这样能带动私人投资，避免"挤出效应"的出现。因此，此政策是当前发达国家主要运用的政策。

3.3.2 对银行的影响

采用宽松的货币政策，如下调存款利率使银行存款减少，大量的货币流入市场进行流通；而贷款利率的下调，也使得银行发放贷款的数量相应增大，增加了社会投资活动。可见，通过这种宽松的货币政策加大了社会总需求，刺激经济增长。

但在此期间，由于银行发放贷款的数量急速增加，即在较短的时间内发放大量的贷款给借贷人。而银行是从事风险经营的行业，应该遵从谨慎性原则。在短期内的大量放贷不能很好地贯彻这一原则，从某种程度上加大了银行的信用风险，也可能会加大银行的不良资产率。但从另一方面讲，我国银行的主要利润来源为贷款类业务，大量的贷款发放无疑为银行增加了更多的利润。

当然，伴随着经济的增长，通货膨胀也会紧随其后。这时可采取适度紧缩的货币政策来应对通货膨胀的压力。在此期间，利率相应上调，银行存款增加，贷款发放收紧。从风险管理的角度看，银行贷款质量更优，减少了银行的信贷风险。从市场竞争角度看，银行寻找优质客户的竞争趋于激烈。从银行获取利润的角度看，银行的获利将减少。

综上所述，货币政策对银行的影响是辩证的，是各有利弊的。

3.3.3　对企业的影响

采取宽松的财政政策和货币政策对国有企业和民营企业会呈现不同的影响。

当实行宽松的财政政策和宽松的货币政策时，可以得知这时国家的经济出现萧条或者衰退。绝大多数的企业，特别是民营企业的生存环境变差，更多的中小企业可能因为资金问题面临破产的压力。当政府加大财政支出，即政府投资，国有企业成为执行这一政策的企业主体，从而能使得国有企业扩大生产，国有企业这时又是融资的主体，它们通过大量的融资，增加社会总需求，刺激经济增长；在大量的信贷资金流入国有企业的同时，市场会出现"挤出效应"，即民营企业，尤其是中小民营企业的投资、生产环境被挤压，民营企业的生存压力增大。当然，民营企业可通过政府的减税来获得一定好处，但这是微乎其微的。

由于"双松"的原因，后期会出现通货膨胀的压力，这时可继续保持宽松的财政政策，但将宽松的货币政策变为适度紧缩的货币政策，实际上是收紧银根，减少货币在市场的流通量。这一政策使很多企业出现或多或少流动资金的压力，起到减少企业生产活动的作用。

案例研究1："滞胀"时期美国的货币政策与财政政策搭配

尼克松就任总统时，为了实现遏制严重通货膨胀，他撤换了原来那些凯恩斯学派的经济顾问，起用了一批货币主义的经济学家，并按照他们的主张，采取控制政府开支，紧缩信用的措施，1969年货币信用政策越来越紧，直到1970年2月才告结束。当时美联储为信用紧缩目的而采取了全部货币政策工具，如贴现率从1968年12月的5.5%提高到1969年4月的6%；同期的银行对大企业放款的优惠利率幅度从6.75%提高到7.5%，6月再提高到8.5%；1969年4月又把会员银行中活期存款的法定准备金率提高了0.5%，从而使银行系统准备金大约增加了3.5亿美元。联邦储备委员会的公开市场政策还要求防止会员银行的非借入准备金增加过大与此相配合的财政政策，也是控制政府支出、削减军事订货的紧缩政策。而这些措施影响了企业资金的周转和借贷市场的资金供应，使一再被推迟的第二次世界大战后第五次经济危机（1969—1970年）终于爆发了。正是在这次危机中，出现了资本主义经济周期史上的一个新事物——"衰胀"继而"滞胀"的并发症。

为了遏制"滞胀"。1971年尼克松颁布了"新经济政策"。美国政府除采用货币政策外，还采用其他政策如财政政策、收入政策。但"新政"的结果却并不理想。

尼克松的"新政"推行的工资和物价管制，这种政策暂时地遏制了通货膨胀，但物价管制在一定程度上掩盖而不是削弱了通货膨胀率，因为各企业按管制的价格对产品进行偷工减料。当物价管制取消后，会使得物价急剧上升，当年消费物价指数就陡升12%。

就当时的货币政策而言，1970年年初实行的扩张政策，尽管扩张程度时有不同，但一直持续到1972年后期。1973年年初，货币政策同财政政策才略有紧缩。这一政策使得同年第二、第三季度又出现了新的经济危机苗头：12月工业生产开始下降，到1974年12月已下降了7.3%。翌年1月，又下降了3.6%。美国进入第六次经济危机，与此同时，1974年还出现了"双位数"的通货膨胀率。

可见，宏观经济政策的效果存在滞后性。在运用宏观经济政策的时候应采取谨慎的态度，不能过紧也不能过松。

案例研究2：金融危机后我国实施的财政政策和货币政策

2008年由美国次贷危机引发了全球金融、经济危机。期间，全球的经济处于低迷，这直接影响到中国经济的健康发展，我国受经济金融危机的影响，使得"三驾马车"中的出口骤减，而我国本身就存在内需不足的情况。因此，在这种经济情况下，政府采取了4万亿元投资拉动经济增长的积极的财政政策。同时，采用下调存贷款利率这种适度宽松的货币政策来刺激消费，达到保增长的目的。

到2010年年末，由于我国前期的积极的财政政策和货币政策造成了一定的通胀，同时，随着国际经济的适度复苏，我国输入性通胀压力也在加剧。因此自2011年起，我国采取稳健的货币政策，目的是将通胀控制在一定的范围内。

经济学基础习题

一、单项选择题：

1. 宏观经济学研究整体经济运行，它主要关心的问题有（　　　）。

A. 失业　　　　　B. 通货膨胀　　　　C. 经济增长　　　　D. ABC

2. 以下哪一种收入应计入中国的 GNP（　　　）。

A. 麦当劳公司在中国的投资收入

B. 德国大众公司在中国制造的汽车出口到泰国的销售收入

C. 中国工人在伊拉克得到的工资收入

D. 北京师范大学支付给外籍教师的工资

3. 下列哪一项措施会提高自然失业率（　　　）。

A. 取消工会　　　　　　　　　　B. 加强对青年的技术培训

C. 提高失业救济金　　　　　　　D. 取消最低工资规定

4. 以下哪一项应计入本年的 GDP（　　　）。

A. 在党中央的关心下，民工终于得到了被拖欠了三年的工资

B. 体现了党和国家对弱势群体温暖的 1 000 亿元失业救济金

C. 本年销售的去年生产的产品

D. 拍卖行本年为客户拍卖文物得到的佣金

5. 以下说法不正确的是（　　　）。

A. GNP = GDP + NFP（净要素支付）　　B. GNP = NNP（国民生产净值）＋折旧

C. GNP = NNP + 间接税　　　　　　　　D. NNP = NI + 间接税

6. 中国海尔公司在美国的投资利润（　　　）。

A. 应计入美国的 GNP　　　　　　B. 应计入中国的 GDP

C. 应计入美国的 GDP　　　　　　D. 与美国经济没有关系

7. 下列变量中哪一个是存量变量（　　　）。

A. 消费　　　　B. 国有资产总值　　　　C. 投资　　　　D. 净出口

8. 下列各项应计入 GDP 的是（　　　）。

A. 家庭主妇的家务劳动价值　　　B. 拍卖张大千国画的收入

C. 出售股票的收入　　　　　　　D. 为邻居家孩子辅导功课得到的报酬

9. 宏观经济学不研究下列哪一个问题（　　　）。

A. 通货膨胀的原因　　　　　　　B. 世界石油市场价格波动的原因

C. 经济波动的原因　　　　　　　D. 消费函数

10. 短期消费函数的斜率取决于（　　　）。

A. 自发消费总量　　　　　　　　B. 平均消费倾向

C. 边际消费倾向　　　　　　　　D. 可支配收入

11. 在两部门经济中，如果自发消费为 300 亿元，投资为 400 亿元，边际储蓄倾向为 0.1，则均衡的收入水平为（　　）。

A. 770 亿元　　　B. 4 300 亿元　　　C. 7 000 亿元　　　D. 4 000 亿元

12. 如果某国政府公务员的工资增加了 1 亿美元，而公务员的工作量没有任何增加，最终该国的 GDP（　　）。

A. 增加 1 亿美元　　　　　　B. 减少 1 亿美元

C. 不变　　　　　　　　　　D. 增加量大于 1 亿美元

13. 在下列情形中，应计入当年 GDP 的是（　　）。

A. 当年生产的未销售的汽车　　B. 当年销售的去年生产的汽车

C. 在二手车市场购买的汽车　　D. 计划明年生产的汽车

14. 在经济的核算中，总产出（收入）恒等于实际总支出，是因为（　　）。

A. 实际产出与计划产出是恒等的

B. 实际支出与计划支出是恒等的

C. 实际消费与实际产出是恒等的

D. 存货累积被认为是投资的一部分

15. 如果某国政府把领取失业救济金 TR 美元的失业者，聘为不做任何工作的政府雇员，该国的 GDP（　　）。

A. 增加 TR 美元　　　　　　B. 减少 TR 美元

C. 不变　　　　　　　　　　D. 增加量大于 TR 美元

16. 在总供求模型中，总需求量取决于（　　）。

A. 价格水平　　　B. 总收入　　　C. 总支出　　　D. 消费与投资

17. 高收入税、低支出的政府财政政策，会导致（　　）。

A. 利率上升　　　B. 消费增加　　　C. 资本需求减少　　　D. 失业增加

18. 当经济处于充分就业状态时，（　　）。

A. 失业为古典失业　　　　　　B. 失业率等于自然率

C. 失业为摩擦性失业和结构性失业　　D. ABC

19. 在新古典增长模型中，储蓄率上升，（　　）。

A. 稳态增长率不变　　　　　　B. 短期增长率不变

C. 长期人均产出水平不变　　　D. 仅提高了短期人均资本水平

20. 研究产量波动：失业以及决定价格水平与通货膨胀的基本宏观经济工具是（　　）。

A. 收入—支出模型   B. IS—LM 模型

C. 弗莱明—蒙代尔模型   D. AS—AD 模型

21. 在开放经济的长期模型中，限制进口的贸易政策（ ）。

A. 使贸易总额下降   B. 使净出口上升

C. 使实际汇率下降   D. 不会使实际汇率变化

22. 居民户所获得的全部可支配收入，一部分用于消费支出，另一部分用于（ ）。

A. 储蓄   B. 向政府纳税   C. 购买国外产品   D. 购买证券

23. 储蓄的变动会引起国民收入（ ）。

A. 反方向变动 B. 正方向变动   C. 曲线上升变动   D. 以上都不正确

24. 总需求曲线向右下方倾斜的原因是（ ）。

A. 实际资产效应   B. 跨期替代（利率）效应

C. 开放替代效应   D. ABC

25. 乘数是指自发总需求的增加所引起的国民收入增加的倍数，乘数概念是英国经济学家（ ）。

A. 卡恩 1931 年提出的   B. 庇古 1931 年提出的

C. 菲利普斯 1958 年提出的   D. 哈罗德—多马 1931 年提出的

26. 一般来说，宏观经济政策必须达到的目标是（ ）。

A. 充分就业   B. 物价稳定

C. 经济增长和国际收支平衡   D. ABC

27. 以下说法正确的是（ ）。

A. 扩张性财政政策使总需求曲线向左移动

B. 紧缩性财政政策使总供给曲线向左移动

C. 扩张货币政策使总需求曲线向右移动

D. 扩张货币政策使总供给曲线向右移动

28. 在简单国民收入决定模型中，消费的数量取决于（ ）。

A. 利率水平的高低   B. 经济增长速度

C. 物价总水平   D. 收入水平的高低

29. 总供给曲线反映了价格水平和总供给量之间的关系，从长期来看，（ ）。

A. 价格水平越高总供给量越大

B. 总供给量决定于一国的资源总量和技术水平

C. 总供给曲线的位置是不变的

D. 长期总供给曲线的位置变动时对短期总供给曲线没有影响

30. 乘数表示的是自发总需求增加一单位时（　　）的变化量。

A. 物价水平　　　B. 就业水平　　　　　C. 均衡产出　　　　　D. 投资支出

31. 一般认为短期总供给曲线是向右上方倾斜的，所以（　　）。

A. 价格上升短期总供给曲线向右移动

B. 成本上升短期总供给曲线向左移动

C. 短期总供给曲线变动时会影响长期总供给曲线的位置

D. ABC

32. 要使乘数扩大，必须（　　）。

A. 扩大自发支出　　　　　　　　B. 扩大边际消费倾向

C. 扩大边际储蓄倾向　　　　　　D. 采取扩张的货币政策

33. 常用的宏观经济政策工具有（　　）。

A. 需求管理政策和供给管理政策　　B. 外汇储备政策

C. 计划生育政策　　　　　　　　　D. 供给管理政策

34. 经济波动的原因可以是（　　）。

A. 投资减少　　B. 工资上涨　　　C. 净出口减少　　　D. ABC

35. 如果投资需求对利率的变动不敏感，（　　）。

A. IS 曲线越平坦　　　　　　　　B. IS 曲线越陡峭

C. 投资乘数越大　　　　　　　　D. 货币政策乘数越大

36. 名义货币量除以物价水平等于（　　）。

A. 名义货币需求　　　　　　　　B. 真实货币需求

C. 真实余额　　　　　　　　　　D. 真实余额需求

37. 如果货币需求对利率的反应相对不敏感，则 LM 曲线（　　）。

A. 是水平的　　B. 近于水平　　　C. 是垂直的　　　　D. 近于垂直

38. LM 曲线右下方的任何一点都表示（　　）。

A. 过度真实货币余额供给　　　　B. 过度真实货币余额需求

C. 货币市场是均衡的　　　　　　D. 债券市场是均衡的

39. 需求管理是通过调节总需求来达到一定政策目标的宏观经济政策工具，这是哪个学派所重视的政策工具（　　）。

A. 货币主义　　B. 凯恩斯主义　　　C. 理性预期学派　　　D. 新古典学派

40. 在 IS—LM 模型中，当经济处于古典情形（　　　）

A. 货币政策无效　　　　　　　　　B. 财政政策有效

C. 没有挤出效应　　　　　　　　　D. 有完全的挤出效应

41. 下列政策中不属于财政政策的是（　　　）

A. 削减收入税　　B. 增加政府支出　　C. 投资补贴　　　　D. 降低利率

42. 下列政策中不属于货币政策的是（　　　）

A. 公开市场业务　　　　　　　　　B. 改变贴现率

C. 投资减税　　　　　　　　　　　D. 改变法定准备率

43. 扩张的财政政策可使（　　　）

A. LM 曲线右移　　B. LM 曲线左移　　　C. IS 曲线右移　　　D. IS 曲线左移

44. 紧缩的货币政策可使（　　　）

A. LM 曲线右移　　B. LM 曲线左移　　　C. IS 曲线右移　　　D. IS 曲线左移

45. 凯恩斯认为决定货币需求的动机是（　　　）

A. 交易动机　　　B. 预防动机　　　C. 投机动机　　　D. ABC

46. 边际消费倾向是指（　　　）

A. 消费在收入中所占的比重

B. 消费在增加的收入中所占的比重

C. 增加的消费在收入中所占的比重

D. 增加的消费在增加的收入中所占的比重

47. 在 IS—LM 模型中，有一点在 LM 曲线左上方，在 IS 曲线的右上方，这时存在着（　　　）

A. 实际货币的过度供给，产品的过度需求

B. 实际货币的过度供给，产品的过度供给

C. 实际货币的过度需求，产品的过度需求

D. 实际货币的过度需求，产品的过度供给

48. 经济周期可分为哪两个大的阶段（　　　）。

A. 衰退和扩张　　B. 衰退和繁荣　　　C. 萧条和复苏　　　D. 萧条和扩张

49. 以下观点错误的是（　　　）。

A. 货币政策使总需求曲线移动　　　B. 货币政策使总供给曲线移动

C. 财政政策使总需求曲线移动　　　D. 财政、货币政策都作用于总需求曲线

50. 总需求曲线向右下方倾斜是因为（　　　）

A. 边际效用递减，价格水平下降时，人们的购买数量才会增加

B. 价格水平下降，真实余额增加，均衡支出增加

C. 扩张的财政政策，增加了均衡的支出水平

D. 扩张的货币政策降低了利率，从而增加了投资和均衡的支出水平

51. 凯恩斯总供给曲线是水平的，其假定前提主要是（　　）。

A. 不存在失业　　　　　　　　　　B. 价格不变

C. 平均成本随产量的变化而变化　　D. 经济资源已得到充分的利用

52. 古典的供给曲线是垂直的，其假定前提主要是（　　）。

A. 劳动力市场的运行毫无摩擦

B. 价格变动对货币工资没有影响

C. 充分就业通过工资的迅速调整得以维持

D. ABC

53. 在凯恩斯供给曲线情形下，财政扩张使（　　）。

A. 产量增加　　　　　　　　　　　B. 利率不变

C. 价格水平上升　　　　　　　　　D. 价格水平下降

54. 货币政策又称为金融政策，主要是通过中央银行的行为来影响利息率，然后通过利息率的升降来增加或减少投资，使总供给和总需求趋向一致（　　）

A. 增加或减少货币需求量　　　　　B. 增加或减少利率

C. 增加或减少货币供应量　　　　　D. 增加或减少外汇储备

55. 商业银行的存款和贷款活动就会创造货币，在中央银行货币发行量没有增加的情况下，使得流通中的货币量增加。商业银行所创造货币的多少，取决于（　　）

A. 利率　　　　B. 汇率　　　　C. 货币供应量　　　　D. 法定准备率

56. 中央银行在金融市场上买进或卖出政府债券，以调节货币供应量，称为（　　）

A. 公开市场业务　　　　　　　　　B. 创新业务

C. 内部调剂业务　　　　　　　　　D. 对外开放业务

57. 当消费函数为 $c = a + by$（ $a > 0$，$0 < b < 1$ ），这表明，平均消费倾向（　　）。

A. 大于边际消费倾向　　　　　　　B. 小于边际消费倾向

C. 等于边际消费倾向　　　　　　　D. 以上三种情况都可能

58. 自发投资支出增加10亿美元，会使 IS（　　）。

A. 右移 10 亿美元   B. 左移 10 亿美元

C. 右移支出乘数乘以 10 亿美元   D. 左移支出乘数乘以 10 亿美元

59. 如果净税收增加 10 亿美元，会使 IS（   ）。

A. 右移税收乘数乘以 10 亿美元   B. 左移税收乘数乘以 10 亿美元

C. 右移支出乘数乘以 10 亿美元   D. 左移支出乘数乘以 10 亿美元

60. 假定货币供给量和价格水平不变，货币需求为收入和利率的函数，则收入增加时（   ）。

A. 货币需求增加，利率上升   B. 货币需求增加，利率下降

C. 货币需求减少，利率上升   D. 货币需求减少，利率下降

61. 下列哪种情况中增加货币供给不会影响均衡收入？（   ）

A. LM 陡峭而 IS 平缓   B. LM 垂直而 IS 陡峭

C. LM 平缓而 IS 垂直   D. LM 和 IS 一样平缓

62. "挤出效应"发生于（   ）。

A. 货币供给减少使利率提高，挤出了对利率敏感的私人部门支出

B. 私人部门增税，减少了私人部门的可支配收入和支出

C. 政府支出增加，提高了利率，挤出了对利率敏感的私人部门支出

D. 政府支出减少，引起消费支出下降

63. 若 MPC = 0.6，则 i 增加 100 万（美元），会使收入增加（   ）。

A. 40 万   B. 60 万   C. 150 万   D. 250 万

64. 扩张性财政政策对经济的影响是（   ）。

A. 缓和了经济萧条但增加了政府债务

B. 缓和了萧条也减轻了政府债务

C. 加剧了通货膨胀但减轻了政府债务

D. 缓和了通货膨胀但增加了政府债务

65. 市场利率提高，银行的准备金会（   ）。

A. 增加   B. 减少

C. 不变   D. 以上几种情况都有可能

66. 中央银行降低再贴现率，会使银行准备金（   ）。

A. 增加   B. 减少

C. 不变   D. 以上几种情况都有可能

67. 中央银行在公开市场卖出政府债券是试图（   ）。

A. 收集一笔资金帮助政府弥补财政赤字

B. 减少商业银行在中央银行的存款

C. 减少流通中的基础货币以紧缩货币供给

D. 通过买卖债券获取差价利益

68. 导致 IS 曲线向右移动的因素有储蓄愿意减弱和（　　）。

A. 投资需求增加　　　　　　　B. 投资需求减少

C. 储蓄意愿增加　　　　　　　D. 储蓄愿意不变

69. 在 IS 曲线不变的情况下，货币量（m）减少会引起（　　）。

A. y 增加 r 下降　　　　　　　B. y 增加 r 上升

C. y 减少 r 下降　　　　　　　D. y 减少 r 上升

70. 在 LM 曲线不变的情况下，自发总需求增加会引起（　　）。

A. 收入增加利率上升　　　　　B. 收入增加利率不变

C. 收入增加利率下降　　　　　D. 收入不变利率上升

71. 已知 C = 6 亿元，I = 1 亿元，间接税 = 1 亿元，g = 1.5 亿元，X = 2 亿元，M = 1.8 亿元，则（　　）

A. NDP = 8.7 亿元　　　　　　B. GDP = 7.7 亿元

C. GDP = 8.7 亿元　　　　　　D. NDP = 5 亿元

72. 政府支出增加使 IS 曲线右移政府支出乘数乘以政府支出变动量，若要使均衡收入变动量接近于 IS 曲线的移动量，则必须是（　　）

A. IS 曲线平缓而 LM 曲线陡峭　　B. IS 曲线陡峭而 LM 曲线垂直

C. IS 曲线垂直而 LM 曲线平缓　　D. IS 曲线和 LM 曲线一样平缓

73. 在 LM 曲线的凯恩斯区域（　　）

A. 财政政策无效，货币政策无效　　B. 财政政策有效，货币政策无效

C. 财政政策有效，货币政策有效　　D. 财政政策无效，货币政策有效

74. 当总需求小于总供给时，中央银行（　　）

A. 在公开市场上买进债券　　　B. 在公开市场上卖出债券

C. 提高贴现率　　　　　　　　D. 保持贴现率不变

75. 政府的财政收入政策通过下面哪些因素对国民收入产生影响（　　）。

A. 政府转移支出　　　　　　　B. 消费支出

C. 政府购买　　　　　　　　　D. 出口

76. 导致需求拉动通货膨胀的因素有（　　）。

A. 货币供给增加　　　　　　　B. 投资需求增加

C. 政府支出减少　　　　　　　D. 政府收入增加

77. 成本推动通货膨胀包括（　　）

A. 工资推动通货膨胀　　　　　B. 需求拉动通货膨胀

C. 福利推动通货膨胀　　　　　D. 混合型通货膨胀

78. 引起结构性通货膨胀的主要原因在于（　　）

A. 各部门工资相继上升　　　　B. 货币需求过大

C. 部门间生产率提高快慢不同　　D. 消费需求增加

79. 由于乐观与悲观的心理预期所引起的经济周期性波动属于（　　）

A. 心理周期理论　　　　　　　B. 太阳黑子理论

C. 创新理论　　　　　　　　　D. 纯货币理论

80. 以下四种情况中，投资乘数最大的是（　　）

A. 边际消费倾向为 0.6　　　　B. 边际消费倾向为 0.4

C. 边际储蓄倾向为 0.3　　　　D. 边际储蓄倾向为 0.1

81. 假设某国经济目前的均衡收入为 5 500 亿元，如果政府要把收入提高到 6 000 亿元，在边际消费倾向等于 0.9 的条件下，应增加政府支出（　　）亿元。

A. 10　　　　　B. 30　　　　　C. 50　　　　　D. 500

82. 假定货币供给量不变，货币的交易需求和预防需求增加将导致货币的投机需求（　　）

A. 增加　　　　B. 不变　　　　C. 减少　　　　D. 不确定

83. 根据总供求模型，扩张性财政政策使产出（　　）

A. 增加　　　B. 减少　　　C. 不变　　　　D. 不确定

84. 周期性失业的原因（　　）

A. 工资刚性　　　　　　　　　B. 总需求不足

C. 经济结构的调整　　　　　　D. 经济中劳动力的正常流动

85. 一般用来衡量通货膨胀的物价指数是（　　）

A. 消费物价指数　　　　　　　B. 生产物价指数

C. GDP 平均指数　　　　　　　D. 以上均正确

86. 中央银行收购公众持有的债券，导致债券价格（　　）

A. 提高　　　B. 下降　　　C. 不变　　　　D. 不确定

87. 在开放经济条件中，下列（　　）不是政府宏观政策的最终目标。

A. 国际收支平衡 　　　　　　　B. 不存在贸易顺差或逆差

C. 经济均衡增长 　　　　　　　D. 消除通货膨胀

88. 经济周期的中心是（　　　）

A. 价格的波动 　　　　　　　　B. 利率的波动

C. 国民收入的波动 　　　　　　D. 就业率的波动

89. 经济中存在失业时，应采取的财政政策是（　　　）

A. 增加政府支出 　　　　　　　B. 提高个人所得税

C. 提高公司所得税 　　　　　　D. 增加货币发行

90. 法定准备金率越高（　　　）

A. 银行越愿意贷款 　　　　　　B. 货币供给量越大

C. 越可能引发通货膨胀 　　　　D. 商业银行存款创造越困难

二、简答题：

1. 简述国内生产总值及其计量方法。

2. 简述乘数以及其对国民收入的影响。

3. 简述消费函数和储蓄函数的关系。

4. 简述引起投资波动的主要因素。

5. 结合总需求—总供给曲线图分析总需求和总供给相结合的情况。

6. 分析中国经济增长的原因。

7. 简述经济周期的各个阶段。

8. 简述失业的各种类型。

9. 简述通货膨胀及其成因。

10. 分析经济波动通过何种途径对银行业经营风险产生影响。

11. 简述货币政策及其分类和局限性。

12. 简述相机抉择稳定器是如何发挥作用的。

13. 简述货币政策的主要目的。

14. 简述货币政策的主要工具。

15. 简述货币政策及财政政策对银行的影响。

第三章 财务报表分析

学习要求说明：

1. 描述财务报表及财务报表分析的作用

2. 解释财务报表中科目与要素之间的关系，并学习如何将具体的会计科目归于某会计要素下

3. 描述在商业环境中财务报表的目的和财务报告标准的重要性，阐明国际会计准则（IFRS）对财务报表的基本要求

4. 了解中国会计准则（CAS），描述在不同会计体系财务报表分析的应用，并知道监控财务报表标准实时发展的重要性

5. 介绍了解基本财务报表，理解会计等式

6. 解释根据会计等式利用会计体系记录日常交易的步骤；定义会计等式的基本形式和拓展形式

7. 解释财务报表中运用权责发生制和收付实现制的目的和方法，最终达到会计报表左右平衡一致的目的

8. 解释损益表、资产负债表、现金流量表和所有者权益之间的关系

9. 区分会计报表中流动性与非流动性的项目

10. 定义资产负债表的三大要素：资产、负债和所有者权益，并阐述在财务分析中资产负债表所起的作用及其局限性

11. 资产与负债分类及计量，区分流动性资产与非流动性资产，区分流动性负债与非流动性负债，描述所有者权益的组成部分，联系所有者权益变化表与资产负债表之间的关系

12. 解释资产负债表中各个项目

13. 损益表科目的组成与分类

14. 阐述权责发生制下收入与费用确认的基本原则；区分损益表中的经营性项目和非经营性项目

15. 解释损益表中各个项目

16. 分析如何通过净利润和其他指标来联系资产负债表和损益表

17. 编制非公司制企业的损益表

18. 定义现金流量表中的各个科目，区分并掌握直接法和间接法计算经营性现金流

19. 比较经营性现金流、投资性现金流和融资性现金流，并把具体的现金流项目归类到这三种现金流类别中；描述非现金投资和融资在财务报表上如何记录；描述现金流量表与资产负债表和损益表之间的关系

20. 使用直接法和间接法编制现金流量表，包括如何通过资产负债表和损益表来计算现金流

21. 解释如何计算并实际应用以下概念：经营性现金流、公司税、融资成本、资本支出，并分析去除融资成本、税收和资本支出后的实际现金收入

22. 描述财务分析中应用的分析工具和分析方法，并了解它们的效用和局限性

23. 评价为什么财务报表分析是一种重要的借贷评估工具，并为进一步进行财务报表分析计算财务比率；分类、计算并应用各种财务比率；描述各财务比率的关系，并通过财务比率的分析来评价一家公司；计算并分析股东权益和信用分析中的财务比率

24. 考察如何应用财务分析的结果来决策信贷的结构和条款

25. 分析评估如何用实际和预算的现金流量表上的数据来解释收入和支出的变化，并通过对现金流的分析来支持借贷的决策

引言

企业泛指一切从事生产、流通或者服务活动，以谋取经济利益为目的的经济组织。按照企业财产组织方式的不同，企业在法律上又可以分为三种类型：第一种是独资企业，即由单个主体出资兴办、经营、管理、收益和承担风险的企业；第二种是合伙企业，即由两个或者两个以上的出资人共同出资兴办、经营、管理、收益和承担风险的企业；第三种是公司企业，即依照《公司法》设立的企业。

公司是指依法定程序设立，以营利为目的社团法人。公司按股东对公司债权人所负的责任分为无限公司、有限公司、两合公司、股份公司等。《公司法》规定，我国公司是指依照该法在中国境内设立的有限责任公司和股份有限公司。公司的具体特征有：

■ 必须依法设立。即按照《公司法》所规定的条件、方式和程序设立。

■ 以营利为目的。《公司法》规定，公司"以提高经济效益、劳动生产率和实现资产保值增值为目的。"这是公司区别于其他法人组织的一个显著特征。

■ 必须具备法人资格。《公司法》规定，有限责任公司和股份有限公司是企业法人。说明公司属于企业范畴。

一般，对股份制公司来说，股东本身很少参与企业的日常运营，而会指定董事替其管理企业。企业年度财务报告的基本目的就是作为中间媒介让董事向股东报告公司业绩。

当然，财务报表的用处不仅如此，它还频繁地被其他对企业有兴趣的人所使用，如债权人、债务人、潜在投资者、税务机构、政府部门等，我们称他们为利益相关者，来帮助他们衡量与企业交往中所面临的收益和风险。

历史上，各个国家的企业会计的形式及内容虽然在基础原理上是相同的，但其发展一直是独立的。鉴于全球贸易一体化趋势，以及越来越多跨国企业的诞生，对会计领域全球统一标准的需求愈发清晰。在过去的二十年间，各国做了许多工作来统一会计格式及内容。自2001年起，已有约120个国家要求或允许使用国际会计准则，其余主要经济主体也正将国内会计准则趋同成国际会计准则。

财务报表主要有利润表、资产负债表、所有者权益变动表、现金流量表，它们也是企业的核心报表，是公司银行家用来分析贷款趋势、重大特征的财务基础。其中，最主要的分析方法为比较同期、同行、同业的财务比率。

财务报表以及基于财务报表的分析与对比让我们能对客户需求及信贷价值进行分析。从债权人的角度出发，我们要解决的一个最重要问题便是：企业和它的管理层能否在规定时间内偿还本金及利息？

当然，贷款流程在放款后依然没有完成，需要对企业是否能按计划表现、风险是否在可接受范围内进行严密监控。如果结果与预算、预期相背离，需迅速采取行动。

在本章中，我们将讲解财务报表以及用于财务报表分析的一些比率。在学习过程中，请参考您所在的银行的贷款流程以帮助您加深对知识点的理解。

1　财务报表列报

1.1　企业经营所需的会计信息

思考题：

以下企业内部人员和外部人员使用财务报表的主要目的是什么？

■ 顾客、供应商

■ 员工

■ 管理者

■ 潜在投资人

■ 债权人

■ 政府、监管部门

企业活动分为：获得生产产品和服务的所需资源、出售生产产品或提供劳务和收回产品销售或劳务收入。

会计人员需要将这些信息记录到企业信息系统中去。那么无论是传统手工录入，还是电算化录入，会计人员都会记录以下信息：

■ 企业从投资者和债权人处得到的资金；

■ 购买企业经营所需的设备、基建等固定资产；

■ 购买生产产品所需的原材料等；

■ 销售及销售收入的回收。

除了会计人员外，企业其他内部人员和外部人员都可以使用到这些会计信息。如果企业想要成功，就必须很好地运用这些信息，来获取利润。因此，就产生了将这些信息统一起来、方便查看的需求，即财务报表的产生。

1.2 国际会计准则（International Financial Reporting Standards，IFRS）

思考题：

在国际会计准则颁布之后，对其具体应用产生疑问，应该去翻寻哪个部门出具的指引？

国际会计准则理事会组织结构：

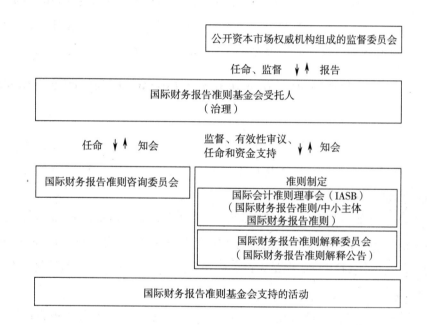

1.2.1 国际财务报告准则基金会（IFRS Foundation）

国际财务报告准则基金会，原名为"国际会计准则委员会基金会"（IASCF），其前身是 1973 年成立的国际会计准则委员会（IASC）。

为增强组织的权威性和独立性，2001 年 4 月 1 日，国际会计准则委员会被正式改组为国际会计准则委员会基金会（IASCF），其会计准则制定职能由 IASCF 下的国际会计准则理事会（IASB）继承。

1.2.2　国际会计准则理事会（International Accounting Standards Board，IASB）

国际会计准则理事会是一个独立的标准制定机构，正式目标有三个：

■ 制定发展一套以公共利益为本，高质量、易理解、可实施的全球性会计准则。

■ 实施、促进这些准则。

■ 与各国会计准则制定部门密切合作，促进各国会计准则与国际会计准则的趋同。

国际财务报告解释委员会（the International Financial Reporting Interpretations Committee，IFRIC）向国际会计准则委员会报告，并对会计准则出具指引，即"解释"，对如何应用现有准则以及如何记录无现有准则的全新财务情况作出了指引。

1.2.3　国际会计准则（International Financial Reporting Standards，IFRS）

国际财务报告准则是由国际会计准则理事会制定的。国际会计准则理事会通过在全球范围内与各国的专业会计从业人员、会计准则制定组织、使用者等合作制定出国际财务报告准则。

在 2003 年之前，颁布的准则都称为国际会计准则（International Accounting Standards，IAS），2003 年后颁布的准则都称为国际财务报告准则（International Financial Reporting Standards，IFRS）。但是无论名称如何，在编制财务报表的时候，都要遵循这些准则。

国际财务报告解释委员会对于未在国际会计准则以及国际财务报告准则中的内容，会进行及时地更新和指导解释。

1.3　中国会计准则

思考题：

我国现行的《企业会计准则》是由哪个机构制定的？

1.3.1　中国会计准则委员会

财政部会计准则委员会是中国会计准则制定的咨询机构，旨在为制定和完善中国的会计准则提供咨询意见和建议。

自 1998 年 10 月成立以来，会计准则委员会一直致力于为我国会计准则的建设提供支持，组织举办了多次会计准则国际、国内研讨会，通过各种方式积极参与会计准则的国际协调、交流、合作，为会计准则的建立和完善提供了大量具有建设性的咨询意见，发挥了积极的作用。

1.3.2 中国财务会计准则

中国的会计准则，名为《企业会计准则》，由财政部制定，是会计核算的行为规范。相对于会计制度，它很宏观，强调的是行为规范，限制大的原则性问题。中国的会计准则具有行政法规的性质。中国的会计准则基本采用国际会计准则的原则与理念。

目前，中国会计准则有基本准则 1 项、具体准则 38 项。

1.4 基本财务报表和会计等式

思考题：

企业常用的财务报表有哪些？

货币计量假设是什么含义？

会计年度的定义与公历的一年一样吗？区别在哪儿？

什么是会计等式？

一般来说，在报告其过去的业绩和财务状况时，公司会经常使用的会计报表有四个：

■ 资产负债表

■ 利润表

■ 所有者权益变动表

■ 现金流量表

除此之外，公司还会使用到财务报表附注。

在将数字信息放入各张报表时，我们要记住：只有可以准确计量、可以用货币单位表示的信息，才能纳入财务报表中，即货币计量假设。在接下来的学习中，我们会一起深入学习这些报表的具体组成。

1.4.1 资产负债表

资产负债表描述的是公司特定时间点的财务状况，由三部分组成：

■ 资产

■ 负债

■ 所有者权益

这三者存在着：资产 = 负债 + 所有者权益的关系，称作会计等式。

我们将在 2 资产负债表中，对资产负债表进行详细讲解。

1.4.2 利润表

一个会计个体在持续经营的情况下，其经济活动是循环往复、周而复始的。为了及时提供决策和管理所需要的信息，在会计工作中，人为地在时间上把连续不断的企业经营活动及其结果用起止日期加以划分，形成会计期间，这就是会计分期的假设。

利润表就是描述公司特定会计期间业绩的财务报表。

利润表显示了公司在一个特定期间内赚取的所有收入减去为获得该收入而发生的所有成本和费用。如果该特定期间为一年，则称为会计年度。会计年度可以和公历年度一致，也可以不一致。

在我国，会计年度为每年 1 月 1 日至该年 12 月 31 日。

资产负债表表示的是公司某一特定时间点的状况，涵盖的是时间点。而利润表则表示公司一段时间内的活动，涵盖的是时间段。

我们将在 3 利润表中，对利润表进行详细讲解。

1.4.3 所有者权益变动表

所有者权益变动表其实就是将资产负债表中的所有者权益部分单独挑出，对其进行详细解释，显示了所有者权益在一段时间内发生的变化。

报表始于特定资产负债表日的实缴资本额，汇总了特定时期内该金额的增减，并对归属于所有者权益的其他项目的增减额进行详细列示。

我们将在 3.4 所有者权益变动表中，对所有者权益表进行详细讲解。

1.4.4　现金流量表

现金流量表显示的是一个会计期间内公司所有的现金流入和现金流出。现金流量表分为三个部分：

- 经营活动产生的现金流
- 投资活动产生的现金流
- 筹资活动产生的现金流

我们将在 4 现金流量表中，对现金流量表进行详细讲解。

1.4.5　财务报表之间的关系

编制利润表时，将所有的收入减去成本、费用，得出净利润或净损失。该净利润或净损失扣除股利以后，转入资产负债表中的所有者权益部分，即所有者权益变动表中的留存收益本年增减额。

资产负债表中本年年初至年末的现金变动情况，在现金流量表中显示。

各表关系见图 3 – 1。

1.5　公允列报

思考题：

在对公司财务状况进行审计之后，审计师可以出具的审计报告可以有哪些种类？

管理层对公允列报的责任是什么？

1.5.1　管理层责任

为公司股东提供财务数据是公司管理层必须承担的责任，这些财务数据必须达到以下条件：

- 公允地列报公司经营状况；
- 符合中国《企业会计准则》的要求。

除此之外，管理层的责任还包括：设计、执行和维护必要的内部控制，以使财务报表不存在由于舞弊或错误导致的重大错报等。

1.5.2　审计师责任

审计师是公司股东指定的独立的第三方。

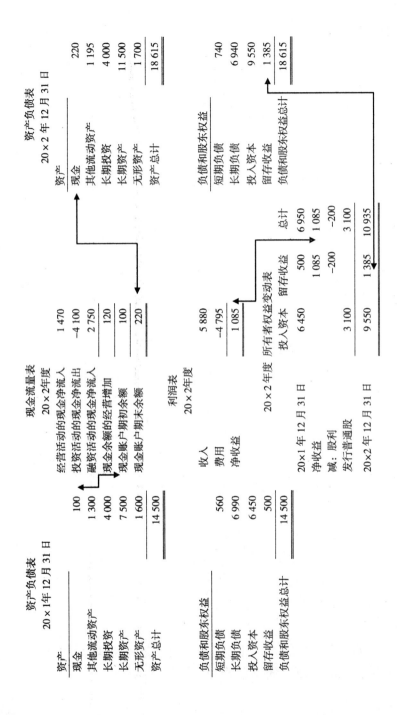

资产负债表
20×1年12月31日

资产
现金	100
其他流动资产	1 300
长期投资	4 000
长期资产	7 500
无形资产	1 600
资产总计	14 500

负债和股东权益
短期负债	560
长期负债	6 990
投入资本	6 450
留存收益	500
负债和股东权益总计	14 500

现金流量表
20×2年度

经营活动的现金净流入	1 470
投资活动的现金净流出	-4 100
融资活动的现金净流入	2 750
现金余额的经营净增加	120
现金账户期初余额	100
现金账户期末余额	220

利润表
20×2年度

收入	5 880
费用	-4 795
净收益	1 085

所有者权益变动表
20×2年度

	投入资本	留存收益	总计
20×1年12月31日	6 450	500	6 950
净收益		1 085	1 085
减：股利		-200	-200
发行普通股	3 100		3 100
20×2年12月31日	9 550	1 385	10 935

资产负债表
20×2年12月31日

资产
现金	220
其他流动资产	1 195
长期投资	4 000
长期资产	11 500
无形资产	1 700
资产总计	18 615

负债和股东权益
短期负债	740
长期负债	6 940
投入资本	9 550
留存收益	1 385
负债和股东权益总计	18 615

图3-1 财务报表之间关系

■ 审计师的责任是在执行审计工作的基础上对财务报表发表审计意见，中国注册会计师审计准则要求审计师遵守《中国注册会计师职业道德守则》，计划和执行审计工作以对财务报表准确性获取合理保证。

■ 审计工作还包括评价管理层选用会计政策的恰当性和作出会计估计的合理性，以及评价财务报表的总体列报。

1.5.3　审计报告

审计人员需要对年末管理层财务报表编制和公允列报相关的内容发表意见，包括评价管理层选用会计政策的恰当性和作出会计估计的合理性，以及评价财务报表的总体列报。审计报告有两大类：

■ 标准审计报告：如果审计人员认为公司的财务报表公允地反映了公司的财务状况、经营成果和现金流量，则应出具无保留意见的标准审计报告。

■ 非标准审计报告：该类审计报告可以细分为带强调事项段的无保留意见审计报告、带强调事项段的保留意见审计报告、否定意见审计报告和无法表示意见审计报告。

1.5.4　与公司银行业务相关性

在进行公司银行业务时，我们会使用到财务报表。那么，一般来说，经审计后的企业财务报告比那些未经审计的企业财务报告更为可靠。一些知名大规模的会计师事务所出具的审计报告比一些小规模的会计师事务所出具的审计报告更可靠。

除此之外，我们仍需要注意：

■ 财务报告最近一期审计的日期，判断其是否为最新信息；

■ 审计人员是否具有足够的独立性。

1.6　财务报表列报

思考题：

《国际会计准则第 1 号：财务报表列报》（IAS 1）以及中国《企业会计准则第 30 号——财务报表列报》（CAS 30）都对公司财务报表做了哪些方面的要求？

《国际会计准则第 1 号：财务报表列报》（IAS 1）以及中国《企业会计准则第 30 号——财务报表列报》（CAS 30）都对公司财务报表的以下方面提出要求：

- ■ 格式及内容

财务报表的结构

财务报表中必须包括的内容

- ■ 公允列报
- ■ 基本会计要求

会计主体

可持续经营

配比原则

权责发生制

一致性原则

重要性原则

不可抵销原则

可比性

- ■ 流动及非流动项目的区分

我们需要理解并熟悉这些概念。无论是 IAS 1 还是 CAS 30，它们的目的都是为了给一般企业的财务报表列报提供统一的基础。保证同一企业不同期间或同一期间不同企业的财务报表相互可比。

根据准则的要求，财务报表至少应当包括下列组成部分：

- ■ 资产负债表；
- ■ 利润表；
- ■ 现金流量表；
- ■ 所有者权益（或股东权益，下同）变动表；
- ■ 附注。

财务报表上述组成部分具有同等的重要程度。当期财务报表的列报，至少应当提供所有列报项目、上一个可比会计期间的比较数据以及与理解当期财务报表相关的说明。我们在之后的学习中会介绍这些报表的具体格式。现在，我们来看一些基本的概念。

1.7 基本会计要求

思考题：

什么是会计主体假设？

为什么在编制财务报表时，我们需要使用可持续经营的前提假设？

收付实现制与权责发生制的区别？

什么是配比原则？

1.7.1　概述

会计实务经历了几个世纪的逐步发展，常用的会计方式涵盖了许多会计基本原则和要求，这些要求都是从会计实务中产生的。

1.7.2　会计主体假设

企业的财务信息只关乎企业，与其他任何个体（如企业所有者）无关。这一区分企业财务信息和其他企业或个人财务信息的假设称为会计主体假设。它意味着企业财务信息不包含任何关于个人所有者或其他公司的财务信息。

例如，张三拥有甲公司的100%股权，某天张三买彩票中了500万元，这500万元与甲公司没有任何关系，不计入甲公司的财务报表。

1.7.3　可持续经营

这一假设是指公司在未来可预期的时间内，能够持续开展经营活动，不会倒闭。这意味着公司的利润表和资产负债表科目没有意愿或者没有必要按照清算的基础进行编制。

这是一个十分重要的概念，因为公司的资产对于公司的经营活动可能有很大的价值，但如果进行变卖、出售，其价值可能很低。

1.7.4　配比原则

指的是会计主体在某个会计期间所取得的收入应当与其为取得该收入所发生的费用、成本相匹配，以便正确计算在该会计期间该会计主体所获得的净损益。

1.7.5　权责发生制

在经济活动中，业务的发生时间与货币的实际收到和支出时间不是完全一致的，即存在着现金收支与经济活动的分离。由此产生了两种确认和记录会计要素的方法：一种方法是根据货币实际收支时间来确认和记录收入和费用，称为收付实现制；另一种方法是根据取得收款权利、确认付款责任来记录收入或费用，称为权责发生制。

收付实现制又称现金制，如，小明在 1 月收到上半年出租房屋所得共计6 000元，那么在收付实现制下，小明就应当在 1 月记录租金收入 6 000 元。

权责发生制原则也称应计基础、应计制原则，是以权利和责任的发生来决定收入和费用归属期的一项原则。

在权责发生制下，企业依据持续经营和会计分期两个基本前提来划分不同会计期间的资产、负债、收入、费用等会计要素，能更加准确地反映特定会计期间企业实际的财务状况和经营业绩。

如前题，小明在 1 月收到上半年出租房屋所得共计 6 000 元，那么在权责发生制下，小明应当在 1 月至 6 月的每个月都分别记录租金收入 1 000 元，因为虽然钱是一起于 1 月给的，但是出租房屋是每个月发生的事情。

根据中国《企业会计准则第 30 号——财务报表列报》，除现金流量信息外，企业应当按照权责发生制会计编制财务报表。在这一概念下，公司的收入和成本必须：

■ 进行计提：例如，收入在实现时进行确认，而非在收到现金后才确认；

■ 进行配比：在收入和成本间的对应关系可以确认时进行配比；

■ 进行归集：收入和成本在其发生的对应期间计入利润表。

1.7.6　一致性原则

根据中国《企业会计准则第 30 号——财务报表列报》，财务报表项目的列报应当在各个会计期间保持一致，不得随意变更。在每个会计期间内，对相同会计项目的处理应保持一致。

尽管一些会计准则对特定项目的处理有特别的规定，公司管理层在准备财务报告时，需注意每个会计项目的处理需要和前期保持一致，使各期间的财务报告具有可比性。

1.7.7　重要性原则

根据中国《企业会计准则第 30 号——财务报表列报》，重要性是指在合理预期下，财务报表某项目的省略或错报会影响使用者据此作出的经济决策，则该项目具有重要性。一些不重要的项目的省略或错报对企业不会产生重大影响，但重要项目的缺失却会影响财务报告的公允列报。

性质或功能不同的项目，应当在财务报表中单独列报，但不具有重要性的项目除外。性质或功能类似的项目，其所属类别具有重要性的，应当按其类别在财务报表中单独列报。

1.7.8　不可抵销原则

根据中国《企业会计准则第 30 号——财务报表列报》，财务报表中的资产项目和负债项目的金额、收入项目和费用项目的金额、直接计入当期利润的利得项目和损失项目的金额不得相互抵销。公司的主营业务收入和主营业务成本必须单独列示，经计算后获得相应的利润金额。同样地，公司资产总额和负债总额也必须分开列示。

按规定，资产项目按扣除减值准备后的净额列示，不属于抵销。例如：公司的固定资产以考虑折旧后的净值列示（详情请见 2.3.1 资产）。

1.8　区分流动性和非流动性项目

在资产负债表中，仅列示总资产和总负债并不能满足财务报告使用者的需求，我们同时需要考虑其结算期限。比如，如果一个公司有 1 000 元的资产和 600 元的负债，那么该公司的价值为 400 元，我们可能认为这是一个积极的信号。但是，如果这些负债明天即将到期，而公司资产是需要几个月甚至几年才能卖出的房屋设备，那么情况就不容乐观了。

所以在披露公司资产和负债时，很重要的一点是将其按照到期日的长短进行分类，因此，我们将资产和负债按结算日远近分为以下两类：

- 流动资产和负债：即将在一年内或者一个经营周期内到期的资产和负债。
- 非流动资产和负债：超过一年以上或者一个经营周期到期的资产和负债。

2 资产负债表

2.1 资产负债表概述

我们在学习了基本会计假设之后，需要了解财务人员是如何利用这些假设来编制基本财务报表的，而在这些报表中，我们首先看的就是反映企业财务状况的资产负债表。

资产负债表是反映企业在某一特定日期（如月末、季末、年末）全部资产、负债和所有者权益情况的会计报表，它是一张揭示企业在一定时点财务状况的静态报表。资产负债表利用会计平衡原则（资产＝负债＋所有者权益），将合乎会计原则的资产、负债、股东权益的交易科目分为"资产"和"负债及股东权益"两大区块。

资产负债表可以让股东、税务和工商等及时了解企业内部经营状况。但是需要特别指出的是，资产负债表反映的是公司在特定时间点的状况，而非某一时间段的财务情况。由于公司的每项业务都会影响到企业资产负债表的列示，所以如果公司在会计期间结束后发生重大的业务交易，那么该期间结束时和结束后的资产负债表列示将会有很大的差异。

举一个极端的例子：公司在 20×2 年 12 月 31 日，仓库内放有价值人民币 10 万元的待售产成品。那么在其 20×2 年 12 月 31 日的资产负债表上，就有人民币 10 万元的存货。但是 20×3 年 1 月 1 日凌晨，一场大火将整个仓库全部烧毁，那么公司在 20×2 年 12 月 31 日结束后的资产负债表上，人民币 10 万元的存货都灰飞烟灭了，与当日结束时的资产负债表就差异巨大了。

2.2 资产负债表格式

资产负债表披露的是公司的账目信息。根据中国《企业会计准则》（CAS）中的格式，我们用表 3－1 来介绍资产负债表格式及表中各个会计账户的解释。需要特别指出的是，中国《企业会计准则》（CAS）下的财务报表格式和《国际会计准则》

（IFRS）披露的信息内容完全一致，仅格式形式有差异。

表 3 – 1　甲公司截至 20 × 3 年 12 月 31 日资产负债表

单位：人民币万元

	注释	20 × 3 年 12 月 31 日	20 × 2 年 12 月 31 日
流动资产	1		
库存现金		7 075	9 685
应收账款		5 200	6 920
存货		20 200	18 100
短期投资		3 000	3 200
流动资产合计		35 475	37 905
非流动资产	2	18 500	19 000
资产合计		**53 975**	**56 905**
流动负债	3	28 820	25 200
非流动负债	4		
长期贷款		3 780	12 500
其他长期负债		2 340	3 120
流动负债合计		6 120	15 620
负债合计		**34 940**	**40 820**
所有者权益			
实收资本	5	2 000	2 000
资本公积	6	1 530	1 380
盈余公积	7	1 305	1 205
未分配利润	8	14 200	11 500
所有者权益合计		19 035	16 085
负债和所有者权益合计		**53 975**	**56 905**

从表 3 – 1 列示我们可以看出，为了进行比较，企业资产负债表同时列示了截至当期（20 × 3 年 12 月 31 日）和上一期（20 × 2 年 12 月 31 日）的账户情况。在正式的财务报表列报时，资产负债表中的注释所对应的内容是对资产负债表下该科目的明细说明，可以用来更进一步地分析该科目的具体情况。而在表3 – 1中，注释主要的作用是对应我们在后文中即将分析的各个科目的释义。

2.3　资产负债表科目

思考题：

流动资产和非流动资产的区别。

流动负债和非流动负债的区别。

从债权人角度出发，我们对资产和负债类科目需要关心哪些方面。

资产负债表科目分为以下几大类：

2.3.1　资产

资产是指由企业拥有或控制的、预期会给企业带来经济利益流入的资源，如存货、生产设备等。

资产通常可以被分为两大类：流动资产和非流动资产。

流动资产（表3-1注释1）

流动资产通常指企业可以在一年内或者一个营业周期内变现或运用的资产，流动资产在周转过程中，以货币形态开始，依次改变其形态，最后又回到货币形态，这种资产周转速度快，变现能力强。

资产负债表列示中，常见的流动资产有：库存现金、存货、应收账款、预付账款（待摊费用）、短期投资及其他应收款等。

常见的各项流动资产的定义如下：

■ 存货是指企业在日常活动中持有的原材料、半成品以及预备出售的产成品。

■ 应收账款是指企业在销售商品或提供劳务后，应向客户收取的款项。

■ 预付账款（待摊费用）是指公司在会计期间结束前为以后会计期间支付的相关费用。由于该费用已经支付，但相应的服务或货物尚未收到，所以该支出仍可视为公司资产。

非流动资产（表3-1注释2）

非流动资产是指流动资产以外的资产，为了持续盈利活动所购买的、不用于直接销售的资产。主要包括持有到期投资、长期应收款、长期股权投资、投资性房地产、固定资产、在建工程、无形资产、长期待摊费用、可供出售金融资产等。并且，所有使用年限有限的非流动资产均需折旧或摊销。

折旧是指资产价值的下降，指在固定资产使用寿命内，按照确定的方法对应计折旧额进行系统分摊。可以说是固定资产在使用过程中因损耗逐渐转移到新产品中去的那部分价值的一种补偿方式。在资产负债表中，非流动资产经常以账面净值列示，即资产成本减去累计折旧列示。

计算折旧的方法有很多种，采用不同方法，可能出现某一会计期间的折旧费用不相等的情况。常见的方法有直线法、加速折旧法等。以下以直线法为例，让我们看一下固定资产如何折旧。

案例研究：折旧

公司购买了一台价值为 8 万元的车床，根据公司更新设备的需要，该车床可大概持续使用 4 年，4 年后这一车床可以 0.6 万元的价格出售。所以，公司在这 4 年生产中使用该车床的总成本为 7.4 万元（即 8 万元购买价 – 0.6 万元预计出售价），其中 0.6 万元是车床的预计可出售价格，即称残值。

根据权责发生制和配比原则，这 7.4 万元需要在 4 年的时间里分摊，即每年将 1.85 万元（7.4 万元除以 4）计入当期的利润表。

因此，在接下来的 4 年的每年年末，该机器设备在资产负债表中的列示如下：

	第一年 ¥	第二年 ¥	第三年 ¥	第四年 ¥
成本	80 000	80 000	80 000	80 000
累计折旧	(18 500)	(37 000)	(55 500)	(74 000)
账面净值	62 500	43 000	24 500	6 000

如上表所示，资产负债表中的固定资产账面净值每年减少 1.85 万元，这些金额直接作为折旧费用归集计入当年的利润表中，直到第四年年末，该固定资产净值减少到 0.6 万元。

可见，折旧减少了资产价值和当期利润，但本身并不会产生现金流。在以上的示例中只有购买时支付的 8 万元，以及 4 年后将其出售所得的 0.6 万元收入会产生现金流量并且列示在现金流量表中。

通过上述分析，我们已经了解了非流动资产的定义，即为了公司的持续盈利活动所购买，不用于直接销售的资产。基于此，我们将长期有形资产归为非流动资产中的一种，但并非所有的非流动资产都是长期有形资产。长期投资款、商标使用权、专利特许权等能够长期为公司带来收益的项目均可归集到企业的非流动资产。后两者我们通常也会称其为无形资产，所以在非流动资产中，我们能将其分为有形资产、无形资产和长期投资。

■ 有形资产

有形资产是指那些具有实物形态的资产，包括动产和不动产。有形资产种类有：

- 房屋
- 机器
- 设备
- 交通工具等

通常，企业在生产经营活动中可以使用或者直接出售这些资产，从中获得一定的经济收益。

■ 无形资产

无形资产是指企业拥有或者控制的、没有实物形态的、可辨认的非货币性资产。无形资产种类有：

- 专利权
- 商标权
- 著作权
- 商誉
- 品牌等

通常，企业在生产经营活动中，可以使用它们来创造价值，并且不容易被其他竞争者所模仿。

■ 长期投资

长期投资是指企业长期（一年以上）持有的投资。企业取得长期投资的目的在于持有并取得收益而不在于出售。

2.3.2　负债

负债是指企业过去的交易或者事项形成的、预期会导致经济利益流出企业的现时义务。在资产负债表中，负债主要被分为流动负债和非流动负债。

流动负债（表 3 - 1 注释 3）

流动负债也叫短期负债，是指将在 1 年或者超过 1 年的一个营业周期内偿还的债务。主要包括：

■ 短期借款

■ 应付票据、应付账款

■ 预收账款

■ 应付工资、应付福利费、应付股利、应交税金

■ 其他暂收应付款项

■ 预提费用和一年内到期的长期借款等

非流动负债（表 3 − 1 注释 4）

非流动负债是指偿还期在 1 年或者超过 1 年的一个营业周期以上的债务。包括：

■ 长期借款

■ 应付债券

2.3.3 所有者权益

所有者权益是指将企业资产扣除负债后由所有者享有的剩余权益。包括实收资本（或股本）、资本公积、盈余公积和未分配利润。

实收资本（表 3 − 1 注释 5）

实收资本是指投资者作为资本投入企业的各种财产，是企业注册登记的法定资本总额的来源，它表明所有者对企业的基本产权关系。

中国企业法人登记管理条例规定：除国家另有规定外，企业的实收资本应当与注册资本一致。企业实收资本比原注册资本数额增减超过 20% 时，应持资金使用证明或验资证明，向原登记主管机关申请变更登记。对于投资者以无形资产方式出资时，以无形资产方式投资的总额占企业注册资本总额的比例最高不得超过 70% 。

资本公积（表 3 − 1 注释 6）

资本公积是指资本本身升值或其他原因而产生的投资者的共同权益。

对股份制公司而言，当公司发行股票的价格高于每股票面价值的时候，相应的票面价值计入实收资本，剩余的金额则计入资本公积科目。

例如：公司以人民币 3.5 元一股发行票面价值为 1 元的股票 100 万股，其中 1 元乘以 100 万股得人民币 100 万元计入实收资本，超过票面价值的 2.5 元乘以 100 万股得人民币 250 万元以溢价的形式计入资本公积。

盈余公积（表 3 − 1 注释 7）

企业从实现的利润中提取或形成的留存于企业内部的积累。根据其用途不同可分为：

■ 公益金：专门用于公司职工福利设施的支出。

■ 一般盈余公积：又分为法定盈余公积和任意盈余公积。

未分配利润（表 3 –1 注释 8）

　　未分配利润：是企业未作分配的利润。它可以在以后年度进行分配，在未进行分配之前，属于所有者权益的组成部分。

　　未分配利润具有两层含义：一是留待以后年度处理的利润；二是未指明特定用途的利润。

3　利润表

3.1　利润表概述

思考题：

收入的确认与费用成本的确认应遵循怎样的守则？

从债权人的角度出发，在衡量企业收入时，我们最关心的是什么？

利润表主要提供的是有关企业经营成果方面的信息。反映企业在一定会计期间经营成果的报表。利润表也被称为损益表或收益表。

3.2　公司利润表格式

在中国，根据财政部编制的《企业会计准则》的要求，一般企业公司的利润表的格式如表 3-2 所示。和资产负债表一样，利润表中的注释所对应的内容可以用来更进一步地分析该科目的具体情况。而在下述的格式中，注释主要的作用是对应我们即将分析的各个科目的释义。

表 3-2　甲公司 20×2 年度利润表　　　单位：人民币万元

	注释	20×2 年	20×1 年
主营业务收入	1	17 255	16 313
主营业务成本	2	(7 675)	(7 172)
主营业务利润	3	**9 580**	**9 141**
销售费用	4	(2 125)	(1 986)
管理费用	4	(990)	(892)
财务费用	5	(70)	(65)
资产减值损失		(15)	(22)
营业利润	6	**6 380**	**6 176**

	注释	20×2 年	20×1 年
营业外收入／（支出）		（3）	（2）
利润总额		**6 377**	**6 174**
所得税费用	7	（1 594）	（1 544）
净利润	8	**4 783**	**4 630**

3.3 利润表科目

根据权责发生制和配比的原则，即使实际的收款和支付时间与业务发生的时间不同，收入和费用都应该在其业务发生时确认、计入当期损益。在公司业务发生之后和最终现金流入或流出之前，公司会在资产负债表应收账款或者应付账款中做相应记录。例如，公司在年初发生一笔销售业务，根据销售合同条款，最终收款日为客户收到货物后的两个月内。公司在年初业务发生时即应确认销售收入，并且确认应收账款，当公司最终收到现金时，再对该应收账款进行核销。

3.3.1 主营业务收入（表 3−2 注释 1）

主营业务收入是指企业经常性的、主要业务所产生的基本收入。如制造业销售产品、半成品和提供劳务作业的收入，商品流通企业的销售商品收入等。

3.3.2 主营业务成本（表 3−2 注释 2）

主营业务成本是指公司在特定会计期间，为了提供商品或者劳务而发生的制造、劳务等相关成本的总额。

主营业务成本等于当期可供出售的商品总额（期初存货＋当期采购/生产）减去当期期末未销售存货的金额（期末存货）的所得。

3.3.3 主营业务利润（表 3−2 注释 3）

主营业务利润又称基本业务利润，是主营业务收入减去主营业务成本和主营业务税金及附加得来的。

3.3.4 经营费用（表 3−2 注释 4）

经营费用主要包括公司的销售费用和管理费用等其他与获得当期收入相关的

费用。

■ 销售费用是指企业在销售产品、自制半成品和提供劳务等过程中发生的各项费用。包括由企业负担的包装费、运输费、装卸费、展览费、广告费、租赁费（不包括融资租赁费），以及为销售本企业产品而专设的销售机构的费用，包括职工工资、福利费、差旅费、办公费、折旧费、修理费、物料消耗和其他经费等。

■ 管理费用是指企业的行政管理部门为管理和组织经营而发生的各项费用，包括管理人员工资和福利费、公司一级折旧费、修理费、技术转让费、无形资产和递延资产摊销费及其他管理费用（办公费、差旅费、劳保费、土地使用税等）。

3.3.5 财务费用（表 3 – 2 注释 5）

财务费用是指公司为了筹集资金而发生的各类费用（和收入），主要包括公司支付的贷款利息、银行业务手续费及汇兑损益等。

■ 利息收入：存款利息收入
■ 利息支出：贷款利息支出及其他筹资方式下支付的利息支出
■ 汇兑损益：外币兑换价差
■ 手续费：办理各种银行收支业务产生的手续费

注意一点，在财务费用的列示中，会将财务收入和财务支出合计一并列示。

3.3.6 营业利润（表 3 – 2 注释 6）

营业利润是指公司通过日常生产经营活动所获得的利润总额。

营业利润 = 营业收入 – 营业成本 – 营业税金及附加 – 销售费用 – 管理费用 – 财务费用 – 资产减值损失 + 公允价值变动净收益 + 投资净收益

3.3.7 所得税费用（表 3 – 2 注释 7）

所得税费用是指企业按照税法规定所应缴纳的公司所得税费用总额。

3.3.8 净利润（表 3 – 2 注释 8）

净利润是指在利润总额中按规定缴纳了所得税以后公司的利润留存。净利润，一般也称为税后利润或净收入，它是衡量一个企业经营效益的主要指标。

3.4 所有者权益变动表

所有者权益变动表列示了公司资产负债表中所有者权益变动的具体明细，全面反映了一定时期所有者权益变动的情况，具体的格式如下：

表 3 – 3　甲公司 20 × 2 年所有者权益变动表　　单位：人民币万元

项目	本年金额					
	实收资本（或股本）	资本公积	减：库存股	盈余公积	未分配利润	所有者权益合计
一、上年年末余额	2 000	1 380	0	1 205	11 500	16 085
加：会计政策变更						
前期差错更正						
二、本年年初余额	2 000	1 380	0	1 205	11 500	16 085
三、本年增减变动金额（减少以"－"号填列）						
（一）净利润					2 700	2 700
（二）其他综合收益						
上述（一）和（二）小计						
（三）所有者投入和减少资本						
1. 所有者投入资本		150				150
2. 股份支付计入所有者权益的金额						
3. 其他						
（四）利润分配						
1. 提取盈余公积				100		100
2. 对所有者（或股东）的分配						
3. 其他						
（五）所有者权益内部结转						
1. 资本公积转增资本（或股本）						
2. 盈余公积转增资本（或股本）						
3. 盈余公积弥补亏损						
4. 其他						
四、本年年末余额	2 000	1 530	0	1 305	14 200	19 035

其中，实收资本、资本公积、盈余公积和未分配利润的概念，请参见 2.3.3 所有

者权益。

3.5 非公司制企业的利润表

公司制企业和非公司制企业的利润表在格式上一致，但非公司制企业在税收政策上和公司制企业有所区别。依据是财政部、国家税务总局下发的《关于个人独资企业和合伙企业投资者征收个人所得税的规定》，个人独资企业和合伙制企业的税收政策如下：

个人独资企业和合伙企业每一纳税年度的收入总额减除成本、费用以及损失后的余额，作为投资者个人的生产经营所得，比照个人所得税法的个体工商户的生产经营所得应税项目，适用5%～35%的五级超额累进税率，计算征收个人所得税。个人独资企业的投资者以全部生产经营所得为应纳税所得额；合伙企业的投资者按照合伙企业的全部生产经营所得和合伙协议约定的分配比例确定应纳税所得额，合伙协议没有约定分配比例的，以全部生产经营所得和合伙人数量平均计算每个投资者的应纳税所得额。

4　现金流量表

4.1　概述

思考题：

现金流量表的作用。

为什么我们要使用间接法对经营性现金流进行编制？

在前面的章节，我们已经对资产负债表、利润表以及所有者权益变动表有所了解，接下来我们要把视线转移到现金流量表上。作为贷款银行，对客户进行财务分析的重要目的之一是了解客户能否按时支付贷款金额（本金及利息）。一个能够获得高额利润的公司，如果没能有效地计划现金流量，无法及时偿还到期贷款，同样存在破产的风险。而一家亏损的客户却因能偿还到期贷款而继续维持经营。所以，在很多情况下，贷款银行把现金流量表看做是四大基本财务报表中最重要的一个报表。

资产负债表和利润表均以权责发生制为原则编制，列示了企业在会计期间内的财务状况和经营成果。但是，它们无法显示公司在会计期间收到和支付的所有现金。现金流量表以收付实现制为原则编制，将权责发生制下的盈利信息调整为收付实现制下的现金流量信息，便于信息使用者（贷款银行）了解企业净利润的质量。

如果一家客户要持续经营，那么该客户既要保持正常的经营活动，又要保持有效的资本运作，也就是说，在从事业务经营的同时，还要进行固定资产投资。在企业的不同发展阶段和不同活动中，客户现金流量的特征不同，往往会出现现金流入滞后于现金流出。此时，客户需要对外融资。因此，现金流量表根据企业活动类型分为三个部分：经营活动、投资活动和筹资活动。通过现金流量表，可以了解企业现金流量的影响因素，评价企业的支付能力、偿债能力和周转能力，预测企业未来现金流量，为其决策提供有力依据。

4.2 现金流量表格式（直接法）

表3-4 甲公司现金流量表 单位：人民币万元

一、经营活动产生的现金流量	
－销售商品、提供劳务收到的现金	20 843
现金流入小计	20 843
－购买商品、接受劳务支付的现金	（3 093）
－支付给职工以及为职工支付的现金	（16 639）
－支付的各项税费	（1 630）
－支付的其他与经营活动有关的现金	（857）
现金流出小计	（22 219）
经营活动产生的现金流量净额	**（1 376）**
二、投资活动产生的现金流量	
－权益性投资所收到的现金	629
－处置固定资产、无形资产和其他长期资产而收到的现金	1 000
现金流入小计	1 629
－购建固定资产、无形资产和其他长期资产所支付的现金	（1 157）
现金流出小计	（1 157）
投资活动产生的现金流量净额	**472**
三、筹资活动产生的现金流量	
－吸收权益性投资所收到的现金	18
－收到的其他与筹资活动有关的现金	55
现金流入小计	73
－偿付利息所支付的现金	（50）
现金流出小计	（50）
筹资活动产生的现金流量净额	**23**
四、汇率变动对现金等价物的影响	5
五、现金及现金等价物净增加额	**（876）**
加：期初现金及现金等价物余额	4 168
六、期末现金及现金等价物余额	**3 292**

从上述列示中我们可以看出，现金流量表中区分了三种现金流量：来自经营活动的现金、来自投资活动的现金和来自筹资活动的现金。产生经营活动现金流的交易来源于利润表中所列示的主营业务相关活动。从资产负债表的角度看，经营活动产生的

现金流量主要指影响企业流动资产和流动负债的现金交易；投资活动产生的现金流量主要包括影响企业长期资产的现金交易；而影响公司长期负债和权益账户的现金交易被归类为筹资活动。

4.3 编制现金流量表的方法

根据中国会计准则，编制现金流量表的方法有两种，分别为直接法和间接法。这两种方法的差异在于经营性活动的表述。企业应当采用直接法编报经营性现金流量表，同时要求在附注中提供以净利润为基础调节到经营活动现金流量的信息。

在这两种方法下经营活动的总现金流是相同的，而且投资活动和融资活动的现金流表述也完全相同。

两种方法的主要区别在于：

■ 直接法比间接法提供了更多的分类信息，便于分析企业经营活动产生的现金流量的来源和用途，预测企业现金流量的未来前景。

■ 间接法的主要优势在于关注了净利润和经营性现金流的差异，从现金流的角度分析净利润的质量。

4.3.1 经营性现金流的计算

直接法

按照直接法，经营性现金流的编制是将损益表中的每一项以其等价的现金变化，从相应的资产负债表账户中加入或减去。以下为主要的经营性现金流的组成：

■ 销售收到的现金（即顾客支付的现金），是经营性现金流的主要组成部分。收到的现金等于销售收入 +/− 应收账款变化额 +/− 未实现（递延）收入变化额

顾客支付的现金：

■ 从损益表中的销售收入开始

■ 减去（加上）间接法下应收账款余额的增加值（减少值）

■ 加（减）未实现收入的增加值（减少值）

■ 用于生产产品或提供服务的现金（支付给供应商的现金），等于销货成本 +/−存货变化额 +/− 应付账款变化额

支付给供应商的现金：

■ 从损益表的销货成本开始

■ 如果销货成本中包含了折旧及/或摊销（它们增加了销货成本），则必须在计算支付给供应商的现金中扣除

■ 减（加）应付账款余额的增加值（减少值）

■ 加（减）存货余额的增加值（减少值）

间接法

对于现金收付制企业，公司现金的增加即代表获得的利润，该利润金额即经营活动产生的现金流量。而对于大部分使用权责发生制的企业而言，利润的增加代表了营运资本的增加，但这并不表示公司的现金流量有所变动。直到公司收到了客户的销售款或支付了供应商的相应货款，才有现金的流入或支出。为了获得公司经营活动产生的现金流量，需要对不产生现金流量的项目进行调整，这些调整包括：实际没有支付现金的费用、实际没有收到现金的收益、不属于经营活动的损益及经营性应收应付项目的增减变动。而公司利润和现金流的差异则体现在各个资产负债表账户的变动中，例如，应收账款的增加意味着现金流的减少、应收账款的减少意味着现金流的增加；存货的增加意味着现金流的减少、存货的减少意味着现金流的增加，应付账款的增加意味着现金流的增加、应付账款的减少意味着现金流的减少等。

根据这些非现金项目的变动如何影响净利润来决定其在现金流量表上是加回还是扣除，使用间接法计算经营性现金流有四个步骤：

第一步：从净利润开始。

第二步：减去融资或投资性现金流的收益，加上融资或投资性现金流的损失（例如出售土地的收益）。

第三步：将无现金流流动的利润扣除加回（例如折旧和摊销），减去所有无现金流入的收入。

第四步：加/减相关的资产负债表经营项目，例如：

■ 减去经营性资产账户的增加值（现金使用），加上减少值（现金来源）

■ 加上经营性负债账户的增加值（现金来源），减去减少值（现金使用）

案例研究：运用间接法计算经营性现金流

公司的当期净利润（利润表金额）为 60 万元。

为了获得公司经营活动产生的现金流量，需要对不产生现金流量的项目进行调

整，这些调整包括应收账款变动、固定资产折旧、存货变动及应付账款变动等。根据这些非现金项目变动是如何影响净利润的来决定是在现金流量表上加回还是扣除，具体如下：

	注释	金额	对利润表影响，现金流量表影响
净利润		**600 000**	
折旧费用	1	68 000	减少营业利润，在现金流量表加回
营运资本变动情况			
应付账款及预提费用增加	2	18 000	减少营业利润，在现金流量表加回
应收账款及预付账款增加	3	（19 000）	增加营业利润，在现金流量表扣除
存货增加	4	（15 000）	增加营业利润，在现金流量表扣除
经营活动产生的现金流量净额		**652 000**	

■ 注释1：固定资产折旧在利润表中作为当期费用冲减当期利润，当期的净利润也就比实际的现金支出少了。因此，我们在使用间接法编制现金流量表时，通常需要将其全额调整加入当期的净利润。

■ 注释2：应付账款余额的增加表示公司拖欠供应商的金额增加，当期的营业成本中已包含这部分未支付的成本，所以净利润也就比实际的现金支出少了。所以，需要将其调整加入当期的净利润。

■ 注释3：应收账款的增加表示公司延长了从客户处的收款时间，货物已经售出，但销售金额尚未回收。当期的营业收入中已包含这部分未收回的款项，所以净利润也就比实际的现金收入高了。从而需要将其从当期净利润中扣除。

■ 注释4：存货的增加表示公司本期制造的部分存货没有卖出去，那么该部分成本也就没有在本期利润表的成本中反映，实际的现金支出多于净利润，所以我们需要将其从净利润中扣除。

■ 对于各类营运资本在间接法中需要作出的调整，总结如下：

营运资本种类	本年余额增加	本年余额减少
资产类	减少营业利润［从净利润中扣除］	增加营业利润［从净利润中加回］
负债类	增加营业利润［从净利润中加回］	减少营业利润［从净利润中扣除］

案例研究：直接法和间接法的比较

以一家小公司为例，该公司在1月发生了如下交易：

■ 购买了250元的存货：支付了200元给卖方，另外50元记作应付账款。

■ 发生了 600 元的销售额：收到 500 元现金，100 元记作应收账款。商品销售成本为 250 元（全部存货已售出）。

■ 花费 30 元购买办公用品，使用了其中价值 20 元的办公用品，价值 10 元的办公用品留到下个月使用。

■ 计算净利润：

净利润	元
销售	600
商品销售成本	(250)
办公用品费用	(20)
净利润	330

表 3－5 给出了用直接法和间接法分别计算经营性活动的现金过程。

表 3－5　直接法与间接法下的经营性现金流量表的比较

直接法		间接法	
来自经营活动的现金：	元	来自经营活动的现金：	元
销售所得现金	500	净利润	330
办公用品的现金支出	(30)	减：应收账款的增加	(100)
购货所付现金	(200)	减：办公用品的增加	(10)
		加：应付账款的增加	50
净经营性现金流	270	净经营性现金流	270

4.3.2　投资性和融资性现金流的计算

投资性现金流的计算：出售资产获得的收入减去购入新资产的费用以及不包括在现金等价物范围内的投资及其处置活动。在计算出售资产获得的现金时，应当使用下述公式计算销售的损益：

出售资产所得的现金 ＝ 出售资产的账目价值 ＋ 销售收益（－ 损失）

融资性现金流是企业与其资本提供者之间产生的现金流。

■ 企业与债权人之间的现金流由新的借款或偿付债务产生。

■ 企业与股东之间的现金流由发行新权益、回购股票及发放股利产生。

融资性现金流是以下两项之和：

■ 与债权人相关的净现金流 ＝ 新的借款 － 偿还的本金

■ 与股东相关的净现金流 ＝ 发行新的权益 － 回购股票 － 现金股利

此外，对于企业日常活动之外、不经常发生的特殊项目，如捐赠、自然灾害损失、保险赔偿款等，也应当归并到这个类别中，并单独反映。

4.3.3　汇率变动对现金及现金等价物的影响

编制现金流量表时，还需将企业外币的现金流量及境外子公司的现金流量折算成记账本位币。汇率变动对现金的影响，按照现金流量发生日的汇率或是与现金流量发生日即期汇率近似的汇率来折算。而现金流量表的"现金及现金等价物净增加额"项目中外币现金净增加额是按资产负债表日的即期汇率折算的。这两者的差额即为汇率变动对现金的影响。

对当期发生的外币业务，可以通过现金流量表补充资料中"现金及现金等价物净增加额"数额与现金流量表中"经营活动产生的现金流量净额"、"投资活动产生的现金流量净额"、"筹资活动产生的现金流量净额"三项之和比较，其差额即为"汇率变动对现金的影响额"。

4.3.4　现金流量表补充材料

除了上述现金流量表需要反映的信息外，企业还应在附注中采用间接法披露将净利润调节为经营活动现金流量、不涉及当期现金收支的重大投资和筹资活动、现金及现金等价物净变动情况等信息。

4.4　现金流量表分析

如前所述，现金流量表告诉我们企业的现金从哪里来、用到哪里去。想想很多企业破产的原因，其实不是因为其盈利状况不佳，而是因为现金流量不够充沛。

对于现金流量表的分析，我们需要比较企业当年和上一年度的现金流量，关注现金流量发生了一些什么变化，分析产生这些变化的原因以及这些变化对企业的未来会产生的影响。

4.4.1　经营性现金流

贷款银行应该辨别决定经营性现金流的因素。正的经营性现金流可以是由与企业获利相关的活动产生的，但正的经营性现金流也可以由减少非现金营运资本产生（例如加速存货周转、减少应收账款或是增加应付账款）。但减少营运资本并不是可持续的，因为存货和应收账款不可能降为零，而应付账款在款项未付清前也不能无限地超出信用额度。在特殊情况下，经营性现金流也可能会出现负值，如果为负数的情况超过一年，我们就需要对这个数据重点关注。

在用间接法对经营性活动产生的现金流进行分析时，我们很容易发现，经营性活动产生的现金流之所以与营业利润有差异，主要原因是：

■ 当期营业利润的变动

■ 不涉及现金的收入和费用（如折旧）

■ 营运资本的变动

■ 税金

其中，营运资本的变动，我们可以直接通过资产负债表里相关报表项目余额的变动来计算，所以营运资本的变动是以上三个因素中最为直观的一个因素。

■ 当期营业利润的变动

一般通过对利润表数据的分析，很容易找出企业当期营业利润金额变动的原因。例如：利润率变动或者销售量的变动。而销售量的变动又和现金流量表中的其他报表项目数据相关，例如固定资产的购买、营运资本规模变动。

如果我们发现营运资本的变动跟收入的变动不匹配，我们应该要求企业解释其中的原因。

■ 营运资本的变动

有时候，就算利润有所增长，企业也可能会由于应收账款的大幅增长，或者库存量的增长（如企业为了满足客户未来对其产品的需求而增加了库存量），从而造成经营活动产生的现金流的增长与利润的增长不同步。在分析报表数据时，我们重点要看营运资本的变动是否与公司的业务量的变动相匹配。一般来说，营运资本应当与收入同比增长。如果收入增长5%，那么营运资本也应相应增长5%左右。

当大部分公司在业务迅速扩张时，都会遭遇严重的现金短缺，因为在业务量上升的初期，公司要添置固定资产、增加存货，造成支出骤增。但因扩大销售而回收货款的时间点晚于规模扩张初期各项支出发生的时间点，这时如果公司没有足够的融资渠道来筹集资金，就会产生破产的风险。对于小规模新兴企业来说，扩张及过度交易是非常常见的破产原因。

相反，一个企业就算盈利状况很差，它短期内仍然可以通过压缩营运资金规模的方式（例如，企业可以延长对供货商的还款期，减少存货的库存量，要求客户提早付款等）而使它的经营活动产生的现金流暂时仍然是正数。从短期来看，它的经营活动产生的现金仍然会改善企业的现金流状况，但是，这种情况是不可持续的，因为营运资本是不可能无限制地压缩的。另一个潜在的负面效应是，企业的供货商及客户都不会欢迎企业这种压缩营运资本的方式，最终企业会因为这样的方式失去市场。而且，如果企业未来再想把营运资本恢复到原来的规模，就会产生大量的现金流出。综上所述，通过降低营运资本的方式来改善经营活动现金流，是一种经营状况不佳的表现。

■ 当期利润中的不涉及现金的项目

利润中含有各种非现金项目。例如折旧，如果公司的折旧费用比较高，那它的经营活动产生的现金一定高于它的利润。但是要注意的是，这类公司一般持有的固定资产都比较多，所以一部分经营活动产生的现金流要用来添置、更新固定资产（购买固定资产产生的现金流出会记录在投资活动产生的现金里）。

■ 支付税金

另一个重要的数据是企业支付了多少税金。

计算企业支付的税金，我们要把利润表中的所得税费用和资产负债表中的应付税金结合起来考虑。

计算方法如下：

应交税金期初余额	×
加：当年所得税费用	×
总计应交税金	×
减：应交税金期末余额	×
本期支付的税金	×

在这里，我们需要关注的是企业是否按期支付了税款。延期支付税款，说明该企业的经营运作一定存在问题。

4.4.2　投资性现金流

对于现金流量表的分析，下一个我们要考虑的是自由现金流。所谓的自由现金流，是指扣减（增加）替换性资本性支出（收入）后的现金流。

资本性支出可以分成两个部分：

■ 更换或者修理固定资产而产生的资本性支出——也就是当固定资产到了可使用年限时，为了保证业务的正常开展，企业在购买新的固定资产来替换老的时所发生的支出。

大部分的资产都是有可使用年限的，当资产使用年限久了以后，修理费用就会逐渐增加，所以企业通常会定期更换固定资产，避免修理费的不可控，而带来利润的减少。

■ 扩张性资本支出——这不是一个必需的资本性支出，只有在企业扩张时才会发生这类支出。这时一般预期收入会增长，随之需要的营运资本也会增加。

比较困难的是，从会计报表我们看不出来这种资本性支出到底是替换性的还是扩张性的。但是我们可以从年折旧费用的大小来作出一个大概的判断。常规固定资产的替换大多发生在替换需求出现的时候。高于替换需求的资本性支出，我们认为都属于扩张性的。

我们确定了替换性资本支出之后，就可以算出自由现金流。自由现金流是公司经营活动产生的现金扣除替换性资本支出之后的余额，一般情况下应该是正数。如果企业的自由现金流是正数，那么它就可以用自由现金流进行新的投资，以扩展自己的业务，或者降低负债。可见，不论企业如何使用其自由现金流，都是经营状况良好的表现。但如果自由现金流是负的，那么企业要想持续经营下去，就必须举债，从长期来看，企业的经营状况是不健康的。

4.4.3　融资性现金流

最后我们要考量的一个因素就是企业是怎样使用它的自由现金的，及其对投资者的影响。企业把钱拿来支付大量的股利了？还是把它用来偿还债务了（这两种情况都会体现在筹资活动产生的现金的报表项目里面）？或者企业把这部分自由现金留存在企业用于业务扩展了（也就是说该企业是一个成长型的企业）？不同的投资者对企业对其自由现金的使用有不同的解读和各自的偏好。

■ 新的筹资

就像我们前面所说的，如果企业处在扩张期，它不是需要在内部留存足够的利润和自由现金，就是必须从外部筹集更多的资金，以满足企业扩张的需要。

从公司银行的角度，借款人必须保证业务的扩张会给企业带来足够的自由现金流来偿付新增加的借款的本息，而不是给整个企业的经营业绩带来负面的影响。

■ 支付的利息

对利息数据的分析，我们应当把当年数据与历年利息支付水平进行对比，并找出差异的原因。一般情况下，这种差异是因为利率的变动或者是借款规模的变化引起的。如果是因为借款比上年增加了，我们必须找出企业借款的用途。如果借款比上年减少了，那么我们必须找出用来偿付借款的资金来源。

现金流量表中支付的利息，还应该和利润表中的利息费用进行比对。如果差额较大的话，必须要求企业解释其中的原因。这种差异有可能是因为其利润表是根据权责发生制编制的，而现金流量表是根据收付实现制编制的。例如，我们每年支付一次债券利息，而该债券发行日是会计期的第一个月月末，那么到会计期年末，在利润表上计算的是 11 个月的利息，但是现金流量表上利息支付的金额就为零。

将支付的利息与用资产负债表中的借款余额乘以借款利率进行比对，也是一种很有效的分析方法。例如，如果当期支付的利息和利息费用，相比于会计期末的借款规模来说都比较低的话，就应当找出其中的原因。这有可能是因为借款发生在接近会计期末的时点。我们可以通过借款的期初余额，看它是不是比期末的借款余额要小很多来判断。

公司的负债比率是否合理也是我们需要考量的。我们可以把支付的利息和企业的经营活动产生的现金进行比对，看经营活动所产生的现金流是借款利息的多少倍，以衡量一个企业的偿债能力。

利息偿付比率我们可以用以下的公式来计算。计算的结果会表明经营活动产生的现金流是我们支付利息的多少倍。这个数据越高，说明企业的偿债能力越强。

$$利息偿付比率 = \frac{经营活动产生的现金}{支付的利息}$$

■ 支付的股利

支付的股利总是跟企业当期的经营成果（当期利润）密切相关。如果公司的利润增长了，那么它的每股股利就很有可能增加。不过有时公司为了使股东在短期内不至于对企业有过多的不满，会在利润下降的情况下，仍然维持股利稳定的增长。

现金流量表可以用来评估企业在目前的条件下，是否能够产生足够的现金以支付股利。

4.5　现金流量表预测

思考题：

现金流预测应当包含哪些内容？

对公司当期的财务报表进行分析是有意义的，但是，对未来财务报表的预测和分析会更有启发。因为，未来的盈利决定了公司将来及时偿债的可能性，而这将决定公司的信用质量。当然，公司银行家不可能清楚地知道客户公司未来的财务状况，财务预测是基于对未来经济条件、市场行为和管理活动的假设，对历史模式或关系的一种延伸。只有在假设前提是相对准确的条件下，财务预测才能与未来的实际情况相符。

现在我们进一步来看看现金流预测以及对现金流状况进行持续监控分析的重要性。公司银行家的职责之一就是对客户现金流进行监控，将其控制在贷款限制条款的范围之内。这种监控帮助在控制企业还贷风险的同时，控制银行的风险。现金流预测是企业计划的一部分。我们希望看到企业按其计划向前发展，尤其是现金流要在可控的范围之内。

4.5.1　现金流预测

我们在前面的章节已经学习了现金流量表，现在让我们来看看如何使用现金流预测数据。我们知道，现金流预测就是对现金收支的预测。当一个新成立的公司申请贷款时，我们通常会看该公司第一年的现金流预测。但是，如果我们可以看一个更长的周期，那么得到的信息会更有价值。因为通常对一个新成立的公司来说，它的第一年正处在一个成长期，在此期间，公司的收入和支出很有可能都是非正常的、不可持续的。但是，如果我们可以再进一步去研究它第二年的信息时，我们对企业的未来就可以有一个更合理的预期。

在做新公司现金流预测时，我们一般会让其将财务数据按月编制，以提供更为细致的内容。

4.5.2　编制现金流预测

通常来说，客户会根据自己的现金流预测向银行申请一个贷款额度。如果我们不知道现金流预测是怎么作出来的，就不可能依据这个预测作出一个合理的判断。有时候，客户不知道现金流预测是怎么回事，更不用说去编制它了，这时候就需要给客户一些专业帮助。在做客户经理的头几年里，这可能是最困难的问题。

一般来说，对于如何编制现金流预测，不需要给客户太多的指导，因为客户可以找专业会计师来完成报表的编制工作。但需要特别提醒的是，编制现金流预测绝对不是为了让银行满意，而是企业管理和控制中的非常重要的环节。客户编制完成了现金流预测以后，我们要向客户询问数据来源，确定这些数据都是准确、可靠并可实现的。

下面这个案例可以帮助大家理解现金流预测。在这个案例分析中，我们会看到详细的现金流预测报告。

案例研究：现金流预测

一个新客户计划成立一个私人会所。关于这个会所的现金流及其他的商业计划如下：

这个会所可以容纳 400 人。预计它在周五和周六可以各吸引 300 位顾客，周日一般可以吸引 200 位顾客。入场费每位每晚是 30 元。其他的晚上，会所可以包租，每晚的价格是 1 500 元，预计每周会有两晚包租。客户根据其他地区同规模会所的情况，估算出酒水收入预计平均每人每晚是 50 元，另外有 10 元是食品消费。

关于支出，一般来说，酒水销售的毛利率在 50%，其中食品销售的毛利率通常是 40%。对于员工薪酬，除了会所经理、办公室秘书、清洁工两名、乐队以外，大部分会雇用兼职员工。

兼职员工人员预计营业时间每晚 10 人。员工每月工资情况如下：

	元人民币
会所经理	12 000
办公室秘书	7 500
乐队	20 000
清洁工（5 000×2）	10 000
其他员工	78 000
总计	127 500

注：其他费用是根据会所经营经验及外地会所经营的情况预计的，没有单列出来。

所有收入数据，都是以最保守的情况估算，而成本都是按最高标准估算，所以这些估算的数字是完全可实现的。

因为这个案例主要是用来阐述如何对现金流进行监管，所以案例中没有给出实际贷款申请的细节描述。

请根据该会所提供的现金流预测表，对其进行分析。

收入数据　　　　　　　　　　　　　单位：千元人民币

月份	1月	2月	3月	4月	5月	6月	7月	8月	9月	10月	11月	12月	总数
星期数（周）	4	4	5	4	5	4	4	5	4	4	4	5	52
收入													
酒水销售收入	240	240	300	240	300	240	240	300	240	240	240	300	3 120
食品销售收入	48	48	60	48	60	48	48	60	48	48	48	60	624
入场费	144	144	180	144	180	144	144	180	144	144	144	180	1 872
包场费	12	12	15	12	15	12	12	15	12	12	12	15	156
总计	**444**	**444**	**555**	**444**	**555**	**444**	**444**	**555**	**444**	**444**	**444**	**555**	**5 772**

支出数据 单位：千元人民币

月份	1月	2月	3月	4月	5月	6月	7月	8月	9月	10月	11月	12月	总数
星期数（周）	4	4	5	4	5	4	4	5	4	4	4	5	52
支出													
酒水销售成本	120.00	120.00	150.00	120.00	150.00	120.00	120.00	150.00	120.00	120.00	120.00	150.00	1 560.00
食品销售成本	19.20	19.20	24.00	19.20	24.00	19.20	19.20	24.00	19.20	19.20	19.20	24.00	249.60
工资	127.50	127.50	127.50	127.50	127.50	127.50	127.50	127.50	127.50	127.50	127.50	127.50	1 530.00
杂费	15.00	15.00	15.00	15.00	15.00	15.00	15.00	15.00	15.00	15.00	15.00	15.00	180.00
保险费	1.00	1.00	1.00	1.00	1.00	1.00	1.00	1.00	1.00	1.00	1.00	1.00	12.00
取暖费	5.00	5.00	5.00	5.00	5.00	5.00	5.00	5.00	5.00	5.00	5.00	5.00	60.00
维修维护费	3.00	3.00	3.00	3.00	3.00	3.00	3.00	3.00	3.00	3.00	3.00	3.00	36.00
办公费	2.00	2.00	2.00	2.00	2.00	2.00	2.00	2.00	2.00	2.00	2.00	2.00	24.00
差旅费	2.00	2.00	2.00	2.00	2.00	2.00	2.00	2.00	2.00	2.00	2.00	2.00	24.00
广告费	7.00	7.00	7.00	7.00	7.00	7.00	7.00	7.00	7.00	7.00	7.00	7.00	84.00
服务费	3.00	3.00	3.00	3.00	3.00	3.00	3.00	3.00	3.00	3.00	3.00	3.00	36.00
许可费用	2.00	2.00	2.00	2.00	2.00	2.00	2.00	2.00	2.00	2.00	2.00	2.00	24.00
贷款利息	3.00	3.00	3.00	3.00	3.00	3.00	3.00	3.00	3.00	3.00	3.00	3.00	36.00
贷款偿付	3.50	3.50	3.50	3.50	3.50	3.50	3.50	3.50	3.50	3.50	3.50	3.50	42.00
增值税	—	—	9.00	—	—	9.00	—	—	9.00	—	—	9.00	36.00
总计	313.20	313.20	357.00	313.20	348.00	322.20	313.20	348.00	322.20	313.20	313.20	357.00	3 933.60
现金收支净额	130.80	130.80	198.00	130.80	207.00	121.80	130.80	207.00	121.80	130.80	130.80	198.00	1 838.40
期初余额	—	130.80	261.60	459.60	590.40	797.40	919.20	1 050.00	1 257.00	1 378.80	1 509.60	1 640.40	
期末余额	130.80	261.60	459.60	590.40	797.40	919.20	1 050.00	1 257.00	1 378.80	1 509.60	1 640.40	1 838.40	

现金流预测表数据检查

以上表为例，我们来看一下现金流预测表数据是怎么来的。从收入数据来看，我们可以把企业商业计划书数据和现金流预测表数据进行比对。

例如，酒水的销售收入预计是每人50元。如果周五、周六共有400名顾客，其他时间除去两个包场工作日共有800名顾客，那么：

对于四周的那几个月，酒水销售收入：1 200×50×4 周＝240 000 元/月；

对于五周的那几个月，酒水销售收入：1 200×50×5 周＝300 000 元/月。

按这个方法核对其他收入类现金流预测表项目，会发现这张现金流预测表中的报表项目基本是正确的。但是这与事实有多接近呢？

所以，你必须确定关于收入和费用的假设是现实的。现金流预测是基于假设而建立的，这些假设的准确性需要打个问号：客户是否能够按预期达到目标？客户的假设是否合理？

最简单的测试方法，就是问我们自己，要开一家会所会有哪些开支。通过回答这样一个问题，我们可以分析出商业计划书的可行性。在对计划书中的数据向客户进行寻证时，我们的问题不必过于复杂，比如我们可以问客户每晚的顾客人数是怎样得出的。通过客户的回答，我们可以看出他们是否做过充分的市场调研。例如，他们可能会告诉你他们的收入数据是根据行业平均数据来计算的。这可能是正确的，但是我们必须确定收入数据没有虚增，例如让客户提供行业平均数据等。

对于费用支出方面的现金流，我们也应该做同样的检查。第一步是做数学运算检查，就像前面的收入类项目一样。如果这些都没问题，我们再逐个检查每个项目数字的正确性。

会所销售成本和食品销售成本

企业计划书说这些数据是和收入有关的。例如，酒水销售成本是收入的 50%，而食品销售成本是收入的 60%。对于这一行业来说，我们除了要检验这样的成本率是否正常，还要检验这些数字对于这家企业来说是否现实。对于这些数据的可靠性验证，我们可以利用过往经验，借鉴同行业的其他企业，或者是银行自己的行业平均水平的信息。

工资

比总数更重要的是下面的两个问题：

■ 预算表中员工的人数，对企业的经营来说是否足够？

■ 预算表中的工资水平有竞争力吗？

从贷款申请人对这些问题的回答可以看出他们对劳动力市场做了多少考察，以及他们给出的数据是否正确。对工资费用预算的变动，我们都要修改相对应的现金流量表数据，然后看修订以后的现金流预测表数据是否与修改以前有很大的区别。

从现金流预测工资总额，我们可以计算出员工人数。因为员工人数与企业销售额是息息相关的，我们可以将销售额与员工人数比对，看是否匹配。通过对上面两个问题的了解，我们不仅能够了解这两个数据，而且还可以确定我们对于企业给出的现金流量表数据，到底可以持有多大的信心。

杂费、保险费、广告费、许可费、贷款偿付和贷款利息

这些数据，可以通过询证函、税单、保险单或者其他的协议进行验证。广告费，是管理者可以控制的费用，但是我们可以询问客户计划在哪里登广告，然后通过核对广告代理商的价目表来核算广告费是否合理。

其他费用

对于所有的其他费用，面临同样的问题：相关的数据合理吗？有时我们可以得到可靠的信息，例如过去的电费单、发票等，但是有些数据我们要依靠客户的过往经验，例如维修维护的费用。

总结

总体来说，当我们在查阅现金流预测表数据时，始终要问的一个问题就是客户是怎么得出这些数据的？对于这些预测数据，它的基本假设是什么？只有搞清这些问题，我们才会对报表数据的准确性与可实现性有信心。我们对于现金流预测表中的每个报表项目数据都要问自己一个问题，它看起来合理吗？现实吗？它和公司商业计划书中的陈述相符吗？它和客户的顾客的陈述相符吗？

现金流预测另一个重要的基本假设是企业的交易条款。企业的供应商给企业的赊购期多长？现金流预测表中的付款数据和赊账期相符吗？同样，现金流量表中关于应收账款的收账现金流预算与企业应收账款的收账期相符吗？此外企业的这些交易条款与商业惯例相符吗？（这个问题对于现金流量的预算来说也是很重要的）

关于我们案例中的这家会所，如果数据准确的话，企业运营非常健康。在运营的第一年里，企业每个月的现金净额就都是正的，这确实出人意料。会所是个现金流比较充沛的行业，因为顾客消费总是付现的，应该基本没有应收账款，但是会所却可以向供应商赊购。但是这是一家新企业，运作起来可能不一定会如想象的那样顺利。

同意贷款之后，我们要观察企业的运营及现金流状况，特别是公司的银行账号。任何数据的变动，我们都要认真地分析其影响。

4.5.3　现金流预测分析

现在我们知道现金流预算是怎么编制的，但是这还不够。我们要请客户描述他们

的资金运作方式，以帮助我们决定是否放贷。除此之外，我们还要注意对客户实际经营业绩指标的监控，将实际发生数据与预测数据进行比对，才会让你对客户的预测数据及企业的运作情况有一个更清晰的了解。

换句话说：

■ 首先现金流运作规划会告诉我们企业申请的信贷是否合理。

■ 一旦企业开始运作，我们可以看出原先预测数据的准确性，以及按实际情况来看，信贷期应当多长。

如果我们在早期就发现现实与预测数据存在差异，便可以提醒客户注意这种差异，帮助他们采取补救措施，以避免出现更大的问题。

举个简单的例子，如果发现客户资金透支量和原来预测的有出入的话，我们就可以建议客户对自己的顾客收紧应收账款账期，从而降低他们对于透支的依赖。

对现金流预算的分析，很自然地会使我们注意到企业现金流的主要来源：资产负债表上的营运资本。我们知道，对于企业来说，特别是生产型企业来说，营运资本循环实际上就是一个企业现金流的循环。企业的现金，用于向供应商购买生产所需要的物资，通过企业的生产，把它们加工成成品，然后再卖给自己的顾客，形成应收账款，当顾客支付这些应收账款，现金又回到企业（对于服务型企业来说，这种循环会更简单一些）。收回企业的现金还会再用于支付企业的开支，从而进入下一个循环。

让我们一起来看一下营运资本循环中的主要内容：

存货控制

存货占用的资金，如果堆积则无法给企业带来现金和利润。存货是流动资产中流动性最差的资产，而且其持有成本，相关的利息成本很高，不时还会发生毁损。

如果库存量太低，它会使企业失去订单或者影响生产。所以存货必须由资深管理人员来控制管理，并且要设置企业的最高和最低存货需求量。

对于存货来说，还有一个很重要的问题，是它的安全性。我们要紧密监控存货周转率或者存货周转天数的数据。

应收账款控制

企业要在市场上立足，对顾客一定会有一些信用政策，允许顾客有一定时间的付款期限或者叫应收账款账期。当然，这种账期因人而异。通常应收账款是企业资产中余额很大，甚至是最大的一个项目，所以我们对这个项目要好好审核。对于企业来说，应收账款应当根据行业正常情况来确定，但是对于单个企业来说，仍然要考虑企业的资金状况是否能够承受所给出的账期。

当我们检查应收账款项目时，应当向客户询问他们的账龄比较长的应收账款，看他们是否已经就这些应收账款向他们的顾客开出了发票，以及要求他们尽快收款，以避免坏账的发生。账龄越长，坏账的风险就越大。小企业通常对应收账款的回收管理会比较松懈。

应付账款控制

对原材料采购合同条款的管理必须是有效的。这不仅仅指与供应商协商的赊账期，还包括采购的原材料种类、质量要求。每次的采购数量，应当视企业存货管理的需求而定。

对于应付账款付款期的协商，企业应当充分考虑现金折扣的因素。但是一旦采购合同的相关条款确定签字了，就应当充分尊重合同条款的规定。如果付款期很短，那么企业会有一个比较好的信誉，但是对现金流的管理来说，可能会有负面影响。相反，如果企业的付款期很长，对其现金流会有正面的影响，但是企业会失去现金折扣，供应商会不乐于为其供货。

表 3-6　假定企业经营的前三个月情况　　　单位：千元人民币

月份	1 月		2 月		3 月		总数	
星期数（周）	4		4		5			
收入	预测数	实际数	预测数	实际数	预测数	实际数	预测数	实际数
酒水收入	240	228	240	235	300	280	780	743
食品收入	48	45	48	47	60	58	156	150
入场费	144	120	144	130	180	120	468	370
包场费	12	9	12	10	15	13	39	32
收入合计	444	402	444	422	555	471	1 443	1 295
支出	预测数	实际数	预测数	实际数	预测数	实际数	预测数	实际数
酒水成本	120.00	114.00	120.00	116.00	150.00	142.00	390.00	372.00
食品成本	19.20	28.20	19.20	27.00	24.00	30.00	62.40	85.20
工资	127.50	109.00	127.50	107.00	127.50	107.00	382.50	323.00
杂费	15.00	13.00	15.00	13.00	15.00	13.00	45.00	39.00
保险费	1.00	1.00	1.00	1.00	1.00	1.00	3.00	3.00

月份	1月		2月		3月		总数	
星期数（周）	4		4		5			
支出	预测数	实际数	预测数	实际数	预测数	实际数	预测数	实际数
取暖费	5.00	5.00	5.00	5.00	5.00	5.00	15.00	15.00
维修维护	3.00	3.00	3.00	3.00	3.00	3.00	9.00	9.00
办公费	2.00	1.00	2.00	1.00	2.00	1.00	6.00	3.00
差旅费	2.00	1.50	2.00	1.50	2.00	1.50	6.00	4.50
广告费	7.00	8.00	7.00	8.00	7.00	8.00	21.00	24.00
服务费	3.00	2.00	3.00	2.00	3.00	2.00	9.00	6.00
许可费用	2.00	2.00	2.00	2.00	2.00	2.00	6.00	6.00
贷款利息	3.00	3.00	3.00	3.00	3.00	3.00	9.00	9.00
贷款偿付	3.50	3.50	3.50	3.50	3.50	3.50	10.50	10.50
增值税					9.00	9.00	9.00	9.00
支出合计	313.20	294.20	313.20	293.00	357.00	331.00	983.40	918.20
现金收支净额	130.80	107.80	130.80	129.00	198.00	140.00	459.60	376.80
期初余额	—	—	130.80	107.80	261.60	236.80		
期末余额	130.80	107.80	261.60	236.80	459.60	376.80		

以上数据，我们首先应该看的是最后一行，比较每月月末银行存款余额的预测数和实际数。我们立刻就会看出现金流实际情况不像预测数那么好，特别是到第三个月月末，因为需要支付增值税，期末的银行存款余额与预测数相差较大。对此我们需要全面仔细地检查现金流预测表内所有相关数据，找出差异原因。

接下来，我们需要将现金流量表中的所有收入支出数据的预算数与实际数进行比对，找出差异较大的地方，与企业讨论，找出原因。

收入项

这块数据预算数与实际数之间没有明显差异。记住这些收入预算数据我们都是预测出来的，而它们的实际偏离率在5%以下。这种偏差是正常的。一般情况下，如果一个刚开业的企业能够编制出这么准确的预算数据，已经是非常令人满意的了。

但是我们也应当注意到一个迹象——实际收入并不像预计的那样好。以后是否会有增长是我们需要关心的。

支出项

再来看支出，实际数与预测数据也没有很大的差异。实际数比预测数还低。我们需要注意的是成本与收入的比例。如果它们的销售收入变化了，那么支出方相关的成本应当同比例变化。因而，支出的下降其实是由于收入的下降造成的。除此之外，其他的实际支出基本都与预计数差不多。

在批准企业贷款以前，我们必须确定以下两个问题：

■ 企业贷款有足额的担保吗？这些担保对银行来说可以接受吗？

■ 企业股东采取了哪些措施以改善现状？

这两个问题，只有你都能找到令自己信服的答案，才能批准企业的贷款。

总结

现金流预测对于预计企业的现金流入及流出是很有必要的。销售商品及服务所收到的现金也很能说明企业过去经营得如何，以及未来企业会如何发展。就算它体现不了未来企业的全部情况，至少我们可以以它为依据，对企业未来的现金有一个合理的预计。现金对于一个企业来说，绝非小事。如果没有现金，企业就不能支付账单、偿付欠款。供应商、企业的债权人，包括银行，都希望欠款得以归还。如果企业的信用不好，供应商会拒绝给企业提供赊购、银行会拒绝企业贷款，最终会导致企业经营不下去，企业无法经营，最终破产。

我们需要密切关注企业的情况，这样不但可以防止借款企业的现金流出现重大问题，而且可减少银行为了追讨这些欠款而不得不采取的法律手段，这对我们、客户和银行都是有利的。

5　财务比率分析运用

5.1　概述

思考题：

比率分析有哪几类？各有些什么比率？

公司的财务报告除了我们已经接触到的利润表、资产负债表、现金流量表、所有者权益表和相关的财务报表附注外，还有审计报告、管理层报告等。其中包含了大量的信息，在那么多的信息中要获取有用的信息，必须要使用一些工具来更好地帮助使用者对报告进行解读，例如比率分析。

公司股东是财务报表的主要使用者，其他的使用者包括公司的债权人、债务人、政府职能机关及税务机关等。财务报表的使用者希望能够通过财务报表的比率分析对他们的投资风险和投资回报进行详细研究。

比率分析主要有以下四个大类：

■ 利润率分析

利润率分析通常用来衡量公司日常经营活动的盈利表现，例如公司的毛利率分析及净利润分析。

■ 流动性分析

流动性分析主要用来评估公司的交易风险，用于衡量公司是否能够准时清偿债务。

■ 投资比率分析

投资比率分析主要用于分析公司股东及债权人的投资回报。

■ 杠杆比率分析

杠杆比率通过对公司债务情况的具体分析，为公司股东及债权人提供相关投资风险的信息。

在接下来的内容中，我们会举例告诉大家如何通过资产负债表和利润表中的财务数据进行比率分析，并且阐明比率分析在公司财务报表分析中的作用。

5.2 比率分析的用途

思考题：

怎样更有效地进行比率分析？

请描述一下比率分析的重要性。

公司活动分为营业活动和筹资活动，公司通过筹资活动筹集资金，用于开展营业活动，分析这两类活动中的风险与回报也就成为财务报表分析的重点。

比率分析由于其相对容易理解的特点，可以帮助公司更好地进行财务信息整理和分析。但是，比率本身是一个孤立的数据，它必须通过合理的对比分析才有意义，例如：

■ 本年数据与历年数据的对比分析；

■ 本公司与同行业竞争者的对比分析；

■ 公司实际财务数据同预算数据的对比分析等。

我们可以由此看到公司财务状况的变动。通常而言，如果当期的比率和上一年相比没有大幅度变化，就说明公司今年的投资风险和收益不会有明显的变动。

总而言之，我们可以使用比率分析来了解一个公司在一定期间内财务状况的变动趋势。这种变动趋势分析能帮助投资者更好地了解公司。

在使用比率进行财务分析时，我们主要关注三个方面：

第一个方面是公司在比率上发生的重大变动，例如，某些比率和上年相比产生重大的变化，或者比率和公司预算或同行业竞争者的比率相比存在重大的差异。这些差异在一定程度上反映出公司存在一些异常的情况。

第二个方面是公司在一段时间内的趋势表现。根据趋势分析，可以在一定程度上预测公司自身的投资风险和投资回报在一定期间内的上升或者下降。

第三个方面是需要根据报告的使用者及其具体的需求来对财务报告进行具体分析。对于不同的财务报告使用者，他们对分析的需求会有所不同：

公司的管理层和员工比较关心公司资产的使用状况及使用效益，例如：

■ 公司经营活动及盈利能力：公司经营活动及盈利能力主要是指公司在日常经营活动中获取利润的能力，这一指标可以通过利润比率来体现。

■ 公司资产的流动性及营运资本的控制情况：公司资产的流动性及营运资本控制主要关注于公司日常生产经营所需要的资源，流动性比率通常用于反映这一指标。

投资者和债权人比较在意公司的筹资活动状况，例如：

■ 公司的财务表现和投资比率：公司的财务表现和投资比率主要用于衡量公司对其债权人及股东投资的回报（利息、股息）。

■ 财务杠杆及其状况：财务杠杆主要用于衡量公司的资本架构和筹资情况。

对于利益相关者而言，只要公司仍然运营，他们均会持续关注公司的运营活动、投资活动及筹资活动的情况。

需要大家注意的是，在比率计算时，除了每股收益以外，其他比率都没有固定的计算公式。我们接下来介绍的公式均采用相对较为标准且常用的计算方式，但这些计算公式中的一些内容在特定的使用环境下可能会产生争议。在进行财务分析时，需要根据特定的环境选择最合适的方法计算比率。并且比率的计算方法一旦确定就不再更改，公司历年的财务数据必须按照相同的方法计算比率，在与竞争者进行比较时，比率的计算也必须关注其一致性。

例如，在考虑如何合理地归集公司的银行借款时，我们需要考虑的是将其归集为营运资本（流动负债），还是将其归集为长期借款费用（非流动负债）。

我们从两个角度来看这个问题，一方面，需要银行借款可能是由于公司债务人当月的付款速度放缓，而公司支付债权人的速度不变，从而导致公司银行存款紧缺。另一方面，也有可能公司长期通过银行借款的方式为日常经营活动提供资金。如果我们对公司的银行借款进行长期的趋势分析，可能会发现，一部分的借款长期在公司账面，可以视作公司的长期借款费用（非流动负债），而另一部分超出平均水平的借款可能是公司为了经营活动而临时借用的资金，可视作营运资本（流动负债）。当然，如果我们分析的是同一公司在不同时点的比率，还需要保持比率计算的一致性。

因此，这一问题没有明确的答案，但这两种可能性均需要纳入考虑。在实际操作中，我们可以先将其归集入流动负债计算比率，再将其归入非流动负债再次计算比率，分别观察其趋势。在使用比率前，我们需要合理地定义该比率的计算方法，防止由于不同的计算方式而导致认识上的偏差。

5.3　示例

接下来，让我们看一下 A 公司的财务报表，并以此来学习财务比率的计算与分析。

5.3.1　资产负债表与利润表

A 公司 20×1 年 12 月 31 日资产负债表　　　单位：千元人民币

资产		负债和所有者权益	
流动资产：		流动负债：	
现金及现金等价物	12 850	短期借款	34 158
应收账款	55 764	应付账款	37 404
存货	38 840	应交税费	3 250
短期投资	7 852	其他流动负债	12 520
流动资产合计	115 306	流动负债合计	87 332
		非流动负债：	
非流动资产：		长期借款	8 890
长期投资	1 684	非流动负债合计	8 890
固定资产	37 462	负债合计	96 222
无形资产	7 852	所有者权益（或股东权益）	
非流动资产合计	46 998	实收资本（股本）	35 850
		资本公积	11 946
		未分配利润	18 286
		所有者权益合计	66 082
资产合计	162 304	负债和所有者权益合计	162 304

A 公司 20×1 年 12 月 31 日利润表　　　单位：千元人民币

营业收入	271 522
减：营业成本 *	167 208
毛利润	104 314
减：销售费用	45 922
管理费用	45 424
财务费用——支出	6 352
加：财务费用——收入	730
利润总额	7 346
减：所得税	2 744
净利润	4 602
每股收益	0.1237
每股股利	0.0625

　* 本例中的公司固定成本假定为 59 684 000 元，变动成本为 198 870 000 元。

5.3.2 其他信息

■ 每股票面价值 1 元；

■ 普通股股利 2 240 000 元；优先股股利 168 000 元；

■ 股利分配后的除权股票市场价格 2.20 元/股；

■ 长期借款中，有 146 000 元为抵押借款，其余为无抵押借款。

5.4 利润比率

思考题：

在进行利润分析时，我们可以使用哪些比率？

我们去衡量营运资产的效率时，通常会使用哪个公式？

请描述什么是盈亏平衡，如何计算？

已动用资本回报率、利润率和资本周转率之间有怎样的关系？

利润比率分析通常用来衡量公司日常经营活动的盈利表现。经常会使用到的利润比率包括已动用资本回报率、利润率、资产周转率、运营杠杆、盈亏平衡等。

5.4.1 利润率

■ 基本公式

利润率主要用来衡量公司每卖出 1 单位的商品可以获得的利润。因此，利润率的基本公式如下：

$$利润率 = \frac{净利润}{营业收入}$$

这里存在的一个问题是，并非所有净利润的组成部分都与营业收入相关，例如：

■ 利息收入

■ 固定资产处置收益等

这些都是公司净利润的组成部分，但与公司收入没有关联。所以，在一些情况下，使用毛利或者息税前利润来计算利润率更为合理。

总结：利润率可以在不同的利润水平上进行计算，例如：

■ 毛利润

■ 营业利润

■ 净利润

■ 息税前利润

为方便起见，我们将在例题讲解中使用息税前利润来计算利润率。

■ 例题

我们使用 5.3.1 中列示的财务报表数据进行计算如下：

$$毛利率 = \frac{104\ 314\ 000\ 元}{271\ 522\ 000\ 元} = 0.3842\ 或\ 38.42\%$$

$$息税前利润率 = \frac{13\ 698\ 000\ 元}{271\ 522\ 000\ 元} = 0.0504\ 或\ 5.04\%$$

在计算利润率时，我们需要关注的不仅仅是计算的数字结果，更多的是需要关注利润率变化的原因及其可能产生的后果。

首先，如果利润率上升，这是一个积极的信号，即表示公司的利润水平有所提高。但是，较高的定价会吸引更多的竞争者加入市场，从而使公司的市场占有率降低。此外，如果利润率的提高是以牺牲客户利益为前提，那么很可能会导致公司客户忠诚度减弱。

相反，利润率的下降可以视为一个危险信号。它可能是由于价格渗透战略或开发费用上升而导致的。公司开发费用上升会导致当期的利润下降，开发收益需在以后年度逐步显现。

5.4.2　已动用资本回报率

公司的管理层通常会使用已动用资本回报率来计算公司的盈利水平。

■ 基本公式

$$已动用资本回报率 = \frac{利润或（税前利润 - 利息费用）}{已动用资本}$$

这个公式里的利润可以理解为公司的营业利润加上利息收入及其他投资收入，即公司通过使用资源开展日常经营活动而获得的收入。

大家要注意的是，在这里，利润金额是不考虑利息费用对其影响的，因为利息费用取决于公司的筹资活动（借款越多，利息支出越大），而非公司自身的盈利能力。具体列示如下：

	元人民币
税前利润	7 346 000
加：利息费用	6 352 000

息税前利润	13 698 000

通常，我们也将此利润称为息税前利润。

在计算已动用资本回报率时，我们需要把公司当年通过经营活动获得的利润和为了获得这些利润所动用的资本或资产相配比。

我们可以从融资角度或者经营角度计算已动用资本金额。根据 5.3.1，计算如下：

融资角度：已动用资本 = 所有者权益 + 长期借款 + 短期借款

109 130 000 = 66 082 000 + 8 890 000 + 34 158 000

经营角度：已动用资本 = 资产总额 − 流动负债（不包括公司短期借款）

109 130 000 = 162 304 000 − （87 332 000 − 34 158 000）

对于已动用资本，我们一般认为使用当年的平均值水平来计算是最为合理的。但是，由于当年动用资本的平均值水平很难统计获得，所以一般会使用年底的余额来计算该数值。

为保持一致和方便计算，在进行已动用资本回报率计算时，我们假设所有需支付利息的资金全部为长期借款费用。

■ 例题

$$已动用资本回报率 = \frac{13\ 698\ 000\ 元}{109\ 130\ 000\ 元} = 0.1255\ 或\ 12.55\%$$

■ 潜在问题

如上所述，我们认为最好使用当年的平均值水平来计算已动用资本，从而能把公司当年通过经营活动获得的利润和为了获得这些利润所动用的资本或资产相配比。由于已动用的资本平均值水平很难进行估量，所以我们一般会使用年底的余额来进行核算。这可能导致比率在计算时产生偏差，特别是当公司的已动用资本在该期间有较为明显的波动时，例如，公司当年并购了一家子公司，或者年末向银行进行大额的借贷。在这些情况下，使用年末的余额作为基础计算已动用资本均可能产生高估的情况。

在确认了已动用资本金额后，我们需要考虑还有哪些因素会导致该比率发生变动。根据其公式，其他可能导致比率变动的因素主要有：利润率的变动或者收入金额变动。

5.4.3　资产周转率

■ 基本公式

资产周转率用来衡量营运资产的效率，具体公式如下：

$$资产周转率 = \frac{营业收入}{已动用资本}$$

一般我们使用已动用资本作为公式的分母。但是，与利润率一样，并非所有的资产都和经营收入水平相关，例如，投资收益等。因此，在实际操作中，使用和营业收入相关的资产金额进行衡量会更为合理。在以下列示中，我们使用已动用资本进行计算。

■ 例题

我们使用5.3.1中列示的财务报表数据进行计算如下：

$$资产周转率 = \frac{271\ 522\ 000}{109\ 130\ 000} = 2.49$$

■ 潜在问题

与已动用资本回报率的计算一样，我们用全年的业务水平（收入）和年末资产负债表项目余额（已动用资本）之比来计算资产周转率。除非公司年末的资产余额可以代表公司全年平均动用资产的水平，否则会导致该比率在计算时产生偏差。

例如，公司在年末时，购买了一家子公司或增加融资资本，那么公司年末的已动用资本余额会高于全年的平均水平。

此外，公司的会计政策对该比率的计算也会产生一定影响。例如，固定资产的价值重估，会使得已动用资本金额上升。

在计算过程中，我们很难避免这些导致误差的因素。所以，我们在计算这些比率时需要注意可能产生的误差。

我们在分析资产周转率时不仅需要关注数字上的计算结果，还需要分析导致该结果的原因是什么。

仅从数字角度上看，资产周转率上升一般意味着积极的信号。但我们在分析资产周转率时不仅需要关注数字上的计算结果，还需要分析导致该结果的原因是什么。

一般认为，资产周转率上升由以下原因导致：

■ 过度交易，公司可能会产生流动性风险。

■ 资产减少，公司的销售情况没有变动，但资产金额大幅度下降。

我们可以将资产周转率继续细分。例如，可以将其分为营运资产周转率和非流动资产周转率，对于特定的行业，这些比率都有其广泛的用途。非流动资产比率适用于拥有大量固定资产的资本密集型行业。分析者需要决定用哪个比率进行分析，并且如何使用该比率。

■ 已动用资本回报率、利润率和资产周转率的联系

$$已动用资本回报率 = \frac{利润}{已动用资本} = \frac{利润}{营业收入} \times \frac{营业收入}{已动用资本}$$

$$= 利润率 \times 资产周转率$$

运用这个公式时，利润率计算要求使用息税前利润，并且通过已动用资本来计算资产周转率。

■ 例题

根据 5.4.1 利润率中的例题和 5.4.3 资产周转率中的例题，计算如下：

已动用资本回报率 = 利润率 × 资产周转率

$$= 5.04\% \times 2.49$$

$$= 12.55\% \quad （与 5.3.1 已动用资本回报率中的例题计算结果一$$

致）

结果：在这道例题中，三个比率之间的联系符合上述公式。

5.4.4 运营杠杆

■ 基本公式

$$运营杠杆 = \frac{营业利润 + 固定成本}{营业利润}$$

其中：营业利润 + 固定成本 = 营业收入 - 变动成本

需要注意的是，运营杠杆的计算数据不能直接从财务报表中获得，因为在财务报表中，成本费用并没有将固定成本和变动成本分开列示。

■ 注释

一般而言，公司的成本费用可以分为两类：

一是变动成本：该成本费用随着产量的变动而变动，例如，生产物料成本、生产机器运营成本（假设机器仅在生产时运作）等。

二是固定成本：该成本费用不会随着产量的变动而产生变化，基本维持在一个稳定的水平，例如，贷款利息费用、厂房办公室租金等。

在核算企业成本时，我们现在最常使用的方法是作业成本分析法。该方法基于生产活动的成本核算系统，简单来说，就是将生产产品时发生的各项成本分配给每个产品。

我们来看一下成本与收入之间的关系：

■ 固定成本：与产量水平和营业收入水平变动没有直接联系

■ 变动成本：随着营业收入水平和产量水平的变化而变化

再次强调，如果使用作业成本法，核算到每个产品的成本时，变动成本由于随每单位产品变化，所以包含在单个产品成本中便不变，唯有固定成本需按产品数量进行分摊。

因此，运营杠杆衡量了公司利润水平对营业收入水平变动的敏感性。对投资者而言，较高的运营杠杆表明该公司的投资风险较大。运营杠杆较高的公司可能更多处于服务行业，例如，连锁酒店、航空公司等。忽略规模化经营成果，这些公司都存在大量只要营业即会产生的成本费用。

■ 例题

我们根据5.3.1的财务报表数据，分析其营业利润如下：

	￥.000
营业收入	271 522
变动成本	(198 870)
边际贡献	**72 652**
固定成本	(59 684)
营业利润	**12 968**

$$运营杠杆 = \frac{12\ 968\ 000\ 元 + 59\ 684\ 000\ 元}{12\ 968\ 000\ 元} = 5.6024\ 或\ 560.24\%$$

案例研究：成本计算

刘天天公司生产了500件衣服，每件衣服的布料成本为80元，除此之外的固定成本为500元。使用作业成本分析法，不考虑其他因素，刘天天公司生产的衣服每件成本为多少？如果生产了1 000件衣服，每件的成本又是多少呢？

分析：

无论生产几件衣服，刘天天公司每生产一件衣服的布料费对于总的成本来说虽然为变动成本，但是分配到每件衣服上是不会变动的，即80元。而固定成本500元，需要按生产件数分配到每件衣服上。那么，如果生产500件衣服，每件衣服分配的固定成本为1元，加上80元的变动成本布料费，每件衣服的成本为81元。如果生产1 000件衣服，每件衣服分配的固定成本为0.5元，加上80元的变动成本布料费，每件衣服的成本为80.5元。

正是由于作业成本分析法对固定成本的分摊计算原理，当在一个会计期间生产的产品未能完全卖出时，便会产生一个问题：可以通过扩大生产规模来达到减少分摊到每个产品上的固定成本的目的，即增加了当年的利润。

因此，区分这两类成本对公司来说十分重要，因为固定成本越大，公司利润对收入变动的敏感性越强。这一问题可以通过经营杠杆比率计算来观察。

5.4.5　盈亏平衡

■ 基本公式

$$盈亏平衡收入 = \frac{固定成本}{边际贡献率}$$

■ 边际贡献又称边际利润，是管理会计中一个十分重要的概念，它是指销售收入减去变动成本后的余额，边际贡献是运用盈亏分析原理，进行产品生产决策的一个十分重要的指标。

边际贡献一般可分为单位产品的边际贡献和全部产品的边际贡献，其计算方法为：

■ 单位产品边际贡献 = 销售单价 - 单位产品变动成本

■ 全部产品边际贡献 = 全部产品的销售收入 - 全部产品的变动成本

我们考虑全部产品边际贡献，会产生三种情况：

■ 当边际贡献刚好等于固定成本总额时，企业保本，即做到不盈不亏。

■ 当边际贡献小于固定成本总额时，企业发生亏损。

■ 当边际贡献大于固定成本总额时，企业会盈利。

由此可见，边际贡献越大越好。在企业的销售过程中，边际贡献首先用来补偿企业生产经营活动所发生的固定成本，在此基础之上，如有盈余，才能构成企业的利润。

我们也经常用边际贡献率来计算边际贡献：

$$边际贡献率 = \frac{边际贡献}{营业收入}$$

我们再回头看盈亏平衡收入的计算，它主要是为了确认销售收入能否承担公司营业中产生的所有成本费用，并且创造利润。当利润贡献和固定成本费用相等时，公司即达到其盈亏平衡点，继续营业即可获得利润。

营业收入超出盈亏平衡收入的金额越大，公司越安全，获得的利润越高。超出盈亏平衡收入水平的金额称为安全边际。

$$安全边际率 = \frac{实际营业收入 - 盈亏平衡收入}{实际营业收入}$$

■ 例题

我们根据 5.3.1 的财务报表数据, 可得:

■ 全部产品边际贡献率

$$全部产品边际贡献率 = \frac{72\ 652\ 000\ 元}{271\ 522\ 000\ 元} = 0.2676\ 或\ 26.76\%$$

■ 盈亏平衡收入

$$盈亏平衡收入 = \frac{59\ 684\ 000\ 元}{0.2676} = 223\ 034\ 000\ （元）$$

■ 安全边际率

$$安全边际率 = \frac{271\ 522\ 000\ 元 - 223\ 034\ 000\ 元}{271\ 522\ 000\ 元} = 0.1786\ 或\ 17.86\%$$

从以上计算中, 我们可以发现, 公司目前的营业收入如果下降到 17.86%, 尚不会导致亏损。但如果下降幅度大于该数值, 则会使得公司发生亏损。

盈亏平衡分析的目的在于告诉公司其营业利润是否安全 (没有亏损)。如果公司在一个营业收入相对稳定的行业中运营, 那么公司的利润情况会相对安全稳定。反之, 如果公司处于一个波动性较大的行业, 那么它就需要谨慎考虑盈亏平衡的问题。

5.5 流动性及营运资本比率

思考题:

什么叫流动性?

为什么对债权人来说, 企业流动性非常重要?

哪些比率可以帮助我们对企业流动性进行分析?

营运资本比率主要是用来检验公司凭借现有的营运资本水平是否能够清偿其相应的债务。

公司的营运资本为流动资产减去流动负债后的净值, 从实质上, 也可以看作流动净资产。

$$营运资本 = 流动资产 - 流动负债$$

如果营运资本数额为正, 则说明如果公司所有的流动资产均变现, 那么公司即有足够的能力去偿还现有的流动负债。下述的比率分析会更进一步地说明这些比率该如何运用。

5.5.1　流动比率

■ 基本公式

该比率的目的是检验公司在年末的流动资产，是否能够负担一年内即将到期的流动负债。

$$流动比率 = \frac{一年内到期的流动资产}{一年内到期的流动负债}$$

流动资产通常是指一年内到期的资产金额，所以存在配比问题。需要注意的是，一些资产如应收账款等，可能需要大于一年的时间才能收回。在计算比率时，我们需要注意这些特殊的情况。

■ 例题

依然以 5.3.1 的财务报表数据为例，可得：

$$流动比率 = \frac{115\ 306\ 000\ 元}{87\ 332\ 000\ 元} = 1.32$$

■ 分析要点

在计算和运用流动比率时，需要注意分析的有：

■ 短期借款通常指在一年内到期的银行借款。但在实际操作中，它们往往在一年以后才需要清偿。银行通常会同意公司将短期借款的借款期限延长（一年甚至是多年），以获得更多的利息收入。

■ 存货的变现也需要注意。存货通常以流动资产的形式出现，因此，我们通常认为存货能够在一年内变现，但有时并不一定如此。与应收账款不同，资产负债表中不会具体列示这些存货是否能够卖出或卖出的时间。

■ 这一比率完全忽略了会计期间内，现金流量产生的时间问题。从理论上讲，可能会发生这样的情况：所有的流动负债即刻到期，而所有的流动资产均在 12 个月后才能变现。尽管从总体上看它们能够进行配比，但从实际现金流量上看，12 个月后才能获得的现金，不能用于立刻支付即刻到期的流动负债。

5.5.2　速动比率

■ 基本公式

速动比率可以视为流动比率的一种特殊形式，它排除了存货可能导致的问题。如上所述，存货不一定能轻易地变现，所以将其归入流动资产中计算流动比率可能会产生误差。

$$速动比率 = \frac{一年内到期的流动资产 - 存货}{一年内到期的流动负债}$$

速动比率仅仅关注那些可随时变现的资产（现金、短期投资及应收款）是否能够负担公司的短期流动负债。它有效解决了由于存货变现可能引起的计算偏差，当然，作为流动比率的一种特殊形式，它和流动比率一样存在一些问题。

■ 例题

以 5.3.1 的财务报表数据为例，可得：

$$速动比率 = \frac{115\ 306\ 000\ 元 - 38\ 840\ 000\ 元}{87\ 332\ 000\ 元} = 0.875$$

一般来说，如果一个公司的速动比率小于 1，很可能是公司流动性出现问题的一个信号。但是，值得注意的是，这并不表示公司已经资不抵债，不能支付其所有的负债。具体的分析还是取决于公司所处的不同行业。

5.5.3　存货及产成品周转率

■ 基本公式

存货周转率主要用于评估公司存货的销售速度。

$$存货周转率 = \frac{主营业务成本}{存货}$$

主营业务成本表示当年公司已出售的商品的总成本。存货表示年末公司留存存货的成本价值。因此，该比率表示公司一年可以出售平均库存商品的次数。例如，如果存货周转率为 6 次，那即说明公司销售平均库存产品需要两个月的时间。如果存货周转率为 12 次，说明公司仅需要 1 个月的时间就能将平均库存商品出售。

此外，存货周转速度有另外一种表示方法，即存货周转天数。它表示了公司销售存货所需要的天数。它的计算公式如下：

$$存货周转天数 = \frac{存货}{主营业务成本} \times 365\ 天$$

■ 例题

根据 5.3.1 部分的财务报表数据，我们可以得出：

$$存货周转率 = \frac{167\ 208\ 000\ 元}{38\ 840\ 000\ 元} = 4.31$$

正如已动用资本回报率和其他同时使用资产负债表和利润表数据进行计算的比率

一样，存货周转率最好使用全年的加权平均存货水平和主营业务成本进行比较。加权平均值能更好地反映全年的存货水平，计算得出的存货周转率会更为准确。

但是，我们很难获得加权平均存货水平，所以一般使用简单的平均值水平（年初金额加上年末金额÷2）或者直接使用年末水平来计算。

如果公司在当年没有发生重大变化，那么使用年末的存货金额可以准确表示存货周转率。如果公司当年发生过较大的变革，对存货产生较大的影响，例如，购买子公司及其存货等，则使用年末余额进行计算可能导致误差。

存货周转率用于衡量公司生产的存货以及存货相对的持有时间。每年存货周转率的变化可以反映公司是否积压了过多的存货或者存货水平是否过低。

正如我们之前所指出的，存货的最佳水平和存货周转率都取决于公司所处的行业及行业情况。例如：

■ 超市行业会期望牛奶的周转率越高越好，最好周转率为365次。

■ 威士忌的生产厂商需要用较长的时间生产威士忌，因此，这类企业的存货周转率可能仅为0.1次。

所以，我们在进行计算时，需要考虑到公司的实际情况。

需要注意的是，通常情况下，存货周转率每年的计算需要保持一致性，只需要对它的变动做一些关注。存货周转率上升通常被视作积极的信号。但我们仍需要考虑其变动的原因及对未来的影响。存货周转率上升，可能是由于：

■ 生产效率上升：公司存货的余额水平下降，更多的存货出售给消费者以获取更多的收入。

■ 公司年末的存货水平过低：由于缺少存货，公司未来的销售可能受到阻滞。

所以，我们在看存货周转率变动情况时，需要考虑其变动原因及其对未来的影响。

对于存货周转率公式而言，它还可以进一步拆分来计算各个种类的存货周转天数，具体如下：

■ 原材料

■ 在制品（WIP）——生产中的存货

■ 产成品

我们假设这些存货的金额均在生产过程中基本保持不变。那么我们就可以通过公式进行如下计算：

$$产成品周转天数 = \frac{产成品}{主营业务成本} \times 365 \text{ 天}$$

这一比率表示公司产成品留在库存中的天数。

在实际操作中，公司可能需要将一些产成品存放在货架上供消费者选择，这可能会增加部分产成品周转天数，但值得注意的是，除此之外，公司一般不需要大量的库存商品。大量的库存商品会过度占用公司的资源，并且可能导致大额的保险费用及仓储成本，同时会面临存货过时、陈旧的风险。

5.5.4 应收账款周转天数及周转率

■ 基本公式

这一比率通常用来说明公司回收应收账款的速度，即多久可以将应收账款转为现金。

$$应收账款周转天数 = \frac{应收账款}{主营业务收入} \times 365 \text{ 天}$$

假设所有的销售都是通过赊销完成，主营业务收入为当年的所有销售金额，应收账款余额即代表公司期末尚未收回的销售金额，那么应收账款和主营收入的比率则表示公司当期尚未收到的销售款比例。

另外一种表示方法即使用应收账款周转率进行表示如下：

$$应收账款周转率 = \frac{主营业务收入}{应收账款}$$

■ 例题

根据 5.3.1 部分的财务报表数据，我们可以得出：

$$应收账款周转天数 = \frac{55\ 764\ 000 \text{ 元}}{271\ 522\ 000 \text{ 元}} \times 365 = 75 \text{（天）}$$

■ 潜在问题

在同时使用利润表和资产负债表数据进行比较时，如果公司当年的生产经营活动发生重大变化，例如，购买新的子公司或进行融资活动，那么比率的计算的最终结果可能会产生误差。

5.5.5 应付账款周转天数及周转率

■ 基本公式

这一比率通常用于衡量公司清偿债务的速度。

$$应付账款周转天数 = \frac{应付账款}{主营业务成本} \times 365 \text{ 天}$$

另外一种表示方法即使用应付账款周转率进行表示如下：

$$应付账款周转率 = \frac{主营业务成本}{应付账款}$$

这一比率和应收账款周转率和周转天数的计算十分类似，它主要用于计算供应商给公司的信用期限。为了更加有效地进行比较分析，我们需要将已收到发票的应付款和已开票的销售成本进行比较。但是，需要注意的是，在制造业企业中，主营业务成本包括很多其他费用，例如，生产员工的工资费用等，这些费用的加入可能导致最终比率计算的误差。

■ 例题

根据 5.3.1 部分的财务报表数据，我们可以得出：

$$应付账款周转天数 = \frac{37\ 404\ 000\ 元}{167\ 208\ 000\ 元} \times 365 = 81.6（天）$$

■ 潜在问题

在同时使用利润表和资产负债表数据进行比较时，如果公司当年的生产经营活动发生重大变化，那么比率计算的最终结果可能会产生误差。

5.5.6　营运资本循环

我们之前介绍的三类比率与营运资本循环的现金流速度有关。

■ 存货周转率评估了公司销售存货的速度。

■ 应收账款周转天数评估了公司需要多少天才能将应收账款收回。

■ 应付账款周转天数评估了公司支付供应商账款所需的天数。

公司在运行时，需要考虑这三大资本比率以及如何使这些资本在商业循环中保持稳定，特别是应收账款周转天数和应付账款周转天数的匹配。通常来说，应付账款周转天数不应比应收账款周转天数少很多，否则公司的现金流量难以维持稳定。

如果公司的客户要求延长授信期间，公司则需考虑延长对供应商的支付期限，否则公司的现金流可能会出现问题，公司不能有足够的现金流来支付即将到期的负债。

这是流动性出现问题的公司经常遇到的一种情况。一些公司为了增加销售往往会延长对客户的收款天数。尽管这样可以有效增加公司营业收入，但是这同样会导致公司应收账款现金流和应付账款现金流不匹配，从而产生流动性问题。

5.6　财务杠杆比率

思考题：

什么是财务杠杆，它对企业有什么影响？

什么是资本充足率，它如何反映企业的偿债能力？

在进行企业财务杠杆分析时，我们一般会使用哪些公式？

5.6.1　财务杠杆和风险

财务杠杆是指由于债务的存在而导致净利润变动大于息税前利润变动的杠杆效应。

具体来看，财务杠杆反映的是资产负债表右边，企业融资的情况。它表达了企业以下两类融资手段之间的关系：

■ 必须归还本息的带息债权融资（又称负债融资）

■ 根据企业收益状况决定回报率的股权融资

一般来说，财务杠杆越高，负债融资越高，也说明公司财务风险越高。但这其中的原因是什么呢？我们通过以下例题中的两种情况来解释。

案例研究1：财务杠杆和风险

假设周霞购买了价值 600 000 元的一套公寓，360 000 元是通过房屋贷款支付，剩余 240 000 元用自己的存款支付。五年后，周霞把公寓卖掉时，公寓的市场价值发生变动，我们考虑两种情况：

■ 1 200 000 元（也就是说公寓市场价值增长了一倍）

这时，周霞对该项房产的本金 240 000 元，房屋买卖利得 600 000 元，投资收益率就是 250%。

■ 300 000 元（也就是说公寓的市场价值下跌了一半）

这时，周霞的 240 000 元投资损失了 300 000 元——125% 的损失

与房屋价格变动比率相比，周霞的利得或损失的比率要高很多。如果我们把收益变动看作风险的因变量，从这个例子可以看出，对于周霞来说，她所承受的投资风险要比房屋价格波动本身所带来的风险高很多。

再来看一个案例研究：

案例研究 2：财务杠杆和风险

乙公司每年应付利息 30 000 元，在以下三年中，乙公司营业利润数据如下：

单位：千元人民币

	第一年	第二年	第三年
息税前利润	100	200	300
财务费用	(60)	(60)	(60)
税前利润	40	140	240

在上表中，我们看到，以第二年的数据（该公司的正常水平）为基准的话，息税前利润在第一年和第三年的波动只有第二年正常水平的 50%，但税前利润的波动却高达 71.43%。也就是说税前利润的波动要比息税前利润的波动幅度大很多，而且利息费用越高，税前利润的波动幅度越大。

需要注意的是，财务杠杆本身不会给企业带来风险，它只是放大了包含在企业基础营运中的风险的作用。如果在第二道例题中，息税前利润稳定在 200 000 元，那么我们的税前利润就会一直保持在 140 000 元。如果息税前利润本身没有波动的风险，那么考虑了企业的财务杠杆的影响数之后的税前利润也就没有波动风险。

但是企业的财务杠杆确实造成了税前利润的波动风险，比息税前利润的波动风险要大很多。例题中，如果每年利息是 80 000 元，那么三年的税前利润的变动情况就达到了 83.33%。

所以，如果企业的财务杠杆很高，那么，很重要的是，它必须有能力保证利润的充沛和稳定，换句话说，就是只有盈利稳定的安全性较高的企业，高财务杠杆才不会给企业带来问题。因为利息属固定支出，不论企业的收入和利润是否下滑，这笔支出都是必须要支付的，所以在决定是否放贷时，利润预测数据中的任何潜在问题，我们都要认真审核。

5.6.2 负债与股权比率

■ 基本公式
股权投资者会用这个公式来衡量他们的投资收益风险。

如果计算负债与股权比率的目的是为了衡量普通股股东的风险，那么我们就应该在计算时把优先股因素包含进来。

$$负债与股权比率 = \frac{带息债务}{所有者权益}$$

■ 注释

在负债与股权比率的计算中，我们只考虑带息的企业债务，因为只有带息债务才会加剧企业税前利润、税后利润，以及股利波动的风险。

■ 例题

根据 5.3.1 部分的财务报表数据，我们可以得出：

$$负债与股权比率 = \frac{8\ 890\ 000\ 元 + 34\ 158\ 000\ 元}{66\ 082\ 000\ 元} = 0.651\ 或\ 65.1\%$$

公式中的所有者权益等于资产负债表上的股本加未分配利润及资本公积、盈余公积等所有者权益科目的余额。

5.6.3 利息偿付比率

■ 基本公式

这个比率是从利润表的角度去计算企业的负债比率。它衡量的是企业对其借款利息的偿付能力。

$$利息偿付比率 = \frac{息税前利润}{应付利息}$$

■ 注释

利息偿付比率反映的是企业利润对固定金额的借款利息的保障程度。虽然这个比率多少算适中，没有统一的标准，但一般来说，利息偿付比率越高，说明对于债权人和股东来说风险越低。

■ 例题

$$利息偿付比率 = \frac{13\ 698\ 000\ 元（参见 ROCE 例题）}{6\ 352\ 000\ 元} = 2.16$$

5.6.4 资本充足率

■ 基本公式

对于一个持续经营的企业来说，有些无形资产是等到企业出售时才能体现其价值的。根据谨慎性原则，这类资产是不能计入资产负债表的。比如商誉，如果之后企业经营不善，面临破产，这时商誉就一文不值了。

因此，如果会计报表的无形资产里包含了这类未实现价值的企业内生的无形资产的话，我们在计算前面的负债和股权比率，或者资产担保率时，应该把它剔除。或者我们可以这样去计算企业的资本充足率长期偿债能力：

$$资本充足率 = \frac{企业净资产 - 无形资产}{资产总额 - 无形资产}$$

资本充足率指标，表明股东对企业的投资占企业总资产的比率。虽然说一个单一比率的计算很难适用于所有的企业，但是一般来说，这个比率越高，对于债权人来说风险就越小。

5.7 投资者比率

思考题：

什么是资本回报率？

在进行企业投资者比率分析时，我们一般会使用哪些公式？

5.7.1 资本回报率

资本回报率计算的是普通股股东收益相对于所有者权益账面价值的百分比，其计算公式为：

$$资本回报率 = \frac{归属于普通股股东的收益}{所有者权益}$$

资本回报率是站在股权投资者的角度来衡量企业盈利能力的指标。这里普通股股东收益的计算，与每股收益中收益的计算口径一致，而所有者权益的数字指的就是资产负债表中的所有者权益扣除优先股及非控股股东权益。

■ 例题

如果我们计算每股收益中收益的金额，与所有者权益的比率，那么按5.3.1的财务报表，计算如下：

$$资本回报率 = \frac{4\ 435\ 000\ 元}{66\ 082\ 000\ 元} = 0.067 \ 或 \ 6.7\%$$

与每股收益一样，企业收益的金额会因为非经常性损益的存在而波动加剧。对于趋势分析来说，最好把收益中的非经常的、不可持续的项目剔除之后再计算资本回报率的比率。

企业收益及净资产的计算，常常会由于会计政策选用的问题而降低了数据的可比性。所以从这个角度来说，不同企业间资本回报率的比较有时是不够公允的。

股东肯定希望看到企业的资本回报率是呈上升趋势的，只有这样，分配的股利及公司的股价才会逐年上升。

同一行业不同公司的收益，在一定程度上可以互相对比。但是对比时必须注意的是，资本回报率的计算，并不能完全等同于投资者的投资回报。要想知道投资回报的确切数据，我们就应当使用市场价值来计算所有者权益数据，而不是使用账面价值来计算。

5.7.2　每股收益

■ 基本公式

会计准则中对于每股收益指标，明确规定了计算的方法。根据准则规定，每股收益的计算公式：

$$每股收益 = \frac{普通股股东收益}{普通股股数}$$

每股收益中普通股股东收益指的是扣除：

■ 利息

■ 税金

■ 非控股股东权益

■ 优先股股利

以后的收益，所以这里分子中的收益是指企业归属于普通股股东的收益。

■ 例题

根据 5.3.1 部分的财务报表数据，得出：

$$每股收益 = \frac{4\ 602\ 000\ 元 - 168\ 000\ 元}{35\ 850\ 000\ 股} = \frac{4\ 434\ 000\ 元}{35\ 850\ 000\ 股} = 0.1237（元）$$

对于上市公司来说，必须在财报中披露每股收益。

前面我们说明了每股收益的分子是息税后利润扣除优先股股利后的净额。但我们还要提醒大家的是，每股收益的分子还有另一种算法，就是用留存收益加上普通股股利。

5.7.3　市盈率

■ 基本公式

$$市盈率 = \frac{当前每股股价}{每股收益}$$

市盈率反映了每股收益与当前股票价格的对比关系，它反映了企业未来盈利增长水平，或者至少它代表了市场对企业未来盈利能力的预期。

■ 例题

按 5.3.1，如果当前股票价格是 2.20 元，企业的每股收益是 0.1237 元，那么市盈率就应当是：

当前每股股价/每股收益 = 2.20 元/0.1237 元 = 17.78

分析市盈率指标时，我们要多做横向比较，把被分析单位与同行业的其他公司进行比较。如果行业平均市盈率水平是 8，那么该行业内的某企业拥有 12 的市盈率，说明该企业的股票需求高。有可能因为投资者预期该企业未来盈利增长率高，而对该企业股票特别青睐，也有可能是该企业价值被市场高估，所以才比同行业其他公司股价要高。如果某公司的市盈率水平比较低，比方说 4，那么说明投资者可能预期该公司未来成长性差，而不太看好该公司。

■ 预期市盈率和历史（或当前）市盈率

计算市盈率有两种基本方法。一种是历史（或当前）市盈率，它比较直接，其中的每股收益一般使用当前最新数据。另一种是预期市盈率，这种市盈率的计算方法是用当前股价除以预计每股收益。后一种方法当然需要我们对未来的每股收益有一个预计。

如果下一年的利润比当年高，那么预期市盈率就会比当前市盈率低。对于处在成长期的行业，这种状况经常发生。如果当前市盈率比率特别的高，说明未来利润水平的成长性已经反映在股价上了。

市盈率指标是一个适用于在不同公司间进行比较的一个相对数指标，可以用它来衡量公司的股价是被低估还是高估。这个和绝对值估价模型（比如用净现值对企业估值）是不同的。

5.7.4　收益率

■ 基本公式

收益率是当前的每股收益与当前的股票市场价格之比：

$$收益率 = \frac{每股收益}{当前每股股价}$$

■ 例题

$$收益率 = \frac{0.1237\ 元}{2.20\ 元} = 0.0562\ 或者\ 5.62\%$$

收益率正好是市盈率的倒数，因此对它的分析与市盈率基本类似。如果行业平均收益率水平是 10%，那么该行业内的某公司 6% 的收益率说明投资者预期公司未来会快速成长，因而公司的股票比较受青睐。而如果已有比较高的收益率，比如18%，说明投资者对该公司的未来成长性不太看好，因此对其投资意愿不足。

在实践中，收益率指标的使用没有市盈率那么普遍。

5.7.5　股息生息率

股息生息率是一年的总派息额与当时市价的比例。以占股票最后销售价格的百分数表示的年度股息，该指标是投资收益率的简化形式。股息率是股息与股票价格之间的比率。在投资实践中，股息率是衡量企业是否具有投资价值的重要标尺之一。

■ 基本公式

普通股的股息生息率计算公式：

$$股息生息率 = \frac{每股股利}{当前每股股价}$$

■ 例题

$$股息生息率 = \frac{0.0625\ 元}{2.20\ 元} = 0.0284\ 或\ 2.84\%$$

股息率是挑选收益型股票的重要参考标准，如果连续多年年度股息率超过1年期银行存款利率，则这只股票基本可以视为收益型股票，因此股息率越高越吸引人。股息率也是挑选其他类型股票的参考标准之一。决定股息率高低的不仅是股利和股利发放率的高低，还要视股价来定。例如两只股票，A股价为10元，B股价为20元，两家公司同样发放每股0.5元股利，则A公司5%的股息率显然要比B公司的2.5%诱人。

股息生息率如果比较高的话，可能是公司将盈利多用于股利支付上，对未来业务发展的投资较少，反之亦然。同时，若该企业的收益率较高，则公司的股价相对较低，投资者之所以愿意购买该公司股票，只是因为可以获得相对较高的股利。当投资者认为该公司有很好的成长性时，就会追捧公司的股票，从而使公司的股价上升，股息生息率下降。

所以说，高市盈率的公司，通常股息生息率都会比较低，反之亦然。

5.7.6　盈利对股息比率

■ 基本公式

盈利对股息比率主要用来评估目前股利支付的可持续性。

盈利对股息比率计算公式：

$$盈利对股息比率 = \frac{每股收益}{每股股利}$$

一般情况下，盈利对股息比率的计算都使用 EPS 作为可供分配的利润。

■ 例题

$$盈利对股息比率 = \frac{0.1237}{0.0625} = 1.98$$

如果盈利对股息比率异常高，说明公司将大部分利润留存公司用于再投资，以期获得业绩的进一步增长。

公司也可以选择支付比当年度利润金额更高的股利，这时公司把以前年度留存下来的利润用于当年年度的股利分配，即是无当年利润支撑的股利分配。

股息支付率是盈利对股息比率的倒数，表示当年有多少比例的收益被用来支付了股利。

5.8 比率计算汇总

比率类型	比率名称	公式
利润比率	利润率	净利润
		营业收入
	已动用资本回报率	利润或（税前利润 – 利息费用）
		已动用资本
	资产周转率	营业收入
		已动用资本
	运营杠杆	营业利润 + 固定成本
		营业利润
	盈亏平衡	固定成本
		边际贡献率
流动性及营运资本比率	流动比率	一年内到期的流动资产
		一年内到期的流动负债
	速动比率	一年内到期的流动资产 – 存货
		一年内到期的流动负债
	存货及产成品周转率	主营业务成本
		存货/产成品
	应收账款周转率	主营业务收入
		应收账款
	应付账款周转率	应付账款
		主营业务成本

续表

比率类型	比率名称	公式
财务杠杆比率	负债与股权比率	带息债务
		所有者权益
	利息偿付比率	息税前利润
		应付利息
	资本充足率	企业净资产 – 无形资产
		资产总额 – 无形资产
投资者比率	资本回报率	归属于普通股股东的收益
		所有者权益
	每股收益	普通股股东收益
		普通股股数
	市盈率	当前每股股价
		每股收益
	收益率	每股收益
		当前每股股价
	股息生息率	每股股利
		当前每股股价
	盈利对股息比率	每股收益
		每股股利

5.9　财务报表分析备注

思考题：

财务报表分析的要点有哪些？

5.9.1　概述

比率分析会把报表中需要引起我们关注的地方标注出来。除了每股收益（EPS）以外，以上的比率一般都没有严格的定义，所以我们不能简单地问"这家公司的资本回报率（ROCE）是多少"？对银行短期透支等报表数据的不同处理，会使比率算出来的结果不同。

尽管如此，比率确实非常有用。算出比率后，我们可以借助于将它与其他数据比对，从而看出其中的趋势或者每年的变化。

但是记住，比率本身不能说明任何问题，它只是一个帮助我们发现要点的工具。一旦发现问题，我们必须要研究其背后的原因。

例如：如果资本回报率上升了，那么它是因为收益上升引起的，还是因为我们的资本规模下降引起的呢？不同的原因，反映出来的企业的状况是完全不同的。我们在进行比率分析时，需要把各方面的因素都考虑进去。

5.9.2　信息的使用者是谁？

我们需要满足不同客户的需求，因此我们必须关注他们所关注的。

例如，如果我们的客户是股东，那么我们就应该关注企业的投资比率。

我们在做分析的时候，不能没有针对性。在分析投资比率的时候，我们可以考虑每股收益。每股收益取决于利润和普通股股数。如果每股收益的变动是由于利润的变动引起的，我们就要再进一步分析企业的盈利能力。所以客户告诉我们的信息只是我们分析的起点，我们应当根据比率分析中发现的需要重点注意的问题，从不同的角度进行分析和考量。

5.9.3　实际情况及相关条款

在对企业报表数据比率及其趋势进行分析时，我们要结合企业的实际情况。

针对申请贷款企业进行的财务分析，一般至少要分析企业三年的财务数据，找出其中的趋势，如果其中有任何中断的话，要让企业解释原因。

5.9.4　盈利性

企业如何获利？它是薄利多销的零售商？还是高附加值低销售量的企业，例如珠宝生产商？

企业收入的特性是什么，它的收入会因为某些经济因素的变化（如汇率、总体的经济形势等）而发生波动吗？例如，超市大量供应的是生活必需品，就算经济衰退，我们仍然可以预期它的利润会保持在一个稳定的水平。但是对于奢侈品的生产商来说，那就是另外一回事了，在经济衰退时，它的销售量会因为消费者需求的大幅降低而产生很大的波动。

5.9.5　流动性

在考量企业流动性的时候，我们可以想象一个营运资本循环，想一想我们希望看到的情形是怎样的，或者说一般情况下，根据同行业其他公司的状况看来这个循环应当是怎么样的。这样我们就有充分的根据对公司的现状作出评估了。

5.9.6　会计政策

公司选用的会计政策有可能会对财务比率产生很大的影响。

例如，如果我们对固定资产价值进行重估，并认定其升值，那么我们的折旧费用就会比用历史成本计量固定资产的公司要高，进而影响到我们的利润，使它变得相对比较低。同时固定资产价值重估升值会带来资产负债表上固定资产的余额相对较高。那么我们在计算资本回报率（ROCE）时，使用重估法计量固定资产的公司，分母变得相对比较高，分子又变得相对比较低，它的资本回报率自然就会比使用固定成本法计量的公司要低。

如果我们对两个公司进行比率比对，一个公司对固定资产是不做重估的，另一个公司是需要重估的，那么我们看到的比率对比就是扭曲的、不真实的，因为他们使用的会计政策不一样。

5.9.7　资产的变现能力

我们其实是很难从财务比率，特别是衡量流动性的财务比率中分析出企业资产的潜在变现能力的。

5.9.8　现金

一般情况下，我们会认为，企业的现金余额都是企业随时可以拿出来进行支付的现金。但有时情况并非如此，例如如果企业有一大笔海外资金，这笔资金，就有可能受到当地政府的限制，而无法汇回。或者还有可能，企业的部分资金是不能自由支配用于偿付借款的。例如生产厂商收到的客户的预付款，这个预付款会被限定只能用于某个特定的项目，不能用于其他债务的偿付。

5.9.9　存货

存货在资产负债表上是流动资产下的报表项目，也就是说，我们一般认为它是在12个月之内会转变为现金的一种资产。但是事情并不总是如此。对于高科技企业或时尚用品企业，有时存货会很快过时而不能出售。在财务报表中，并没有告诉我们企业的存货到底是些什么，从而导致我们对存货的可变现性缺乏充分的信息。

5.9.10　其他的现实问题

就像我们前面提到的，一般对公客户经理都认为审计过的报表信息肯定会更可靠一些，但是就算报表是经过审计的，也仍然存在以下两个问题：

■ 这份审计过的财务报表是什么时候编制的？

■ 是谁审计的？

资产负债表只是体现企业在资产负债表日的资产、负债状况。对于信贷部门来说，对企业最新的资产状况和财务状况的了解是非常重要的，仅有一年或一年之前的报表数据，是远远不够的。

实践中，公司银行家们必须接受的一个事实是，大部分情况下，我们收到的报表都是几个月之前的。在这种情况下，我们要把企业以前几年的数据找到，把当年的报表数据和以前几年进行对比。如果借款人一直以来都是我们的客户，那么没问题，我们的数据库里会有该借款人历年的报表信息。但是如果是个新客户，我们就必须向客户要他们以前至少三年（如果企业的经营期已经超过三年）的报表数据。这样我们可以通过几年的报表数据发现企业经营的发展趋势，并对其有充分的理解。

如果贷款申请人是一个刚成立不久的公司，那么我们对它的未来经营状况，可以参照同类公司的情况，做一个预测。

就算经过职业审计师的审计，有时候企业的财务报表数据仍然不是那么可靠。典型的例子就是那些经过审计的小公司，例如这个公司可能只有两个股东，其中一个股东控制了99%的股权，并且是公司唯一的董事。审计师所有的信息都来源于这个董事，就算审计师对财务信息有不确定的地方，他除了这个董事以外，既无他人可问也无他人处理具体问题。这时，你就只能依据公司管理层的信用及社会声誉来评判报表数据的可靠性了。

案例研究1：对公经理面临的一些现实问题

一家液压泵生产公司的经理，打电话约见你。这家公司时不时用银行透支来满足营运资金需求，银行账户情况基本正常。所有透支银行按浮动利率收取利息。

公司的董事告诉你说，现在他们的经营地址是租借来的，每年人民币85 000元，但是随着公司的发展，这块场地太小了。他们已经在附近找到了一个新的办公地址，但是这个新的场地是要买的，售价人民币750 000元。新的办公场地除了可以供公司自用以外，还可以把场地后面的一部分租出去，租金大约每年人民币30 000元。所以公司希望银行能给他们一笔人民币 500 000 元的十年期贷款，加上他们自己的一部分资金，他们就可以把这个新的办公场地买下来了。

作为客户经理，你会怎样决定？根据以下的财务信息，给出讨论要点，并作出你的判断：可以贷款给这家公司吗？为什么？

资产负债表　　　　　　　　　　　　单位：万元人民币

	20×0 年 12 月 31 日	20×1 年 12 月 31 日	20×2 年 12 月 31 日
流动资产			
现金及现金等价物	10	—	10
应收账款	30	45	30
存货	37	38	48
其中：半成品	25	21	30
流动资产合计	77	83	88
固定资产	33	37	45
无形资产	7	7	7
非流动资产合计	40	44	52
资产合计	**117**	**127**	**140**
流动负债			
短期借款	—	2	—
应付账款	39	35	36
应交税金	6	8	4
其他流动负债	7	9	15
流动负债合计	**52**	**54**	**55**
非流动负债			
其他长期负债	20	20	20
非流动负债合计	20	20	20
负债合计	**72**	**74**	**75**
所有者权益			
实收资本	20	20	20
资本公积	5	5	5
未分配利润	20	28	40
所有者权益合计	**45**	**53**	**65**
负债和所有者权益合计	**117**	**127**	**140**

利润表　　　　　　　　　　　　单位：万元人民币

	20×0 年	20×1 年	20×2 年
主营业务收入（12 个月）	150	200	275
主营业务利润	36	44	54
营业利润	6	8	12

请计算以下财务比率：

	20×0 年	20×1 年	20×2 年
毛利率			
营业利润率			
资产周转率			
流动比率			
速动比率			
存货周转率			
应收账款周转天数			
应付账款周转天数			
负债与股权比率			
净债务对权益比率			
资本充足率			
利息偿付比率			

结论：

案例研究 2：编制现金流量表

请根据以下的报表数据，编制 20×2 年度现金流量表：

利润表　　　　　　　　　　　　　　　　　　　单位：千元

	20×0 年	20×1 年	20×2 年
主营业务收入	6 515	7 506	8 010
减：主营业务成本	（5 473）	（6 455）	（6 328）
主营业务利润	1 042	1 051	1 682
减：管理费用	（285）	（344）	（575）
营业费用	（421）	（482）	（850）
财务费用	（72）	（60）	（49）
利润总额	264	165	208
减：所得税	（100）	（67）	（83）
净利润	164	98	125

利润表附注　　　　　　　　　　　　　　　　　单位：千元

	20×0 年	20×1 年	20×2 年
固定资产折旧	（10）	（15）	（17）
无形资产摊销	（5）	（6）	（7）

资产负债表　　　　　　　　　　　　单位：千元

	20×0 年 12 月 31 日	20×1 年 12 月 31 日	20×2 年 12 月 31 日
流动资产			
现金及现金等价物	23	41	36
应收账款	794	846	1 144
存货	871	1 126	1 089
流动资产合计	1 688	2 013	2 269
固定资产	602	620	656
无形资产	44	38	31
非流动资产合计	**646**	**658**	**687**
资产合计	**2 334**	**2 671**	**2 956**
流动负债			
短期借款	652	526	622
应付账款	688	1 036	1 202
应交税金	130	171	103
应付股利	30	30	20
流动负债合计	**1 500**	**1 763**	**1 947**
非流动负债			
长期借款	177	153	129
非流动负债合计	**177**	**153**	**129**
负债合计	**1 677**	**1 916**	**2 076**
所有者权益			
实收资本	100	100	100
未分配利润	557	655	780
所有者权益合计	**657**	**755**	**880**
负债和所有者权益合计	**2 334**	**2 671**	**2 956**

现金流量表　　　　　　　　　　　　单位：千元

	20×1 年	20×2 年
将净利润调节为经营活动现金流量：		
净利润	98	
加：固定资产折旧	15	
无形资产摊销	6	
财务费用	60	

续表

	20×1 年	20×2 年
存货的减少（减：增加）	(255)	
经营性应收项目的减少（减：增加）	(52)	
经营性应付项目的增加（减：减少）	348	
所得税负债增加（减：减少）	41	
经营活动产生的现金流量净额	**261**	
投资活动产生的现金流量		
购建固定资产，无形资产和其他非流动资产支付的现金	(33)	
投资活动产生的现金流量净额	(33)	
筹资活动产生的现金流量		
偿还借款利息支付的现金	(60)	
取得借款收到的现金		
偿还借款本金支付的现金	(150)	
筹资活动产生的现金流量净额	(210)	
现金及现金等价物净增加额：	**18**	
加：期初现金及现金等价物余额	**23**	
期末现金及现金等价物余额	**41**	

案例研究 3：财务比率计算与分析

请根据案例研究 2 中的财务报表信息，计算以下财务比率并进行分析：

	20×0 年	20×1 年	20×2 年
销售增长率			
毛利率			
营业利润率			
资产周转率			
流动比率			
速动比率			
存货周转率			
应收账款周转天数			
应付账款周转天数			
负债与股权比率			
净债务对权益比率			
资本充足率			
利息偿付比率			

财务报表分析习题

一、单项选择题：

1. （　　）要求同一企业不同时期发生的相同或者相似的交易事项，应当采用一致的会计政策，不得随意变更。确实需要变更的，应当在附注中予以说明。

    A. 可理解性原则　　　　　　　B. 可靠性原则

    C. 一致性原则　　　　　　　　D. 及时性原则

2. 下列各项中，属于会计行政法规的是（　　）。

    A.《企业会计制度》　　　　　B.《会计法》

    C.《会计基础工作规范》　　　D.《企业会计准则》

3. 会计核算过程中，会计处理方法前后各期（　　）。

    A. 应当一致，不得随意变动　B. 可以变动，但是必须经过批准

    C. 可以任意变动　　　　　　　D. 应当一致，不得变动

4. 形成权责发生制和收付实现制不同的记账基础，进而出现应收、应付、预付、折旧、摊销等会计处理方法所依据的会计基本假设是（　　）。

    A. 货币计量　　B. 会计年度　　C. 持续经营　　D. 会计分期

5. 会计分期是把企业持续经营过程划分为若干个起讫日期较短的会计期间，其起讫日期通常为（　　）。

    A. 一个会计日度　　　　　　　B. 一个会计月度

    C. 一个会计季度　　　　　　　D. 一个会计年度

6. 关于财务报表的作用，下面哪个说法不正确（　　）。

    A. 使用财务报表的信息来作出经济决策

    B. 确保财务报表没有重大错误

    C. 衡量一个企业所处的经济状态以及过去的盈利状况

    D. 衡量一个企业未来盈利的能力和产生现金流的能力

7. 如果一个审计师发现某个公司的财务状况中有一些隐瞒事项或者漏报事项或会计差错有待商榷，那么审计师应该出具（　　）审计报告。

A. 无保留意见的   B. 有保留意见的

C. 否定意见的   D. 放弃意见的

8. 以下哪项不属于现金流量表的组成部分（ ）。

A. 经营活动产生的现金流

B. 投资活动产生的现金流

C. 筹资活动产生的现金流

D. 应收账款

9. 以下哪项不属于管理层的责任（ ）。

A. 为公司股东提供财务数据

B. 设计、执行和维护必要的内部控制

C. 使财务报表不存在由于舞弊或者错误导致的重大错报

D. 出具独立的审计报告

10. 以下哪一项不属于企业活动（ ）。

A. 收回产品销售或劳务收入

B. 制定行业标准

C. 获得生产产品和服务的所需资源

D. 出售生产产品或提供劳务

11. 以下哪一项不属于会计人员记录的财务信息（ ）。

A. 购买生产产品所需的原材料等

B. 销售及销售收入的回收

C. 公司财务部门人事调动

D. 企业从投资者和债权人处得到的资金

12. 以下哪一句话正确地描述了国际会计准则理事会的组织结构（ ）。

A. 国际财务报告准则基金会受托人任命国际财务报告准则咨询委员会

B. 国际财务报告准则基金会受托人任命监督委员会

C. 国际财务报告准则基金会受托人知会国际会计准则理事会

D. 监督委员会向国际财务报告准则基金会受托人提供资金

13. 以下哪一项不是 IASB 的正式目标（ ）。

A. 与各国会计准则制定部门密切合作，促进各国会计准则与国际会计准则的趋同

B. 制定发展一套以公共利益为本，高质量、易理解、可实施的全球性会计准则

C. 实施、促进这些准则

D. 设立各国通用的会计准则

14. 中国所执行的会计准则是由（　　　）制定的。

A. 财政部　　　　　　　　　　B. 中国注册会计师协会

C. 中国会计准则委员会　　　　D. 中国人民银行

15. 以下哪项不属于公司常见的会计报表（　　　）。

A. 资产负债表　　　　　　　　B. 非现金投资活动表

C. 现金流量表　　　　　　　　D. 权益变更表

16. 以下哪一个不是资产负债表的组成部分（　　　）。

A. 负债　　　　B. 资产　　　　C. 收入　　　　D. 所有者权益

17. 以下哪一个关于利润表的说法是错误的（　　　）。

A. 利润表记载了过去几个营业周期内企业经营业绩的总和

B. 利润表表示公司一段时间内的活动，涵盖的是时间段。

C. 利润表显示了公司在一个特定期间内赚取的所有收入减去为获得该收入而发生的所有成本和费用

D. 利润表所有项目都是以货币来计量的

18. 下列关于财务报表的说法，不正确的是（　　　）。

A. 自由现金流可以通过公司现金流量表的数据计算得出

B. 现金流量表显示的是一个会计期间内公司所有的现金流入和现金流出

C. 所有者权益变动表其实就是将资产负债表中的所有者权益部分单独挑出，对其进行详细解释，显示了所有者权益在一段时间内发生的变化

D. 现金流量表上经营活动产生的现金流就是企业在经营活动中取得的净利润

19. 关于各财务报表的关系，正确的是（　　　）。

A. 上一年度资产负债表的现金期末金额与本年度现金流量表期初金额相等

B. 所有者权益表中的股利项目在利润表中也会有反映

C. 利润表的净收益数额即是资产负债表中留存收益的变化额度

D. 只需要利润表和资产负债表就可以编制现金流量表

20. 下列关于"公允列报"概念叙述有误的是（　　　）。

A. 公司管理层必须保证财务数据的公允

B. 审计师是由公司董事会指定的独立第三方

C. 财务报表不应该存在重大舞弊，出现舞弊应由管理层负责

D. 一般来说，经审计后的企业财务报告比那些未经审计的企业财务报告更为可靠

21. 下列关于"公允列报"概念叙述正确的是（　　　）。

A. 审计报告有标准审计报告和非标准审计报告两类

B. 经过审计的财务报表出错，由审计师承担责任

C. 审计工作不包括评价管理层选用会计政策的恰当性

D. 审计人员的独立性不会影响审计报告的客观性

22. 以下哪项不属于国际会计准则对财务报告列报的要求事项（　　　）。

A. 财务报告的格式及内容

B. 财务报告的编制人员

C. 报告需要符合基本会计要求

D. 财务报告的公允列报

23. 以下关于"基本会计要求"的说法中，正确的是（　　　）。

A. 企业的财务信息只关乎企业，与其他任何个体，如企业所有者无关

B. 财务报表只需要反映过去业务的信息，与企业未来是否能够持续经营无关

C. 如果我们在今年收到客户未来两年的预付款，那么我们可以在今年确认这笔收入

D. 企业现金流量表需要按照权责发生制来编制

24. 以下关于"基本会计要求"的说法中，错误的是（　　　）。

A. 权责发生制能更加准确地反映特定会计期间企业实际的财务状况和经营业绩

B. 某个会计期间所取得的收入应当与其为取得该收入所发生的费用、成本相匹配

C. 财务报告中，将本年的财务信息如实反映即可

D. 公司管理层在准备财务报告时，需注意每个会计项目的处理需要和前期保持一致

25. 下列属于企业债权的是（　　　）。

A. 短期借款　　　　　　　　B. 应付和预收款项

C. 应收和预付款项　　　　　D. 应交款项

26. 下列不属于反映企业财务状况的会计要素是（　　　）。

A. 资产　　　　B. 负债　　　　C. 所有者权益　　D. 利润

27. 一个公司在某一时点上的财务状况是反映在以下哪张财务报表上（　　　）。

A. 资产负债表　　B. 利润表　　　C. 现金流量表　　D. 审计报表

28. 应收账款和应付账款应该划分到（　　）和（　　）会计要素下。

A. 资产　负债 　　　　　　　　B. 收入　负债

C. 收入　费用 　　　　　　　　D. 所有者权益　资产

29. 一个电器修理厂在 10 月 24 日为一家超市修理电器，并且在 11 月 3 日将修理费用单寄给超市。如果电器修理厂和超市均在 10 月 30 日采用权责发生制编写财务报表，那么他们应该怎样记录这笔交易（　　）。

电器修理厂　　　　　　超市

A. 应收账款　　　　　　应付费用

B. 应收账款　　　　　　预付费用

C. 预收收入　　　　　　应付费用

D. 预收收入　　　　　　预付费用

30. 以下哪项不是国际会计准则理事会（ISAB）的目标（　　）。

A. 制定发展一套以公共利益为本，高质量、易理解、可实施的全球性会计准则

B. 实施、促进这些准则

C. 与各国会计准则制定部门密切合作，促进各国会计准则与国际会计准则的趋同

D. 对各国的审计人员的行为进行规范

31. 2014 年某企业所有者权益情况如下：实收资本 200 万元，资本公积 18 万元，盈余公积 38 万元，未分配利润 32 万元。则该企业在 2014 年 1 月 1 日留存收益为（　　）万元。

A. 32　　　　　　B. 38　　　　　　C. 70　　　　　　D. 88

32. 下列各项中，会引起所有者权益发生变化的是（　　）。

A. 以资本公积转增资本

B. 以银行存款支付法庭诉讼费用

C. 提取盈余公积

D. 以银行存款进行长期股权投资

33. 下列各项中，不属于存货范围的是（　　）。

A. 外购商品 　　　　　　　　　B. 在产品和产成品

C. 低值易耗品 　　　　　　　　D. 为建造固定资产储备的各种材料

34. 下列各项中，不属于无形资产的有（　　）。

A. 期权　　　　B. 专利权　　　　C. 商标权　　　　D. 土地使用权

35. 下列属于所有者权益的是（　　　）。

A. 对外投资　　　　　　　　B. 股票

C. 法定财产重估增值　　　　D. 对外捐赠

36. 可以用于弥补以前年度亏损和转增资本的是（　　　）。

A. 公益金　　B. 盈余公积　　C. 未分配利润　　D. 资本公积

37. 投资者缴付企业的出资额大于其在企业注册资本中所拥有份额的数额，计入（　　）账户进行核算。

A. 实收资本　　B. 资本公积　　C. 资本溢价　　D. 盈余公积

38. 企业接受捐赠的资产应纳入（　　　）核算。

A. 实收资本　　　　　　　　B. 资本公积

C. 法定盈余公积　　　　　　D. 任意盈余公积

39. 以下哪项是资产的最大特点（　　　）。

A. 资产必须是有形的　　　　B. 资产必须以一定的成本获得

C. 资产带来未来收益　　　　D. 资产必须是无形的

40. 下列关于"资产负债表"的说法中，错误的是（　　　）。

A. 中国《企业会计准则》是基于《国际会计准则》制定的两者的呈报格式一致

B. 资产负债表是反映企业在某一特定日期（如月末、季末、年末）全部资产、负债和所有者权益情况的会计报表，它是一张揭示企业在一定时点财务状况的静态报表

C. 资产负债表可以让股东、税务和工商等及时了解企业内部经营状况

D. 资产负债表中流动负债和非流动负债分开列示

41. 下列关于"资产负债表"科目的说法错误的是（　　　）。

A. 折旧减少了资产价值和当期利润，但本身并不会产生现金流

B. 常见的流动资产有：库存现金、存货、应收账款、预付账款（待摊费用）、短期投资及其他应收款等。

C. 资产负债表中，非流动资产经常以账面净值列示，即资产成本减去累计折旧列示

D. 任何投资都属于非流动资产

42. 下列关于"资产负债表"科目的说法错误的是（　　　）。

A. 房屋属于不动产，是记录在企业非流动资产项目中的

B. 企业有时候也会出售非流动资产来获利

C. 以无形资产方式投资的总额占企业注册资本总额的比例最高不得超过 70%

D. 负债总是会导致经济利益流出企业

43. 一个价值为 10 万元的净值，若假设使用 4 年而且 4 年后可以以 2 万元的价格卖出，那在直线折旧法下，第三年年末的账面价值是（　　）。

A. 6 万元　　　　B. 4 万元　　　　C. 7.5 万元　　　D. 2.5 万元

44. 下列资产项目中，不属于非流动资产的是（　　）。

A. 长期股权投资　　　　　　B. 投资性房地产

C. 在建工程　　　　　　　　D. 待摊费用

45. 下列资产项目中，不属于无形资产的是（　　）。

A. 商标权　　　　　　　　　B. 房地产产权

C. 著作权　　　　　　　　　D. 品牌

46. 下列负债项目中，属于非流动负债的是（　　）。

A. 应付债券　　　　　　　　B. 应付账款

C. 应付工资　　　　　　　　D. 预收账款

47. 下列哪个账户不属于所有者权益内的项目（　　）。

A. 股利　　　　B. 实收资本　　　C. 资本公积　　　D. 盈余公积

48. 下列有关所有者权益的说法中，正确的是（　　）。

A. 未分配利润就是未来转成资本公积的权益项目

B. 实收资本在企业注册后就永远不会改变

C. 公益金是一类专门用于公司员工福利设施支出的盈余公积

D. 公司年度利润是完全由公司自由支配的

49. 某工业企业本期营业利润为 200 万元，管理费用为 15 万元，投资收益为 30 万元，营业外支出为 5 万元，所得税费用为 30 万元，假定不考虑其他因素，该企业本期净利润为（　　）。

A. 160 万元　　　B. 165 万元　　　C. 200 万元　　　D. 210 万元

50. 下列各项中，不应列入利润表"营业收入"项目的是（　　）。

A. 销售商品收入　　　　　　B. 处置固定资产净收入

C. 提供劳务收入　　　　　　D. 让渡无形资产使用权收入

51. 企业期末"本年利润"的借方余额为 7 万元，"利润分配"和"应付股利"账户贷方余额分别为 18 万元和 12 万元，则当期资产负债表中"未分配利润"项目金额为（　　　）。

    A. 25 万元　　　B. 19 万元　　　C. 18 万元　　　D. 11 万元

52. 用于评价企业获利能力的总资产报酬率中的"报酬"是指（　　　）。

    A. 净利润　　　B. 利润总额　　　C. 营业利润　　　D. 息税前利润总额

53. 下列各项中，不影响企业营业利润的是（　　　）。

    A. 营业外收入　　　　　　　　　B. 资产减值损失

    C. 投资收益　　　　　　　　　　D. 管理费用

54. 某企业 2010 年度营业利润为 300 万元，主营业务收入为 8 000 万元，财务费用为 67 万元，营业外收入为 50 万元，营业外支出为 30 万元，所得税税率为 25%。假定不考虑其他因素，该企业 2010 年度的净利润应为（　　　）万元。

    A. 300　　　　　B. 240　　　　　C. 320　　　　　D. 275

55. 能够反映企业一定期间经营成果，分析企业获利能力的报表是（　　　）。

    A. 利润表　　　B. 资产负债表　　　C. 现金流量表　　　D. 所有者权益变动表

56. 下列各项中，不影响营业利润的项目是（　　　）。

    A. 提供主营劳务收入

    B. 随商品出售单独计价的包装收入

    C. 出售固定资产净收益

    D. 交易性金融资产公允价值上升形成的收益

57. 利润表无法直接反映的利润项目是（　　　）。

    A. 主营业务利润　　　　　　　　B. 营业利润

    C. 利润总额　　　　　　　　　　D. 净利润

58. 某企业年初未分配利润为 100 万元，本年净利润为 1 000 万元，按照 10% 计提法定盈余公积，按照 5% 计提任意盈余公积，宣告发放现金股利为 80 万元，该企业期末未分配利润为（　　　）万元。

    A. 855　　　　　B. 867　　　　　C. 870　　　　　D. 874

59. 在利润表上，利润总额扣除（　　　）后，得出净利润或者净亏损。

    A. 管理费用和财务费用　　　　　B. 增值税

    C. 营业外收支净额　　　　　　　D. 所得税

60. 下列各项中，不应确认为企业其他业务收入的是（　　　）。

    A. 投资性房地产的租金收入

    B. 出售无形资产的净收益

C. 出租固定资产的租金收入

D. 转让商标使用权收入

61. 下列各项目中，不应在利润表"营业收入"项目中列示的是（　　）。

A. 政府补助收入 　　　　　　　B. 设备安装劳务收入

C. 代修品销售收入 　　　　　　D. 固定资产出租收入

62. 某企业 2 月的主营业务收入为 100 万元，主营业务成本为 80 万元，管理费用为 5 万元，资产减值损失为 2 万元，投资收益为 10 万元，假设不考虑其他因素，该企业当月的营业利润为（　　）万元。

A. 13 　　　　　B. 15 　　　　　C. 18 　　　　　D. 23

63. 下列各项中，不属于"主营业务成本"科目核算内容的是（　　）。

A. 因销售折让而减少的收入金额

B. 期末转入"本年利润"科目的成本

C. 因销售退回而冲减的主营业务成本

D. 本期销售商品、提供劳务的实际成本

64. 计算可供分配的利润时，无关的项目是（　　）。

A. 提取法定盈余公积 　　　　　B. 净利润

C. 年初未分配利润 　　　　　　D. 其他转入

65. 利润表无法直接反映的利润项目是（　　）。

A. 主营业务利润 　　　　　　　B. 营业利润

C. 利润总额 　　　　　　　　　D. 净利润

66. 编制利润表的主要依据是（　　）。

A. 资产、负债及所有者权益账户的本期发生额

B. 各损益账户的本期发生额

C. 资产、负债及所有者权益账户的期末余额

D. 各损益账户的期末余额

67. 计算营业利润时不需要减去哪项费用（　　）。

A. 所得税费用　　B. 销售费用　　　C. 管理费用　　　D. 营业税

68. 下列有关利润表科目，叙述错误的是（　　）。

A. 制造业销售产品、半成品和提供劳务作业的收入属于其主营业务收入

B. 商品流通企业投资股票所得收入属于其主营业务收入

C. 经营费用主要包括公司的销售费用和管理费用等其他与获得当期收入相关的

费用

D. 销售人员的工资和福利属于销售费用

69. 下列有关利润表科目，叙述正确的是（　　　）。

A. 管理费用是指企业的行政管理部门为管理和组织经营而发生的各项费用

B. 生产部门折旧费应该计入管理费用

C. 汇兑损益应该计入其他收入（或损失）

D. 股利的发放应该计入管理费用

70. 下列有关利润表科目的叙述中，错误的是（　　　）。

A. 财务费用的列示中，会将财务收入和财务支出合计一并列示

B. 营业利润是指公司通过日常生产经营活动所获得的利润总额

C. 财务费用是指公司为了筹集资金而发生的各类费用（和收入），主要包括公司的贷款利息、银行业务手续费及汇兑损益等

D. 所得税费用中包含营业税

71. 下列有关利润表与所有者权益表的叙述中，错误的是（　　　）。

A. 所有者权益变动表列示了公司资产负债表中所有者权益变动的具体明细

B. 公司制和非公司制的企业利润表格式完全一致

C. 独资企业的收益，按照个人所得税五级累进税率缴纳税费

D. 合伙制企业在分配收益后，合伙人分别按照个人所得税缴纳税费

72. 下列各项中，属于企业营运活动的是（　　　）。

A. 购买设备　　　　　　　　　B. 支付职工工资

C. 购买股票　　　　　　　　　D. 支付利息

73. 企业与其他企业联营属于（　　　）。

A. 投资活动　　　　　　　　　B. 筹资活动

C. 资金营运活动　　　　　　　D. 资金分配活动

74. 下列各项中，不属于现金等价物的是（　　　）。

A. 现金　　　　　　　　　　　B. 随时用于支付的银行存款

C. 准备近期出售的股票投资　　D. 3 个月内到期的债券投资

75. 下列各项中，不属于筹资活动产生的现金流是（　　　）。

A. 偿还公司债券支付的现金　　B. 取得短期借款

C. 增发股票收到的现金　　　　D. 收到被投资者分配的现金股利

76. 某企业今年发生了以下业务：以银行存款购买将于 2 个月后到期的国债 500

万元，偿还应付账款 200 万元，支付生产人员工资 150 万元，购买固定资产 300 万元。假定不考虑其他因素，该企业本年度现金流量表中"购买商品、接受劳务支付的现金"项目的金额为（ ）万元。

A. 200 B. 350 C. 650 D. 1 150

77. 下列各项中，属于企业现金流量表"经营活动产生的现金流量"的是( )。

A. 收到的现金股利 B. 支付的银行借款利息

C. 收到的处置价款 D. 支付的经营租赁租金

78. 下列各项能引起现金流量净额变动的项目是（ ）。

A. 购入三个月内到期的国债

B. 用存货清偿债务

C. 用固定资产换取存货

D. 用银行存款购买短期套利的股票

79. 下列各项中，属于现金流量表中投资活动产生的现金流量的是（ ）。

A. 对外提供维修劳务收到的现金

B. 取得长期借款收到的现金

C. 采购原材料支付的增值税

D. 取得长期股权投资支付的手续费

80. 某企业 2012 年购买股票 100 万元，支付银行利息 20 万元，分配给投资者利润 56 万元，处置固定资产净收入 18 万元，现金流量表中筹资活动现金流量为( )万元。

A. 176 B. 76 C. 138 D. 94

81. 下列各项中，不属于现金流量表筹资活动产生的现金流量的是（ ）。

A. 取得借款收到的现金

B. 吸收投资收到的现金

C. 处置固定资产收回的现金净额

D. 分配股利、利润或偿付利息支付的现金

82. 下列各项中，不会引起经营结余发生增减变动的是（ ）。

A. 从事经营活动取得的收入

B. 从事经营活动发生的支出

C. 从事经营活动发生的销售税金

D. 开展专业业务活动取得的收入

83. 以下各项中，不属于现金流量表"现金及现金等价物"的是（　　）。

A. 库存现金　　　　　　　　　B. 银行本票

C. 银行承兑汇票　　　　　　　D. 持有 2 个月内到期的国债

84. 甲公司 2013 年度发生的管理费用 220 万元，其中：以现金支付退休职工统筹退休金 35 万元和管理人员工资 95 万元，存货盘亏损失 2.5 万元，计提固定资产折旧 42 万元，无形资产摊销 35 万元，其余均以现金支付。假定不考虑其他因素，甲公司 2014 年度现金流量表中"支付的其他与经营活动有关的现金"项目的金额为（　　）万元。

A. 10.5　　　　B. 47.5　　　　C. 45.5　　　　D. 67.5

85. 下列有关财务报表的说法中，错误的是（　　）。

A. 权责发生制是财务报表编制的基础

B. 一家获得高额利润的公司，如果不能有效计划现金流，也会出现经营问题

C. 现金流量表的编制分为直接法和间接法两种

D. 用间接法编制现金流量表的主要优势在于关注了净利润和经营性现金流的差异，从现金流的角度分析净利润的质量

86. 下列关于直接法编制现金流量表的说法中，错误的是（　　）。

A. 直接法中，销售收到的现金等于销售收入 +/- 应收账款变化额 +/- 未实现（递延）收入变化额

B. 直接法从净利润开始

C. 对于现金收付制企业，公司现金的增加即代表获得的利润

D. 销货成本中包含了折旧及/或摊销（它们增加了销货成本），则必须在计算支付给供应商的现金中扣除

87. 下列有关间接法编制现金流量表的说法中，正确的是（　　）。

A. 间接法编制现金流量表是从净利润开始

B. 对使用权责发生制的企业而言，利润的增加代表了现金流的增加

C. 间接法计算经营性现金流的数量时，需要加上投资收益

D. 出售资产所得的现金 = 出售资产的账目价值 - 销售收益（+ 损失）

88. 下列对现金流量表所展现出来的信息的判断，错误的是（　　）。

A. 通过降低营运资本的方式来改善经营活动现金流，是一种经营状况不佳的表现

B. 在特殊情况下，经营性现金流也可能会出现负值，这是一种正常情况

C. 正的经营性现金流也可以由减少非现金营运资本产生

D. 运营资本的变动与利润的变动不匹配不会反映出企业的经营问题

89. 以下选项中，不属于导致营业利润与经营活动产生的现金流量有差异的原因的是（　　）。

A. 股利的支付　　　　　　　　B. 不涉及现金的收入与费用

C. 营运资本的变动　　　　　　D. 税金

90. 下列有关现金流量表分析的说法，不正确的是（　　）。

A. 现金流量表中支付的税金即是上期利润表中的应交税费

B. 营运资本规模在萎缩时，企业不可能同时扩张其经营业务

C. 企业的营运资本随经营活动的进行会不断波动，但总是会有一个下限，这部分营运资本其实是"固定"的

D. 持续的负的自由现金流会使企业的杠杆率上升

运用以下信息回答 97 - 103 题：

某公司希望能够保持流动比率 1.5 或者更高，现在该公司的资产是 20 万元（其中现金 1 万元，9 万元为应收账款，10 万元为存货），目前的流动负债为 13.5 万元。

91. 该公司的流动比率为（　　）。

A. 1. 48　　　　B. 1. 38　　　　C. 1. 58　　　　D. 1. 28

92. 该公司的快速比率是（　　）。

A. 0. 62　　　　B. 0. 74　　　　C. 1. 25　　　　D. 2. 32

93. 如果该公司现在销售 1 万元的存货并将收到的货款存入公司账户偿还短期应付账款，此时公司的流动比率为（　　）。

A. 1. 52　　　　B. 1. 55　　　　C. 1. 34　　　　D. 1. 22

94. 如果该公司借入 1 万元的贷款，并将借款存入到公司账户，此时公司的流动比率为（　　）。

A. 不变　　　　B. 1. 45　　　　C. 1. 42　　　　D. 1. 52

95. 如果此时公司销售 1 万元的存货并将货款存入公司账户，此时公司的流动比率为（　　）。

A. 1. 52　　　　B. 1. 42　　　　C. 1. 46　　　　D. 1. 48

96. 如果该公司以赊账的方式销售 2 万元的存货，那么此时流动比率为（　　）。

A. 1.28　　　　B. 1.48　　　　C. 2.12　　　　D. 1.87

97. 如果该公司销售 1 万元的存货，并将收到的货款去偿还短期借款，那么此时的速动比率为（　　）。

A. 1　　　　B. 0.6　　　　C. 0.8　　　　D. 1.2

98. 某企业 2013 年度销货成本为 30 000 元，期初存货余额 4 000 元，存货年周转率 6 次，该年度赊销净额为 40 000 元，期初应收账款余额为 4 800 元，期末应收账款余额为 5 200 元，企业该年度的利润总额为 7 200 元，年末流动负债余额为 8 000 元，流动比率为 2.15，则该公司的速动比率为（　　）。

A. 1.16　　　　B. 1.14　　　　C. 1.12　　　　D. 1.15

99. 某企业现在的流动比率为 2，下列哪项经济业务会引起该比率降低（　　）。

A. 用银行存款偿还应付账款

B. 发行股票收到银行存款

C. 收回应收账款

D. 开出短期票据借款

100. 在下列财务分析主体中，必须对企业运营能力、偿债能力、获利能力及发展能力的全部信息予以详尽了解和掌握的是（　　）。

A. 企业所有者　　　　　　　　B. 企业债权人

C. 企业经营决策者　　　　　　D. 税务机关

101. 下列各项中，属于速动资产项目的是（　　）。

A. 预付账款　　　　　　　　　B. 应付票据

C. 其他流动资产　　　　　　　D. 存货

102. 已知某公司上年的每股收益为 1 元，每股净资产为 2 元，如果目前的市盈率为 20 倍，那么该公司的市净率为（　　）。

A. 20　　　　B. 10　　　　C. 15　　　　D. 30

103. 下列各项中，计算结果等于每股股利的是（　　）。

A. 股利总数/总股数　　　　　　B. 股利总额/流通股数

C. 利润总额/总股数　　　　　　D. 净利润/流通股数

104. 某企业上年营业收入为 36 000 万元，流动资产总额为 4 000 万元，固定资产总额为 8 000 万元。假定没有其他资产，则该企业上年的总资产周转率为（　　）。

A. 3.0　　　　B. 3.4　　　　C. 2.9　　　　D. 3.2

105. 人们一般将其视为企业能否成功地达到其利润目标的计量标志的是（　　）。

A. 每股净资产　　　　　　　B. 每股收益

C. 每股股利　　　　　　　　D. 市盈率

106. 在其他条件不变的情况下，下列经济业务可能导致总资产报酬率下降的是（　　）。

A. 用银行存款支付一笔销售费用

B. 用银行存款购入一台设备

C. 将可转换债券转换为优先股

D. 用银行存款归还银行借款

107. 债权人在进行企业财务分析时，最关心的是（　　）。

A. 企业获利能力　　　　　　B. 企业偿债能力

C. 企业发展能力　　　　　　D. 企业资产营运能力

108. 下列权益陈述表述不正确的是（　　）。

A. 权益乘数 = 所有者权益/资产

B. 权益乘数 = 1/（1 – 资产负债率）

C. 权益乘数 = 资产/所有者权益

D. 权益乘数 = 1 + 产权比率

109. 下列指标中，可用于衡量企业短期偿债能力的是（　　）。

A. 已获利息倍数　　　　　　B. 或有负债比率

C. 带息负债比率　　　　　　D. 流动比率

110. 如果流动负债小于流动资产，则期末以现金偿付一笔短期借款所导致的结果是（　　）。

A. 营运资金减少　　　　　　B. 营运资金增加

C. 流动比率降低　　　　　　D. 流动比率提高

111. 下列比率中，属于杠杆比率的是（　　）。

A. 资本充足率　　　　　　　B. 资本回报率

C. 应收账款周转率　　　　　D. 净资产回报率

112. 下列有关比率分析的用途的说法中，不正确的是（　　）。

A. 我们通过计算和观察比率的绝对值，就可以了解到企业经营状况

B. 实际的财务比率与预算的财务比率发生重大偏差，可能预示着企业存在一些异常情况

C. 比率没有固定的计算公式

D. 不同的利益相关者，关注的财务比率的方面不同

113. 下列有关利润比率的说法中，错误的是（　　　）。

A. 毛利润率、净利润率、息税前利润率可以在不同水平上反映利润情况

B. 利润率 = 净利润÷毛利润

C. 利润率上升是一个积极的信号，但是也会有负面的影响

D. 利息收入、处置固定资产的利得，也都计入利润，用于计算利润率

114. 下列有关利润比率的说法中，错误的是（　　　）。

A. 会计期间中的资产重估增值会降低资本回报率

B. 已动用资本回报率 = 利润率 × 资本周转率

C. 使用年末数据直接计算已动用资本，不会对比率结果产生影响

D. 过高的资本周转率对企业的经营不一定是好事

二、简答题：

1. 解释损益表、资产负债表、现金流量表和所有者权益表之间的关系。

2. 简述利润表的作用。

3. 公允列报保证了财务报表的准确性与完整性，请说明财务报告中管理层和审计师需要负担什么样的责任。

4. 请列举四个基本会计假设或原则，并解释其含义。

5. 简述资产负债表的作用。

6. 简述资产的概念和特征。

7. 简述留存收益的性质和内容。

8. 某公司以人民币4元一股发行票面价值为1元的股票100万股，全部以现金收到投资，并支付给相关机构5万元手续费，请说明在这次股权发放后，企业的资产负债表项目会怎样变化。

9. 什么是收入？收入有哪些特征？如何确认收入？

10. 什么是利润？利润是如何确认的？

11. 简要说明经营费用的内容。

12. 编制现金流量表的主要目的是什么？它能提供哪些信息？

13. 编制现金流量表的方法有哪些？

14. 简述直接法和间接法编制现金流量表的优点。

15. 如果我们要评价一份现金流预测表，可以从哪些方面入手？

16. 财务分析的目的是什么?

17. 影响企业长期偿债能力的主要因素有哪些?

18. 试列举两个流动比率在实际分析中的局限性,并阐述原因。

19. 请说明市盈率的意义,市盈率的高低又表示什么意义?

第四章 公司金融

学习要求说明：

1. 区分财产权与控制权之间的差异，并研究分析这种差别会带来的潜在利益冲突

2. 辩证分析各类资本市场的形态。针对企业客户，区分并评估不同种类融资方法之间的差异。评估各类长短期债务融资的差异

3. 评估股东资本融资、留存收益的潜在利弊

4. 比较资本市场上几种主要融资方式的差异

5. 比较配股与新股上市（IPO）之间的差异，并评判它们的优劣

6. 比较并评估债券融资与股权融资间的差异

7. 描述并比较各类公司债产品的特点和差异

8. 解释为什么通过银行融资是现阶段中国企业融资的主要方式，并评估银行业融资对企业客户的影响

9. 评判贸易融资的优劣，并比较其他融资方式与股权、债权融资方式的差异

10. 比较租赁融资与股权、债券融资之间的差异，并评估租赁融资对企业的影响

11. 评估价值链对公司的意义，并了解价值链融资

12. 解释资金的时间价值，并讨论其对公司项目实施的影响

13. 根据未来现金流及折现率来计算现金流的现值及终值

14. 描述资本预算的基本原理

15. 区分资本预算中的各类项目

16. 描述资本决策的过程，包括判断资本预算典型步骤的影响

17. 阐述 NPV、IRR、PI、PB、DPB 对项目估值的基本步骤，并计算

18. 解释互斥项目，项目优先排序及资本限额配给对资本预算和项目决策的影响

19. 对比 NPV 的方法来评估一个项目与 IRR 的方法

20. 计算一个公司的整体平均资金成本（WACC）

21. 应用 CAPM 模型和 DDM 模型来计算股权成本

22. 计算并理解公司的经营杠杆、财务杠杆和整体杠杆

23. 详述 MM 资本结构与市场价值不相关的理论，描述股权成本与金融杠杆间的关系

24. 描述权衡模型的基本含义，分析权衡模型与 MM 资本结构理论的区别

引言

公司是银行业务的主体，银行从业人员需要做到"知己知彼，百战不殆"，即应深入了解公司银行业务的这个客户群体。

首先，公司银行从业人员必须对公司融资结构有较强的知识储备，同时具备一定的分析能力，才能在实际业务中与客户有效沟通，从而说服对方。众所周知，银行是中国最重要的金融机构，其主要的业务是存贷款，如果可以，客户们更期望公司银行业务部门是个"专家"，在这方面为他们提出合理的计划和适当的建议，这就像我们需要医生去诊疗病情一样。因此，银行不仅要确立自己的固定客户，还需要用自己的专业知识和经验维护好客户关系。

其次，我们还应该了解公司资本结构中多种固有的风险，至少了解由债务和股权构成的最基本的风险。在本章中，将会学到公司融资形式的优缺点，对我们全面把握公司状况，给予公司实质性建议，并顺利推动建议有很大帮助。

最后，投资者对收益肯定是有需求的，对收益的多少也有自己的判断。那么，以收益为导向，投资者会作出很多选择，如从无风险的政府债券到风险较高的股票再到风险极高的风险投资。总之，吸引客户投资，就必须提供吸引他们的回报。

从资产负债表结构上看，右边是债务和所有者权益，其含义是公司融资的渠道包含债券和股票。不管是债权人还是股东，付钱给公司等于付出机会成本，因此他们要求回报率。在考虑了权重等因素后，债权人和股东所要求的回报即是公司做业务所必须覆盖的成本，这个成本称为加权平均资本成本。当然，如果公司再次融资必然会改变公司的资本结构及加权平均资本成本，意味着抬高了对项目收益的要求。最终赚得的收益总要合理分配，即债权人得到利息，股东得到分红。利息是在合约上就已经约定好的，尊重契约精神，企业必须履行。而股利的分配直接影响了企业的留存收益，所以企业会考虑什么是适合的股利政策，这也是董事会最重要的决策之一。

1 公司结构

在公司银行家和客户进行讨论时，需要明确客户企业的具体结构，公司结构决定了谁是银行的债务人。在中国，公司结构主要有三类：个人独资企业、合伙制企业及公司制企业。尽管每个国家对这三类企业的法律政策不尽相同，但对其基本特征的认识是一致的。

1.1 个人独资企业

根据《中华人民共和国个人独资企业法》，个人独资企业是在中国境内设立，由一个自然人投资，财产为投资人个人所有，投资人以其个人财产对企业债务承担无限责任的经营实体。该企业的所有投资均由企业所有人个人承担。企业可以选择是否雇佣员工进行生产经营活动，但是企业的利润或者亏损必须由投资人一人承担。投资人个人对公司的全部债务有清偿的义务。

个人独资企业大多设立于零售行业中（如杂货店）、小规模服务行业（管道维修）、小型制造企业和手工业中。

个人独资企业的优点在于企业所有者可以将管理权、所有权和控制权均集中在个人手中。这种企业结构的灵活性比较强。企业主自主经营，自负盈亏，企业的发展与经营状况直接与企业主个人相关联，从而促使企业主更加主动地进行生产经营活动。从税收上看，个人独资企业不需要缴纳企业所得税。

同时，个人独资企业也存在一系列的潜在问题。对于个人投资者而言，承担无限责任加剧了投资者的风险，因此，更多的投资者将倾向于更加稳健、风险较低的发展策略，从而在一定程度上可能会制约企业的长期发展。在进行筹资活动时，考虑到个人独资企业的风险较大，银行给予的贷款金额会受到一定的限制，从而增加贷款难度。在个人独资企业中，企业主和员工之间仅存在雇佣关系，在这种关系下，如果不能很好地解决劳资问题，在很大程度上会影响企业的运作与发展。

1.2 合伙制企业

思考题：

简述合伙制与公司制的区别。

合伙制企业是指两人或两人以上，根据企业合伙人协议，使用现金、资产或技术等出资设立的企业。《中华人民共和国合伙企业法》于 2007 年 6 月起实行，该法确立了合伙制企业作为法律实体的地位。在中国，主要有三个种类的合伙制企业：普通合伙企业、有限合伙企业及特殊的普通合伙企业。

1.2.1 普通合伙企业

根据中国法律，普通合伙企业由普通合伙人组成，合伙人对执行合伙事务享有同等的权利。通常而言，普通合伙企业中的每个合伙人对企业的所有债务承担无限连带责任。企业中一个合伙人的疏忽会导致所有合伙人遭受损失。对这类企业，银行在为其开户时通常会设立连带责任条款以明确普通合伙企业中的所有合伙人均对企业在银行中的负债承担责任。

合伙协议依法由全体合伙人协商一致、以书面形式订立。合伙协议包含了所有合伙人同意的约定事项，例如企业利润的分配及企业清算时，各项资产的归属问题。

1.2.2 有限合伙企业

依照法律规定，有限合伙企业由普通合伙人和有限合伙人组成，普通合伙人对合伙企业债务承担无限连带责任，有限合伙人以其认缴的出资额为限对合伙企业债务承担责任。在有限合伙企业中，必须至少有一人为普通合伙人，对公司债务承担无限连带责任。

1.2.3 特殊的普通合伙企业

与其他合伙制企业形式一样，特殊的普通合伙企业中的合伙人既是公司的所有者又是公司的管理者。但是，在特殊的普通合伙企业中，企业所有的合伙人均对公司债务承担有限责任。因此，它从一定程度上防止企业的所有合伙人由于某一合伙人的疏忽而蒙受巨大损失。特殊的普通合伙企业中的合伙人均以其认缴的出资额为限对合伙企业债务承担责任。

通常而言，一些使用专业知识技能对外提供服务的机构会选择成立特殊的普通合伙企业，如会计师事务所、律师事务所等。

1.2.4　合伙制企业的优缺点

合伙制企业与个人独资企业最大的不同在于合伙制企业中的合伙人共同承担企业可能面临的风险和相应的责任，经营风险与压力不再由企业主一人承担。同时，合伙制企业在进行利润分配时，只需要缴纳一道税收，所有合伙人在合伙企业中获得的收益连同合伙人个人的其他收益一并缴纳所得税即可。而在公司制企业中，用于进行分配的利润均为公司缴纳企业所得税之后的税后利润，股东在收到股利分配后仍需要缴纳个人所得税。

合伙制企业不能发行股票和债券进行融资，所以合伙制企业的发展规模可能会受到一定的制约。此外，和公司制企业相比，普通和有限合伙制企业中的合伙人比公司股东需要承担更大的责任，普通合伙人需要承担无限连带责任。

1.3　公司制企业

在合伙制企业中，公司的合伙人个人对公司的债务承担责任。但是，对于大多数企业的所有人而言，他们并不愿意以个人名义对企业的债务承担责任，因此，公司制企业这种形式更为他们所接受。

根据 2006 年 1 月 1 日起施行的《中华人民共和国公司法》（以下简称《公司法》），公司在法律上与股东个人分离，是单独的企业法人。公司以其全部财产对公司的债务承担责任。公司的股东以其认缴的出资额或其认购的股份为限对公司承担责任。

公司的所有权归全体股东所有，但是公司的经营权掌握在股东聘请的管理层手中。所有权和管理权的分离是公司制企业有别于有限合伙制企业的最大特征。对于小规模的公司而言，可能管理者即是所有人，但对于大规模的公司而言，所有人和管理者一般由不同的个人组成。

1.3.1　有限责任公司

《公司法》于 2005 年 10 月 27 日修订通过，自 2006 年 1 月 1 日起施行。该法律规范了两种公司形式：有限责任公司及股份制公司。

有限责任公司不能直接通过向社会公开募集获得资金，并且这种类型的公司不能直接进行上市交易。根据《公司法》规定，有限责任公司可以由 1～50 个股东出资设立。对于有两个及以上股东的有限责任公司，公司注册资本的最低限额为人民币三万元。对于一人有限责任公司，公司注册资本的最低限额为人民币十万元。

有限责任公司必须在公司名称中标明"有限责任公司"或者"有限公司"字样。法律规定，外商通过直接投资在中国设立的企业必须为"有限责任公司"。

1.3.2 股份制公司

股份制公司和有限责任公司不同，股份制公司可以通过向社会公开募集获得资金。每个购买公司股票的人均为公司的股东（所有人）。股份制公司可以选择是否上市交易股票。在此，我们需要区分两个概念：公开公司（Public Company）和上市公司（Listed Company）。公开公司可以向社会公开募集资金。但是如果公开公司想要在证券交易所进行交易，它首先必须挂牌上市，成为一家上市公司。因此，所有的上市公司都是公开公司，它们的股票可以在证交所挂牌交易，但并非所有的公开公司均为上市公司。

在股份有限公司中，公司的全部资本被等额划分，公司的股东以其认购的股份对股份有限公司承担责任。根据《公司法》规定，设立股份有限公司，应当有二人以上二百人以下为发起人，注册资本的最低限额为人民币五百万元。

股份有限公司主要通过两种形式在证交所发行股票：A 股和 B 股。A 股市场以人民币为交易货币，曾经仅对中国国内投资者开放，目前国外投资者也可以在该市场进行交易，但是存在诸多限制。B 股市场以美元为交易货币，曾经仅对外国投资者开放，目前国内投资者也可以在该市场进行交易。

上市的股份有限公司注册资本的最低限额为人民币三千万元，其中 25% 需要通过公开募集获得。但是，当公司的注册资本超过四亿元时，对于 A 股上市公司，公开募集比例需占实收资本的 10%；对于 B 股上市公司，公开募集比例需占实收资本的 15%。股份有限公司必须在公司名称中标明"股份有限公司"或者"股份公司"字样。

对于外商投资的股份制企业，外国投资者必须持有至少 25% 的注册资本，并受到中国法律法规的约束。外国投资者对股份制公司的形式相对较为熟悉，它的运作方式更趋近于外国公司的形式。股份制公司可以直接公开募集资金并通过可转换公司债券等形式进行筹资活动。但是，由于设立审批程序较为复杂，而且公司的资本转移受到限制，外商投资的股份制企业的发展尚存在一定的局限性。

1.3.3 公司制企业的优缺点

大多数公司制企业有着无限续存的特点。公司的所有权和管理权相分离，公司的所有权直接通过股票（股份）来表示。在个人独资企业和合伙制企业中，企业所有人如果产生意外，企业必须进行相应的变更或者清算。但在公司制企业中，所有人若发生意外，不会影响公司的持续经营。相比前面的两种企业结构，公司制企业的经营风险相对较低，并且能够较为便捷地从资本市场中获得融资。

但值得注意的是，公司制企业，尤其是股份制公司的设立成本相对较高。同时，公司制企业在利润分配时，存在重复纳税的缺点，既需要缴纳企业所得税，同时，股东个人在获得股利分配时仍需要缴纳个人所得税。

1.4 其他结构

在中国，公司的结构发展是一个新兴的课题，并且正在高速拓展中。除了之前介绍的公司结构，尚存在其他结构的企业形式，例如，俱乐部、协会、政府机关等。股份合作制（Joint Stock Cooperative Company）企业的形式在 1997 年的第十五届全国人民代表大会上通过，但这种公司结构尚未被列入《公司法》的范畴。未来这种公司结构将会有更大的发展空间。

在银行发展客户关系时，首要任务是明确客户的公司结构状况。正如我们之前介绍的，对于不同的公司结构，法律规定的条款均不尽相同。

1.5 主要公司结构的比较

思考题：

请描述一下普通制造企业的营运资本循环（Working Capital Cycle）。

最后，我们通过表格的方式来对我们之前介绍的三种主要的公司结构进行归纳和总结，以帮助我们更好地回顾各个种类的公司结构相应的特点与特征。

企业类型		企业特征
个人独资企业		由一个自然人投资，财产为投资人个人所有，投资人以其个人财产对企业债务承担无限责任的经营实体。该企业的所有投资均由企业所有人个人承担。
合伙制企业	普通合伙企业	普通合伙企业由普通合伙人组成，合伙人对执行合伙事务享有同等的权利。通常而言，普通合伙企业中的每个合伙人对企业的所有债务承担无限连带责任。
	有限合伙企业	在有限合伙企业中，必须至少有一人为普通合伙人，对公司债务承担无限连带责任。普通合伙人对合伙企业债务承担无限连带责任，有限合伙人以其认缴的出资额为限对合伙企业债务承担责任。
	特殊的普通合伙企业	特殊的普通合伙企业中的合伙人既是公司的所有者又是公司的管理者。但是，在特殊的普通合伙企业中，企业所有的合伙人均对公司债务承担有限责任。特殊的普通合伙企业中的合伙人均以其认缴的出资额为限对合伙企业债务承担责任。
公司制企业	有限责任公司	有限责任公司可以由 1～50 个股东出资设立。对于有两个及以上股东的有限责任公司，公司注册资本的最低限额为人民币三万元。对于一人有限责任公司，公司注册资本的最低限额为人民币十万元。
	股份制公司	在股份有限公司中，公司的全部资本被等额划分，公司的股东以其认购的股份对股份有限公司承担责任。根据《公司法》规定，设立股份有限公司，应当有二人以上二百人以下为发起人，注册资本的最低限额为人民币五百万元。 上市的股份有限公司注册资本的最低限额为人民币三千万元。

资料分享：对国有大中型企业实行规范的公司制改革（学习贯彻十五届四中全会精神）

内容提要：

■ 对国有大中型企业实行规范的公司制改革，是我国生产力发展日益社会化的需要，它有利于探寻公有制的有效实现形式，有利于摸索公有制与市场经济有机结合的微观形式。

■ 在对国有大中型企业实行公司制改革中，由于所有者与经营者、所有权与控制权的分离，如何形成决策权、监督权和执行权相互分立、相互制约、相互合作的有效的法人治理结构，是完善公司制度的一个重要内容。

　　■ 对绝大多数国有大中型企业来说，实行公司制改革，建立法人治理结构，必须以投资主体的多元化为前提条件。

　　对国有大中型企业实行规范的公司制改革，是党的十五届四中全会《决定》作出的一项重大改革举措。这一改革措施的具体落实，将有力地推动国有企业改革的深化。

公司制是现代企业制度的有效组织形式

　　公司制虽是在资本主义市场经济发展到成熟阶段以后才得以广泛运用的，但它并不是资本主义特有的产物或经济现象，而是人类在组织社会化大生产方面的伟大创造，是人们在推动经济发展的漫长过程中摸索出来的组织经济的一种微观形式，是人类文明的共同财富。公司制，不仅资本主义市场经济可以用，社会主义市场经济也可以用。

　　对国有大中型企业实行规范的公司制改革，是我国生产力发展日益社会化的需要。社会化大生产的发展，要求集中资本，并使资本能够重新组合，而这种要求与所有者主体多元化和利益主体多元化所决定的资本占有的多元化、分散化形成了矛盾。依靠原有的那种单一的公有制形式和单一的企业组织形式，已经无法解决集中资本与资本占有多元化的矛盾，以及资本占有与资本使用不平衡的矛盾。因此，在客观上有必要探寻一种合适的企业组织形式来解决上述矛盾。由不同投资主体共同投资经营的公司制企业，具体地说就是股份有限公司和有限责任公司，正是能够有效地解决上述矛盾，实现资本集中的企业组织形式。因为公司制企业能够在形式上使人们对资本的所有权和使用权相分离，在保证各经济主体的所有权不变和应有的经济利益的前提下，把分散的使用权转化为集中的使用权，从而达到集中资本的目的。与此相适应，公司制企业增加了企业资本的来源，它能为各方面、各层次的投资者提供投资场所，能够不受部门、地区、所有制的限制，尤其是还可以吸收在个人手中的零星资金，从而使资本来源多元化。

　　一般来说，资本投入企业，多数是作为长期性资本投放于机器设备及有关设施等固定资产之中的，因此，投资额以企业收益的形式回收需要很长的时间。另外，投资者则往往要求能够保证按照自己的意愿随时收回投资，要求有在相对短期内回收投资的保证。这样，企业资本的固定化和回收周期的长期化，与投资者所要求的投资短期回收保证就形成尖锐的矛盾。我国原有的那种单一的所有制形态的企业无法解决这一矛盾，而公司制则能通过公司股权的转让或流通有效地解决这个矛盾。因此，公司制企业能够容纳社会化程度较高的社会生产力。由此可见，在我国，对国有大中型企业实行规范的公司制改革，其实质在于探寻社会主义市场经济条件下公有制的有效实现形式，摸索公有制与市场经济有机结合的微观形式，以解决各主体资金占有与资金使用不平衡、集中资金与资金分属不同主体占有以及企业资金的固定化和回收周期的长期化与投资者所要求的投资短期回收保证等各种矛盾。

公司法人治理结构是公司制的核心

公司法人治理结构是公司制的核心。公司法人治理结构一般是指我们常说的公司领导制度。

作为典型的股份制企业，股份有限公司具有更为明显的所有权和控制权的分离性。随着市场经济和社会化大生产的发展、科学技术的进步、生产力水平的提高，管理工作逐渐成为一种专门的职业。在独资企业、合伙企业和一些小公司中，管理的全部职能往往是由企业主（所有者）兼任的。但随着公司规模的扩大，在大中型公司中，所有者和经营者、所有权和控制权逐渐分离，股东不直接进行管理。所有权中对物的支配，随着生产力的发展，以及在这种发展的基础上的社会分工的高度发展而逐步地由对物的直接的、具体的支配，向观念的、抽象的、间接的支配转化，股东的所有权象征性地反映着这种所有权的抽象性——股东只能作为一个整体，间接地、观念地、抽象地支配着公司的财产。而承认、肯定公司这种虚拟人的法律人格的存在，是上述转化的开端。会计师、律师、广告专家、销售专家等各方面的专家作为公司经营管理职能的承担者，往往都经过专门的训练，具有特殊的管理才能和技术，能够提高企业的管理水平，为股东带来更多的利益。公司制为所有权和控制权的分离，为提高管理效率提供了良好的组织形式，使两权的分离成为可能。在股份有限公司中，就股东个人对公司的关系而言，投资者一经投资入股，就成为由全体股东组成的公司法人的成员，成为公司的股东。股东无论是自然人还是法人，虽然都是权利主体，但在公司中，公司法人自为权利主体，股东仅是其成员。股东只能作为一个整体，抽象地、观念地、间接地支配公司的财产。对一些股东人数众多、股权高度分散的上市公司而言，情况更是如此。因此，对公司、对股东、对社会而言，都有必要在公司中建立适当的控制体系，使公司企业中的众多股东能够通过这一体系来指定具有专业水平的经理人员管理企业，代表股东管理公司的日常生产经营事务，提出并执行公司的长期决策，同时又使股东能对经理人员进行有效的监督。这就使得建立公司法人治理结构成为必要。

公司法人治理结构的基本框架是由各国的公司法或相关的法律所规定的。一般来说，公司法人治理结构包括三大部分：所有者、董事会（监事会）和执行管理部门。

公司作为法人，在股东投资入股并在政府有关部门注册登记以后，便对自己的资产拥有合法的财产权，投资者只就其投入公司的出资拥有股东权。股东大会是公司的最高权力机构，拥有公司的最终控制权。通过股东大会，公司的股东可以参与公司的决策过程。法律规定了股东所拥有的权利和股东大会的权限。董事会是公司股东大会的一种常设机构，由于公司股东众多，不可能通过股东定期召开股东大会来直接管理经营企业，因此就有必要由董事会受全体股东的委托，来代表全体股东发展和保护股东的投资，使股东的投资保值和增值。董事会的主要作用是对企业的生产经营活动进行战略性指导，作出一些重要的决策。而经营管理层所起的作用则是管理公司的日常生产经营活动。因此，在公司治理结构中的三个部分，具有不同的作用：反映所有权的股东大会的主要作用在于承担风险；作为股东大会的常设机构的董事会的主要作用在于进行战略指导和监督（设有监事会的则由监事会行使监督权）；而由总经理和其他高级管理人员组成的经营管理层则受托进行经营管理。

公司的法人治理结构从管理方面反映着股东与公司、公司与职工的关系，也从组织上反映了所有权与控制权的关系。如果把公司的管理权或领导权分为决策权、监督权和执行权，那么，战略决策权由董事会控制，日常具体决策权由公司管理层控制，监督权主要握在监事会或董事会手中。监事会或董事会根据战略目标和业务指标，对公司实绩进行近距离定期监督，即日常监督，股东大会则对公司实绩进行远距离监督；执行权则由公司管理层掌握，由公司管理层根据既定的目标管理公司。企业的法人治理结构具有决策权、监督权与执行权相互分立、相互制约、相互合作的特点。

从我国企业与政府的关系看，企业受政府的干预确实较多，企业的自主权还有待进一步落实。但如果从企业的厂长、经理在企业经营决策过程中所起的作用看，又可以说我们的厂长、经理在企业经营决策过程中的权力是几乎不受制约的，或者说权力是很大的。在一些股份制企业中，甚至在一些上市公司中，公司的股东会、董事会和监事会虽有其形，但无其实，特别是一些公司的监事会更是不能对经理层和董事起到有效的监督作用。因此，如何在公司制企业中形成决策权、监督权和执行权相互分立、相互制约、相互合作的有效的法人治理结构，是完善公司制度的一个重要内容。

积极发展多元投资主体的公司制企业

近年来，我国国有企业公司制改造取得了很大成效，但也还存在着一些不可忽视的问题，比如，我国股份有限公司的产业分布和地区分布不尽合理，从原国有企业改组而来的公司制企业的国家股股权代表制度有待于完善，《公司法》也有待于进一步完善，与公司制度相配套的政企关系还没有真正调整到位，等等。其中，最为突出的问题是许多从原国有企业改组而来的公司制企业的法人治理结构没有真正建立起来。产生这一问题的原因有多方面，但最为根本的原因是没有形成真正意义上的投资主体多元化。真正意义上的公司制企业是由多元投资主体形成的企业。尽管实行了投资主体多元化不一定就能建立起真正意义上的现代企业治理结构，但对多数国有企业而言，实行多元投资主体的公司制改造是一种比较好的制度安排与选择。因为国有企业进行公司化改组必须实行投资主体的多元化，公司制度的许多优点与其投资主体多元化相关。从某种意义上说，没有投资主体的多元化，就没有真正规范化的公司。对绝大多数企业来说，实行公司制改造，建立企业法人治理结构，必须以实现投资主体的多元化为前提条件。

值得注意的是，由于多方面原因，目前一些经公司制改革的原国有企业仍作为国有独资公司存在。这种状况必然对国有企业改革的进程、国有企业公司制改革的效果、国有企业经营机制的转换等产生负面的影响。多数国有企业应根据国家有关规定和企业自身的具体情况，改组为有限责任公司或股份有限公司。国有独资公司只能是关键的少数，对于采取这种公司形式，应该持特别慎重的态度。凡是不需要作为国有独资公司存在的国有企业，都要创造条件按照《公司法》的规定改组为多元投资主体的公司制企业。

从实践来看，可以通过多种途径实现投资主体的多元化。一是在国有资产分级监督、管理的基础上，在一个企业中可以有多个由各级或各地政府组成的国有股东，而不是像现在一个企业中只有一个国有股东。一部分国有企业可以依法改制为国有多股的有限责任公司。二是债权转股权，除了"贷改投"和将企业的一部分银行债权转为政府专门设立的"金融资产管理公司"的股权外，有条件的企业其债务也可以通过适当的方式，把一部分转给企业的职工和高层管理人员作为他们的股权。企业之间的债务也可以经协商通过适当的方式转为股权。三是在中型国有企业中实行职工持股计划。四是在企业并购、技改、搬迁过程中通过多种方式实行投资主体多元化。五是与建立企业高层管理人员的激励约束机制相结合，实行高层管理人员的持股。六是通过到境内外上市实现投资主体多元化。七是通过中外合资实现投资主体多元化。八是通过法人相互持股实现投资主体多元化。

（《人民日报》1999 年 11 月 25 日第 9 版）

2 股票融资（Equity Finance）

之前我们介绍了三种主要的企业结构，并且了解了这些企业结构相应的特征。无论哪一种企业结构，企业所有人都需考虑如何融资，即帮助企业获得资本开展各项经营或投资工作。在企业的创始初期，由企业所有人出资，用于企业的创立和基本经营活动。随着企业的不断发展，项目的不断扩张，企业所需要的资本会越来越多。这时企业就要考虑通过其他渠道进行筹资。

当然，公司可以通过很多形式进行融资，对于公司管理层而言，尤其重要的是选择最优的筹资方式。本章节之后会介绍公司的资本结构，现在我们从最基本的资本开始介绍：股东融资（Shareholder's Finance）或称股票融资。

股票融资主要通过两个方式进行：

■ 实收资本——股东对公司进行投资的股本金额。

■ 留存利润——公司在日常经营活动中所累积的尚未被分配的利润金额。

2.1 股东实收资本

公司的实收资本必须在公司设立前出资到位，它作为永久性资本长期留存在公司账面用于日常生产经营活动。

在股份制企业中，实收资本通过股东对公司股票的认购来确认，这些股票通常以面值计价，在上市公司，这些股票可以公开交易。股东在公司中的利益通过股权来实现。

在有限责任公司中，实收资本即所有股东投资到公司的资本金。在公司的验资报告中会详细列示股东的姓名及出资金额。股东的表决权及股息分配决策取决于股东持有的股票数量及其股权。

通常情况下，公司大多数的长期融资都是通过股东的实收资本或者留存利润来实现的。股东投资是公司从股东处获得资金的主要方式，同时，它也是公司资本结构的主要构成之一。

股东掌握公司的所有权，他们分享公司的经营成果，并且享有对公司的控制权。

上市股份有限公司更愿意以在资本市场上公开发行股票或债券的方式进行融资。上市股份有限公司可以在该公司挂牌上市的资本市场上公开出售其股票或债券。

资本市场对于公司而言是一个重要的资金来源地，上市公司可以通过资本市场进行融资活动。严格来说，资本市场有两大作用，分别为：

■ 一级市场：该市场主要用于公司新资本（通常为公司的股票或债券）的发行。

■ 二级市场：该市场为上市公司的证券提供交易服务。

从公司融资的角度而言，我们更关注一级市场。在一级市场上，公司可以公开发行股票以获取所需要的资金，它为拥有资金的投资者和需要资金的公司搭建了互通的桥梁。需要融资的公司可以在一级市场上将其股票（或其他证券）出售给投资者。

已经发售给投资者的证券可以在二级市场中进行买卖。在二级市场中，资金在证券的买方和卖方投资者之间流动，而原始发行该股票的公司不会因为二级市场上的证券交易而获得现金。

2.3.1　证券交易所

证券交易所是上市公司获得股票投资、进行股票交易的一级市场。与股票一样，一些固定收益债券，例如，政府国债、外国政府债券、公司债券、欧元债券等金融工具都可能在一些证券交易所进行交易。

在先前的学习中我们了解到，在中国内地有两个证券交易所：上海证券交易所（上交所）和深圳证券交易所（深交所）。由于国家政府管控原因，这两个证券交易所并没有完全对外国投资者开放。实际上，在深交所进行交易的上市公司很大一部分是国有控股公司。

上海证券交易所是一非营利性组织，直接受中国证券监督管理委员会的管辖。在上交所挂牌交易的主要包括股票、债券及基金。债券主要包括国债、美国国债、公司债券及可转换公司债。

上海证券交易所中可以发行的股票种类如下：

■ A 股：该市场原本仅限国内投资者交易，并且以人民币列示交易。

■ B 股：该市场原本仅限国外投资者交易，并且以美元交易（尽管用人民币列示）。

根据 2002 年的变革方案，外国投资者被允许在合格境外机构投资者（Qualified Foreign Institutional Investor Program，QFII）项目中，对 A 股进行投资，但仍受到一定的局限。而自 2001 年起，国内投资者可以在 B 股市场上进行交易。

2.3.2 证券交易所挂牌

如果想要在证券交易所挂牌，股份制公司必须符合《公司法》及《证券法》中的相关规定，具体要求如下：

■ 申请挂牌的公司必须为股份有限公司，并且有二人以上二百人以下为发起人，其中须有半数以上的发起人在中国境内有住所；

■ 公司必须有三年或三年以上的交易记录；

■ 公司最近三年无重大违法行为，财务会计报告无虚假记载；

■ 股票经国务院证券监督管理机构核准已公开发行；

■ 公司股本总额不少于人民币三千万元；

■ 公开发行的股份达到公司股份总数的百分之二十五以上；公司股本总额超过人民币四亿元的，对于 A 股上市公司，公开募集比例需占实收资本的 10%；对于 B 股上市公司，公开募集比例需占实收资本的 15%。

■ 以募集设立方式设立股份有限公司的，发起人认购的股份不得少于公司股份总数的百分之三十五。在 B 股市场上市，公司发起人的出资额不得低于一亿五千万元。

公司挂牌上市有以下益处：

■ 它为公司的长期融资提供了便利，例如，为公司长远发展进行融资。

■ 与非上市公司相比，公司股票挂牌后在市场上的流动性增强，可以帮助股东实现投资收益。

■ 公司可以通过发行股票为其业务增长或并购其他公司进行融资。

■ 公司的质量管理可以得到优化。

■ 公司上市可以提升在商界，尤其是客户和供应商中的声誉和知名度。

公司挂牌上市有以下缺点：

■ 公司上市增加了管理者的责任，在进行重大决策前，必须听取股东意见。

■ 管理者必须严格遵守国务院证券监督管理机构的要求。

■ 公司的发起人需要将一部分投票权转移给新的股东。

■ 当涉及股利分配时，管理者会发现他的决定权受到制约。

■ 企业的知名度的提高可能导致被收购的风险。

■ 公司将面临更高的管理成本。

■ 公司需要花费更多的精力与投资机构进行沟通。

■ 一些潜在的投资者可能仅仅关注短期的投资收益。

2.4 新股发行

思考题：

什么叫做首次公开募集（IPO）？

对于公司而言，在证券交易所主板上进行首次公开募集（IPO）意味着什么？

公司进行股票公开发行必须向国务院证券监督管理机构提出申请，并严格遵守《公司法》、《证券法》、《上市公司证券发行管理办法》等相关法律法规。

发行方可以选择公开募集或非公开募集两种方式发行新股。非公开募集即仅对现有股东发行新股。在这一形式下，关于新股发行的广告、公众宣传及任何形式的包装都不允许出现。

公开募集方式发行股票主要用于：

■ 成立股份制公司：通过公开募集方式设立新的股份制公司。

■ 进行首次公开募集（IPO）：公司在证券交易所中首次发行股票。

■ 进行后续发售：现有的上市公司在市场上发行新股。

上市公司发行新股的方式主要有：向现有股东发行、购股权发行或向公众公开募集新股。

2.5 购股权发行

购股权发行主要是公司通过向现有股东进行邀约，邀请现有股东购买公司新增股票的发行方式。股东有权利按现有持股比例优先认购新股，以保障其在公司的股权比例。这是比较普遍的一种融资方式，与公开增发相比，购股权发行相对较为容易方便，成本较低。需要注意的是，购股权发行不是股票融资的一种，也不是股票融资的方式之一。

与公开发行相比，购股权发行能有效降低发行成本。通过购股权发行的股票价格通常在市场价格的基础上给予一定折扣。因为，对股东而言，在发行期可能会面临股票价格回落的风险。

现有股东有权选择自己认购新股，或者将认购权利转让给其他投资者。新股通常以每股对多少股的形式增发，例如，每持有 4 股增发 1 股。

例题

假设公司在市场上公开发行股票 1 亿股，市值为 1.2 元/股。该公司以 1:4 的比例进行购股权发行。新股认购价格在市值基础上优惠 17%，为 1 元/股。

购股权发行后的价格计算如下：

	股票数量（亿股）	股票单价（元）	总价值（亿元）
购股权发行前	4	1.20	4.80
购股权发行	1	1.00	1.00
购股权发行后	5		5.80

购股权发行后的每股价格为 1.16 元（5.80/5）。该价格为理论价格，即在其他前提不变的情况下，购股权发行完成后，公司股票的理论价格。

在实际情况中，公司股票价格在完成购股权发行后，会受到其他因素的影响，例如，投资者在股票发行后对公司的期望值会产生变化。投资者对于公司是否会将新募集的资本用于提高所有者权益这一问题产生疑问，这就使得购股权发行后的股票市值会有别于理论价格。

资料分享：阿里融资 80 亿美元回购股权　国开系贷款参股

2013 年 5 月，阿里与雅虎签署股权回购协议，阿里将动用 63 亿美元现金和不超过 8 亿美元的新增优先股回购雅虎持有的 20% 阿里股份。阿里巴巴准备将此次融资中的 71 亿美元用于回购。

本报昨日从相关渠道证实，阿里巴巴集团（以下简称阿里集团）将完成 80 亿美元新一轮融资，包括国家开发银行等 12 家机构参与。其中，国开系除提供约 20 亿美元贷款外，还在与阿里集团就股权融资项目进行谈判。

据媒体昨日披露，阿里集团（不包括支付宝）即将完成超过 80 亿美元的融资，其中包括 15 亿美元的可转换优先股、26 亿美元的普通股以及 40 亿美元左右的银行贷款。

国家开发银行一位知情人士告诉记者，国开系确实参与了上述融资项目，其提供的银行贷款为 20 多亿美元，据其了解，另有其他"中字头"银行参与了整个贷款项目，与国开行共同完成整个项目的贷款部分。

此外，国开系的投资旗舰，注册资本金高达 350 亿元人民币的国开金融有限责任公司，参与了该项目的股权融资项目谈判，目前谈判仍然没有结束。

据阿里集团内部人士证实，融资事宜由首席财务官蔡崇信领衔的海外团队操作。另据投资机构知情人士透露，此前确有多家国内外投资机构因为融资事宜在与阿里集团接触，其中包括云峰基金 LP 等机构。此外，投资机构针对阿里系旗下公司的投资兴趣也一直不减。

据悉，此次融资中的 71 亿美元将用于回购雅虎持有的 20% 的阿里股票。2012 年 5 月，阿里与雅虎签署股权回购协议，阿里将动用 63 亿美元现金和不超过 8 亿美元的新增优先股，回购雅虎手中持有的一半阿里股份，即 20% 股权。

日前，雅虎 CFO 蒂姆·莫斯在出席雅虎第二季度财报分析会议时透露，阿里的股份回购进程非常顺利，并有可能提前完成。"这从一定程度上暗示了阿里回购资金已有着落。"业内人士表示。

根据此前签订的协议，阿里将动用部分现金储备，同时计划通过借贷、股权和股权关联融资相结合的方式筹措回购资金。

据透露，此轮参与融资的机构包括对冲基金、共同基金、主权财富基金、私募股权公司在内的近 12 家投资机构，其中就有中投及国开行。

多位机构人士表示，80 亿美元融资对阿里集团并不过分，特别是阿里系旗下网站盈利性已趋增强。彭博社 7 月 10 日引述知情人士称，上半年，阿里集团的税前利润同比将增长四成，高于去年同期 35% 的增幅。

根据阿里与雅虎 5 月签订的协议，如未来进行 IPO，阿里仍有权以首次公开招股价回购雅虎剩余股份的 1/2，或允许雅虎在 IPO 时出售。这对于 7 年前区区 10 亿美元代价获得其 40% 股权的雅虎，仍将是笔不错的交易。

来源：华股财经。

3　长期债务（Long – term Debt）

除股票融资外，另外一种长期融资方式即通过长期债务进行融资。与股票融资不同，债务作为融资形式的一种需要考虑清偿问题。公司在资金困难的时候，可以选择不分配股利，但是不能不按时支付债务利息费用。同样地，公司不用偿还股东的实收资本，但是债务必须在规定期间内或特定时间点进行清偿。

许多公司有时将债务融资作为股票融资的一种补充，债务融资有以下优点：

■ 公司的股东和管理者不愿意看到他们对公司的所有权和控制权被稀释。通过债务融资不会改变公司的股权结构，因而避免了权力稀释的问题。

■ 与股票融资相比，债务融资的成本更低。因为债权人将承受的风险降低，从而他们要求的投资回报率也会相应减少。债权人的利息优先于股利的分配，所以风险下降。如果公司进入清算程序，那么债权人银行能够优先于普通股股东获得清偿。

值得一提的是，公司的债权人并不能享受公司的经营成果，他们仅获得贷款的利息收入和贷款本金的清偿。尽管债权人可以在贷款合同中列明抵押、禁止条款，但他们对公司的决策没有任何的表决权。

债权人或银行需要注意，他们可以在贷款合同中加入抵押条款或严格的禁止条款，并通过这些条款限制公司管理层对公司资产的处置。公司管理层可能需要债权人的允许才能出售资产或进行租赁。如果公司将资产抵押给债权人，一旦公司无法清偿贷款，相应资产将被债权人占有。

公司有一系列的工具可用于债务融资，它们大致可以被划分为以下两大类：

■ 公司债券

■ 银行贷款

在中国，大多数的公司债券的持有人是国有银行，一部分归社保基金和基金管理行业所持有，因此目前在中国，这两类债务融资工具的市场基本一致。

3.1　债券（Bonds）

债券是指借款人为筹集资金而发行的，并承诺在一定期限内还本付息的一种可转让债务工具。债务人定期向债权人支付固定的利息费用直到债券到期，债券本金得到清偿。

通过对债权含义的深入研究可以看出债券所包含的一些基本特征。

3.1.1　可转让债务工具

可转让性是指债券以纸质的形式发行，并且可以在市场上进行交易。一些特别种类的债券相比其他债券可能更容易换手。例如，国债的流动性相比其他债券更强，更容易进行交易。相反，一些特定的公司债券可能流通性较差，最初的买家通常持有该债券直到债券到期日的来临。

3.1.2　面值

正如我们之前了解到的，所有的债券在发行时都写明债券的面值，面值表示了投资者的历史投资金额。在中国，大部分债券的面值为 1 000 元人民币，债券的交易价格均以该面值为基础。面值有两个重要的作用：

■ 决定息票支付的尺度

■ 决定了该债券到期后需要支付的本金

我们之后将具体讨论这两个作用。

3.1.3　债券到期日

一般而言，债券在一定期限后均需要赎回，该期限决定了投资者何时可以收回本金，但有些债券却不一样。因此，我们将债券再细分为两类：

■ 可赎回债券

■ 不可赎回债券

可赎回债券

大多数的债券都能归为这一类，可赎回债券可以再细分为以下几类：

■ 单一债券（Single - dated Bonds）：这类债券仅在预设的时间到期。

■ 双重日期债券（Double - dated Bonds）：债券发行人在两个特定的日期之间可以将其赎回。对双重日期债券而言，第一个日期代表发行方可以开始赎回，第二个日期代表发行方必须在该期限前将其赎回。

■ 可提前偿还的债券（Callable Bonds）：对债券发行方而言，如果他们的条件允许，他们会希望能够提前赎回债券。双重日期债券可以视为可提前偿还债券中的一种。可提前偿还的债券还有其他一些特征，例如，提早赎回需要支付的溢价等。这类债券可能在其到期前的任何时间都能赎回。

■ 可回售债券（Putable Bonds）：这类债券的持有人有权在债券面值的基础上加上溢价，将该债券回售给债券的发行人。

不可赎回债券

在不可赎回债券中，没有债券到期日，发行方没有义务偿还债券的本金，除非他们主动愿意偿还。发行这类债券，息票将永无止境地支付下去。

3.1.4 息票

息票是指按照债券的票面价格每年进行支付的利息金额。债券的息票在债券发行前已经确定，但这并不意味着在债券发行的那天息票信息就已公布。尽管大多数债券，例如固息债券等，直接列明了息票，其他一些债券不一定直接列明息票。此外，一些债券的息票会根据经济情况的变化而改变。

因此，我们可以将债券的息票分为两类：

■ 预先确定的息票

■ 变动息票

尽管息票金额可能需要进行计算，但每年的息票必须在除息日之前支付给债券的持有人。

预先确定的息票

正如我们之前描述的，大部分债券的息票是预先设定的。对这些债券而言，每年收到的息票，即一年内可以收到的金额，无论支付频率如何，都会按其占债券面值金额的比例列示。我们可以将其细分如下：

■ 固息债券：这类债券的息票在债券的有效期限内不会改变。

■ 梯式债券：随着债券年限的增加，相应的息票也有着阶梯式的增长。

■ 零息债券：这类债券没有息票，仅在到期时按其面值进行赎回。投资者在购买这类债券时，仅需支付面值的一部分，从而在到期时获得收益。

变动息票

这类息票的债券可以分为：

■ 浮息债券：息票随着利率的变化而变化。

■ 与指数挂钩的债券：息票及赎回金额随着通货膨胀率的变化而变化。

3.1.5 息票支付频率

息票支付频率一般在息票发行前就已按照当地市场惯例确定。所有投资者都应该知晓息票支付的具体日期。

在不同的市场上，息票支付的频率有所区别。在一些市场，例如，英国和美国市场，息票一般每半年支付一次。而在其他一些市场，特别是欧债市场，例如，法国和德国市场，息票每年支付一次。

3.1.6 息票受益人

一般而言，债券的持有者拥有该债券到期日前所有的资产流动。但是，一些市场可能将息票和债券进行分离，从而债券的持有者可能仅获得债权的赎回金额，息票则被支付给第三方。

3.1.7 到期赎回

正如之前所述，一些债券到期后可能不进行赎回，我们称其为不可赎回债券。但是，大多数的债券到期后均能赎回，尽管赎回的方式可能有所差异。在此，我们主要考虑的是债权到期后的赎回形式，一般主要分为以下两种方式：

■ 现金赎回

■ 其他资产赎回

现金赎回

大多数的债券在到期日后均通过现金方式进行赎回。现金赎回可能以：

■ 面值赎回：公司企业在债券到期后根据债券的面值对其进行赎回。

■ 收益赎回：公司企业在债券到期后在债券面值的基础上加上特定的收益对其进行赎回。

其他资产赎回

除了要求债券发行方在债券到期后必须支付现金外，有些债券规定持有人可以选择到期后用现金进行赎回还是用其他资产进行赎回，例如：

■ 用另一种到期日更晚的债券进行赎回。

■ 用公司企业的股票进行赎回。

3.1.8 最常见的债券

尽管债券的种类和特征各有不同，但最常见的债券为普通债券，特征如下：

■ 普通债券包含以本位币列示的固定面值。

■ 普通债券支付固定息票，息票以其占面值的百分比表示。

■ 普通债券有着唯一固定的到期赎回日。

■ 普通债券规定了固定的赎回价格，一般为面值。

3.2 银行融资（Bank Finance）

思考题：

请简述对公司而言通常使用的两种融资方式是什么。

考虑中小企业银行融资时可能会出现的问题有哪些？

另外一种长期债务融资即我们之前提到过的银行融资。实际上，银行贷款融资的期限可以从一天到长期（一年以上）不等。

与债券相比，银行融资的优势在于贷款的金额和条件可以根据借款人的不同需求而设立。在清偿贷款时，有时会设立免息日、宽限期限等条件。

银行贷款融资对公司而言更有吸引力，这主要是由于：

■ 同债券融资相比，管理费用和法律费用相对更低。

■ 通过贷款获得资金的速度更快。

■ 同债券持有人相比，银行对合同条款的变动更具有灵活性，特别是由于经济大环境变化而导致的波动。相比和许多债务人通过信托公司达成协议，直接和一个债权人（银行）进行交易更为简单。

■ 银行融资适用于各类规模的公司企业，而债券融资仅适用于大公司。

公司企业在使用银行贷款进行融资时，需要注意银行给予的贷款条件，特别是贷款成本（手续费及利息等）、抵押物、规约、报告信息及还款约定等。同时，公司管理层需要决定使用固定利率还是浮动利率。

资料分享：汇丰投资银行为新世界集团融资逾14亿美元

前不久，香港汇丰投资银行亚洲有限公司企业财务董事兼中国事务主管许亮华先生接受了记者的采访，就刚刚完成的香港新世界中国地产有限公司（以下简称新世界中地）一项长达4年、累计逾14亿美元的融资项目作了详细介绍。

20世纪90年代以来，香港著名华商郑裕彤财团通过旗舰企业新世界发展有限公司开始大举进军内地的中低档房地产市场，并成为北京、武汉、天津和沈阳等城市的房地产战略发展商，为此，需要筹集庞大的资金进行投资。

1993年的高峰期后，许多城市的楼房尤其是高档楼房大量空置，使得国际资本市场对中国房地产市场的看法相当消极。在这种情况下，要说服他们为新世界发展有限公司拓展内地房地产市场进行投资，难度可想而知。

1995年11月，汇丰为新世界中国房主发展有限公司首次通过私募方式发行了5亿美元的股本。本次发行是香港历史上最大的私募发行，私人股本投资者占有了新世界房主43％的股份，新世界发展则持有57%的股权。

第二次是为新世界中国金融有限公司发行的3.5亿美元强制可换股担保债券。在私募成功发行一年后，新世界中国希望筹集更多的资金用于其在中国的房地产的投资活动。作为新世界发展的全资子公司，新世界中国公司的规模还太小，采用普通债券方式发行成本较高，如果上市又不具备三年业绩的条件。于是，汇丰主要针对上一次私募所未触及的可换股债券为债务投资者设计了可换股债券的发行方式。

但是，这种方式也有很大的结构性缺点：公司上市后，债券尚未到期就可以转为股票，在换股期间，可能会有大量股票突然涌入市场，这会给当时的股价造成压力，甚至影响初次公开发行的价格，因为投资者预计初次发行后股价不会立即上行。为此，汇丰设计的结构是，所有债券强制转换成股票，并在初次公开发行时作为发行规模的一部分，上市前必须决定是否换股，上市后就没有可换股债券了，这就给了投资者关于市场流通股数的确切信息；当然这也给发行增加了难度。这次发行是除日本外亚洲地区最大的可换债发行之一，汇丰承担了2.1亿美元的分销份额，却创造了8.6亿美元的总需求，发行后债券交易价格一直高于发行价格。

在公开流通债发行两年半以后，新世界中地准备在1999年到股票交易所上市，发行规模为5.68亿美元。这次发行面临的最大障碍在于，国际投资者对于中国房地产业有很多误解，对实际发生和酝酿中的变化知之甚少。如何改变投资者的不良印象就成了决定发行成败的关键。为了让股本投资者能够更好地了解中国的房地产市场，汇丰集团属下的汇丰证券于 1999 年 5 月 6 - 7 日在中国香港和新加坡举办了中国住房改革研讨会；为配合全球发行，汇丰组织了两次独立的访问活动，活动事先都有详尽的研究报告作铺垫，活动横贯了亚、欧、北美三大洲；6 - 7 月，汇丰又组织了大规模的全球路演，访问了三大洲的 11 个城市。为一次发行举行三次全球规模的推介活动，这是非常罕见的做法，经过这三次声势浩大的活动，终于完成了对投资者的"教育"工作。

在此次发行过程中，可换股债券的换股程序是个关键环节。债券持有者的换股方式有三种：在初次公开发行中认购最大数量的股票，或是将债券折算成股票出售获得现金收入，或是只认购最大债券股的一部分，其余债券则兑现。经过路演，结果相当令人振奋：来自股本投资者的需求为 7.83 亿美元，来自债券持有者的需求为 1.43 亿美元，总需求达 9.26 亿美元。至此，由汇丰一手策划的为新世界中地总额超过 14 亿美元的这个融资故事也画上了一个圆满的句号。

资料来源：招商文库。

4 其他融资形式

债权人和股东提供给企业的资金是有限的，但社会资源具有无限性。企业想要膨胀式发展，就必须充分使用"别人的钱"。这和常规的股票融资与长期负债融资有明显区别，一般都是根据贸易需求应运而生，具有较强的针对性，尤其是中小型企业。

4.1 贸易融资（Trade Financing）

思考题：

简述贸易融资的作用有哪些。

近年来，为了促进全球贸易的进一步发展，尤其是促进发展中国家对外出口的发展，贸易融资已经成为一种有效的手段，特别是全球层面的贸易融资合作。全球层面的贸易融资合作也已经得到了国际金融组织、发达经济体和发展中经济体的普遍赞成。在进口商与出口商的交易当中有贸易结算的需求，也代表进口商与出口商之间存在了债权债务关系，一般银行就用国际结算清偿国际买卖间的债权债务问题。

贸易中，进口商会考虑很多问题，比如，可以不占压资金或者尽量少占压资金进口货物吗？可以在货物出售之后再付款吗？怎样才能在货先到而单据未到的情况下提货？贸易中，出口商也同样会考虑很多问题，比如，组织货流资金不够，银行是否可以提供帮助？如何在出货后，可以立即获得付款？远期结算的方式，可以立即收款吗？在托收或赊账情况下，如何能够有保证地收回货款？

贸易融资在这样的需求下就应运而生了，指的是银行提供的进出口贸易项下的信贷支持，包括一整套为从事进出口贸易的客户设计的融资手段，以满足客户在贸易过程中各阶段的融资需求。现已成为很多企业解决资金短缺问题并促进贸易的发展和进行的方式。从微观经济学的基础理论出发，如果一个企业的贸易融资业务能得到良好发展和充分利用，代表社会资源可以充分利用，那么这将成为提高对外贸易竞争力的一个重要因素。

也正因为是贸易而产生的，贸易融资通常是一年以内的短期产品，主要用于商品周转快、成交金额不大的进出口需求。一般而言，贸易融资包括进口预付款融资、进口代付、打包贷款、进口押汇、进口托收押汇、提货担保、出口保理业务等。

贸易融资无论从风险度、银行准入门槛、审批流程速度方面都较普通的流动资金贷款有优势。尤其对于中小型企业打开了方便之门，因为调查企业的规模、净资产、负债率、盈利能力及担保方式等情况是传统银行流动资金贷款过程中的必要环节，很多中小企业因为达不到银行评级授信的要求而无法从银行获得融资。而贸易融资进入门槛较低，且银行关注的重心是每笔具体的贸易、业务，重点考察每笔贸易的真实背景及历史信誉状况。审核过程的简单使得企业也可以较为快速地获取所需资金。

4.2 金融租赁融资（Lease Financing）

思考题：

简述企业为什么使用融资租赁办法。

4.2.1 金融租赁融资概述

融资租赁，是企业进行长期资本融通的一种新手段。金融租赁融资业务使得企业不必仅仅靠自己的积累而去拥有设备，而且可以靠"占用设备"产生效益。此时与企业发生业务的并不是银行，而是金融租赁公司，也就是经中国银行业监督管理委员会批准，以经营融资租赁业务为主的非银行金融机构。

很多中小企业不论是技术水平，还是设备硬件都在竞争激烈的市场中相对落后，可是要更新或者改造设备需要大量资金支持。中小企业规模小、信用等级低，盈利不够稳定，完全通过长期贷款或者上市，实现度很低。在这种情况下，简便快捷、信用要求低、不需要额外的担保或抵押的融资租赁就是一种非常好的方式，下面用一个简单的例子具体说明。

某企业基本状况如下：成立于 2011 年，注册资本 643 万元，专业生产各类汽车减震器。在当地工业企业综合排名 28 位，拥有总资产 1.8 亿元，资产负债率 45%。产品以出口为主，占销售额的 70%。目前与伊朗 FS 公司建立了合作伙伴关系，2011 年完成 8 500 万元销售额，并于 2013 年签订 300 万个减震器（价值 1 500 万美元）的项目，市场前景非常看好。随着生产规模和员工数量的成倍增加，以往的管理模式已不适应企业的发展要求，因此公司决定对原有生产线进行工业工程设计和精益生产改造，拟融入资金 1 500 万元。项目投产后产能量增加，以出口为主的销售增加了应收款和存货周转的时间，造成企业的短期流动性并不是很理想，对流动资金的需求增加。也由于企业无法从银行解决技术改造设备所占用款项，假设使用现金购买机器，导致流动资金进一步紧缺。企业经过反复思量，最后决定使用融资租赁的方式，因为通过融资租赁融入的是长期资金，既解决流动资金缺口，又解决短借长用问题，企业可利用新项目产生效益分期归还，还款压力小。且利用融资租赁引进技术改造设备可享受一定的国家税收优惠政策，增加企业资金积累，有利于进一步扩大再生产。最终融资租赁公司经过对该企业本次技改项目进行了评估，租赁规模总额 2 000 万元，企业存入 500 万元保证金，租期三年，租赁净投放 1 500 万元。通过租赁，企业本次技改项目不但更新了设备，扩大了生产规模，增强了市场竞争能力，而且还解决了流动资金的问题。

4.2.2　融资租赁和银行贷款的区别

融资租赁和银行贷款都是为企业融通资金，但还是有很明显的区别。

第一，银行贷款为企业提供的是资金，一般是一种纯粹的资金运动形式，贷款人和借款人之间仅是一种简单的借贷关系，而融资租赁则是一种融资融物相结合的形式，可以说融资是手段，融物是目的。在租赁交易合同中，一般对融资用途作了专门的限制，比如用于购买某项设备，经承租人认可，资金由出租人直接支付给设备供应商，不经过承租人的账户，在融资租赁交易中，资金的运动和实物的运动同步且紧密相连。所以简单地理解为银行贷款与融资租赁都是合约，可是合约标的物不同，在银行贷款中，只有一项借贷合同，合同标的物就是资金，而在融资租赁交易中，有两项合同，合同的主要标的物是租赁资产。

第二，银行贷款与融资租赁的融资程度不同，通常借款人向银行贷款，银行要求借款人必须有一定的自有资金，提供抵押和担保，对抵押品的评估也是相当低，为公允价值的一定比例，而且一部分贷款还要作为存款存于银行，因而相对抵押品的价值，贷款数额较小，而融资租赁是设备自身未来创造的现金流量，一般在数额上等于融资租赁资产的价值，因而相对融资数额较高，且通常不再要求其他担保。

第三，整个融资租赁交易中涉及的关系比银行贷款复杂，银行信贷中主要涉及贷款人和借款人两方，而在融资租赁交易中，主要当事人涉及三方：承租人、出租人和供货方，他们的关系既有租赁关系，又有买卖关系。

第四，相对于传统的银行贷款模式，融资租赁具备了明显的优势。一是作为承租人的企业获得了简便、时效性强的融资渠道。由于租赁费用被视为经营支出，所以易于决策。中小企业由于自身原因向银行借贷缺乏信用和担保，很难从银行取得贷款。

而融资租赁的方式具有项目融资的特点，由项目自身所产生的效益偿还，而资金提供者只保留对项目的有限权益。二是到期还本负担较轻。银行贷款一般是采用整笔贷出，整笔归还；而租赁公司却可以根据每个企业的资金实力、销售季节性等具体情况，为企业定做灵活的还款安排，例如延期支付、递增和递减支付等，使承租人能够根据自己的企业状况，定制付款额。三是能减少设备被淘汰的风险。由于融资租赁的期限一般多为资产使用年限的75%左右，承租人不会在整个使用期间都承担设备陈旧过时的风险。四是租赁期满后，承租人可按象征性价格购买租赁设备，作为承租人自己的财产。五是加速折旧，享受国家的税收优惠政策，具有节税功能。根据财政部、国家税务总局财工字〔1996〕41号文《关于促进企业技术进步有关财务税收问题的通知》的相关规定，"企业技术改造采取融资租赁方式租入的机器设备，折旧年限可按租赁期限和国家规定的折旧年限孰短的原则确定，但最短折旧年限不短于三年"，间接地起到了加速折旧的作用。企业可以按照最有利的原则，尽快折旧，把折旧费用打入成本。这与税后还贷相比，显然对企业有利。

第五，作为非传统融资方式，融资租赁的资金成本较高，也不能享有设备残值，固定的租金支付构成企业一定的负担。相对于银行信贷而言，风险因素较复杂，风险贯穿于整个业务活动之中。

4.3 项目融资 (Project Financing)

思考题：

如何理解项目融资的概念？

项目融资的功能是什么？

项目融资源于20世纪30年代，是在西方国家遭受石油危机以后，企业担忧资源不足而大规模开发资源的热潮中产生，最先在美国继而在欧洲被采用。近几十年在中国被采用，成为一种独特的融资方法。项目融资是为了一个特定项目所安排的融资，外部资金拥有者是以该项目的现金流量和收益作为偿还贷款的资金来源，以该项目资产抵押作为贷款的安全保障。

例如，某企业现在有A、B两个项目，为了满足明年的市场需求，决定增建C项目。那么利用项目融资借来的款项用于建设C项目，而归还贷款的款项也来源于C项目的收益。如果C项目建设失败后，贷款方只能从清理C项目的资产中收回一部分，不能要求用A、B项目的收入来归还贷款。此时贷款方对企业无追索权。但是利用 C 项目的建设来贷款，而同时有另外一家企业，也就是第三方作担保，如果 C 项目失败，第三方的收益将作为偿债的担保，此时贷款方对第三方企业拥有完全追索权。很简单地说，假设借来的款项用于 C 项目，担保的是 C 项目的资产，那么归还贷款的款项仅仅限于 C 项目的收益。一旦有第三方为项目作担保，则归还贷款的款项会涉及第三方企业。这就是无追索权和有限追索权的项目担保的区别。

下表为项目融资和传统融资的区别

	项目融资	传统融资
融资基础	项目的资产和现金流量（放贷者关注项目效益）	借贷人（发起人）的资信
追索程度	无追索权和有限追索权（以第三方提供的担保金额为限）	完全追索（用抵押资产以外的其他资产偿还债务）
风险分担	所有参与者	集中于发起人，放贷者，担保者
股权比例	发起人出资比例较低（通常小于30%），杠杆比例高	发起人出资比例高，通常大于30%～40%
会计处理	资产负债表外融资（通过投融资结构，只要项目发起人在项目公司中的股份不超过一定比例，项目公司的融资不反映在项目发起人的合并资产负债表上，仅出现在项目公司的资产负债表上）	项目债务是发起人的债务的一部分，出现在其资产负债表上

一般资源开发项目、基础设施建设及制造业项目比较适用项目融资。在中国，该融资方式一般应用于现金流量稳定的发电、道路、铁路、机场、桥梁等大型基建项目，目前应用领域逐渐扩大，例如已应用到大型石油化工等项目上。由于项目融资很大程度上依赖企业经营的项目，所以企业实施的步骤也相对复杂。

■ 第一阶段，企业投资决策分析阶段。投资者需要对一个项目进行相当周密的投资决策分析，投资决策分析的结论是投资决策的主要依据。这些分析包括宏观经济形势的趋势判断，项目的行业、技术和市场分析，以及项目的可行性研究等标准内容。

■ 第二阶段，融资决策分析阶段。这一阶段的主要内容是项目投资者将决定采用何种融资方式为项目开发筹集资金。项目建设是否采用项目融资方式主要取决于项目的贷款数量、时间、融资费用、债务责任分担以及债务会计处理等要求。

■ 第三阶段，融资结构设计阶段。这一阶段的重要步骤是对与项目有关的风险因素进行分析、判断和评估，确定项目的债务承受能力和风险，设计出切实可行的融资方案和抵押保证结构。

■ 第四阶段，融资谈判阶段。在项目融资方案初步确定后，项目融资进入谈判阶段。

■ 第五阶段，融资执行阶段。当正式签署了项目融资的法律文件以后，项目融资就进入了执行阶段。

项目融资是以项目本身信用为基础的融资，是与企业融资相对应的。通过项目融资方式融资时，投资人只能依靠项目资产或项目的收入回收贷款本金和利息。在这种融资方式中，投资人承担的风险较企业融资大得多，如果项目失败了银行可能无法收回贷款本息，因此项目结果往往比较复杂。为了实现这复杂的结构，需要做大量前期工作，前期费用较高。项目融资的方式有 BOT、TOT 等。

BOT（Build—Operate—Transfer），即建设—经营—转让，是指政府通过契约授予私营企业（包括外国企业）以一定期限的特许专营权，许可其融资建设和经营特定的公用基础设施，并准许其通过向用户收取费用或售出产品以清偿贷款，回收投资并赚取利润；特许权期限届满时，该基础设施无偿移交给政府。

TOT（Transfer－Operate－Transfer），即移交—经营—移交。TOT 是 BOT 融资方式的新发展。近些年来，TOT 是国际上较为流行的一种项目融资方式。它是指政府部门或国有企业将建设好的项目的一定期限产权和经营权，有偿转让给投资人，由其进行运营管理；投资人在一个约定的时间内通过经营收回全部投资和得到合理的回报，并在合约期满之后，再交给政府部门或原单位的一种融资方式。

4.4　价值链融资（Supply Chain Financing）

思考题：

价值链会给中小型企业带来什么融资机会？

价值链融资时需要注意什么问题？

4.4.1　价值链概述

在当今的商业社会，各个行业都存在着价值链。价值链是 Michael E. Porter 于 1985 年在其所著的《竞争优势》一书中提出的，Porter 说企业竞争优势来源于企业在设计、生产、营销、交货等过程及辅助过程中进行的许多相互分离的活动。为了将企业划分为产品的设计、生产、营销和分销等相互分离的、与战略相关的活动，他提出了价值链概念。所以价值链是企业用于判定竞争优势和寻找方法以增强竞争优势的基本工具。企业正是通过比其竞争对手更加廉价或更加出色地开展这些重要的战略活动来赢得竞争优势的。如今选择价值链上高点的企业就会相对有价值，例如，苹果和富士康同属 IT 行业，两者的利润率却相差十倍，原因在于苹果选择的是高端的品牌和研发、富士康选择的是低端的制造，苹果公司选择的是盈利倍增的商业模式。

所谓"价值链"里的"价值"，我们可以这样来理解。首先在公司里一定要组成价值链的各个环节是要有价值的，准确地说是创造价值的，没有价值的环节，正是我们要摒弃的。即以价值为标准，找出企业的价值链。

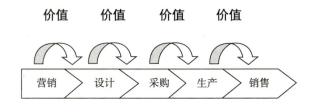

其次每个环节要有价值，不指望每个环节都要有增值，但是如果有，则要通过价值在各个价值链条环节的分配，通过竞争市场对比，找出或得到我们价值链的增值部分，找出或得到我们的优势。这里说的得到，指的是下面提到的链条的重组和升级替代。

"价值链"里的"链"可以理解为链条，也就是价值链的各个环节，正确的说法是价值链的各项活动，是一个动态的流动过程。既然是链条，那么就可以组装拆卸，代表价值链各个环节可以优化调整，这是做价值链的目标之一，且链条部件是可以升级和替代的。它们价值低、自身无挖掘潜力，或者落后于市场的链条环节，可以进行升级改造，也可以寻找价值高、先进的链条部件替代，衡量的标准就是其价值，这是做价值链的较高目标。

Porter 的价值链模型将价值活动分为两类：基本活动和辅助活动。基本活动可分为内部后勤、生产经营、外部后勤、市场营销、服务；辅助活动分为采购、技术开发、人力资源管理、企业基础设施（如下页图所示）。

根据价值链理论，企业的经营活动可以根据其对企业经营价值的影响分成若干个小的活动。它们被称为"价值活动"。企业所创造的价值是由其产品或服务的购买者所愿意支付价钱的多少来衡量的。企业之所以盈利，是因为企业所创造的价值超过了企业从事该价值活动所支付的成本。企业要取得竞争优势，超过竞争对手，就必须做到，要么以更低的成本从事价值创造活动，要么从事的经营活动会导致差异性的结果，或者创造更多的价值，从价值的提高中取得更多的盈利。

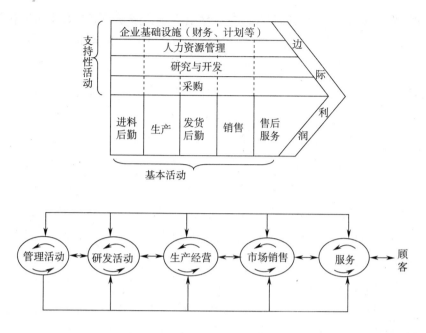

不仅公司内部存在价值链，一个公司的价值链与其他经济单位的价值链也是相连的，任何公司的价值链都存在于一个由许多价值链组成的价值体系（Value System）中，这个由众多公司内部价值链构成的复合价值链即为传统意义上的产业价值链。产业链中大量存在着上下游关系和相互价值的交换，上游环节向下游环节输送产品或服务，下游环节向上游环节反馈信息。类似于我们经常提到的大自然界的"生物链"。比如汽车产业链包括产品技术，零部件采购，汽车制造厂商、销售服务和汽车金融服务，包括汽车贷款、租赁、以旧换新等。同时有资料表明，汽车业带动100多个相关产业的发展。汽车产业链上游涉及钢铁、机械、橡胶、石化、电子、纺织等行业；下游涉及保险、金融、销售、维修、加油站、餐饮、旅馆等行业。一般直接从价值链上、下游企业处获得现金流支持是企业价值链融资的基本形式。价值链上节点企业可以从价值链的上、下游企业获取现金流支持，来保证自身的原材料采购、产品的研发、战略性的投资现金流需要以及补充经营性的现金流短缺。

4.4.2　价值链融资定义

所谓"价值链融资"，一种是通过利用上游供应商资金进行现金流融资，企业占用上游供应商的资金。它通过延迟支付供应商的货款来进行暂时性的资金融通。在这种融资方式下，企业的资源和能力决定了企业对供应商来说比较强势，能够占用上游价值链企业的资金。另一种是通过获取价值链下游企业预付账款进行现金流融资的方式，即利用价值链节点企业的预付账款进行融资。预付账款融资是企业通过获取下游价值链企业的预付货款，进行生产经营，产品生产完成后，再向下游企业发货的一种资金融通方式。这种方式更加容易操作，可以避免法律和税务风险。不论占用上游的资源还是下游的资源，都代表这家企业有非常强的议价能力，属于非常出色的企业。

在金融机构的参与下，价值链企业之间融资具体内容为：企业从应收账款的发生到企业收到现金时，企业可能会由于这种时间差产生资金缺口，基于应收账款的企业价值链融资可以很好地缓解这种状况。但是基于应收账款的企业价值链融资，需要金融机构、债权企业和债务企业三方的参与和密切配合。首先，现金流融资企业需要与下游债务企业有真实的债权、债务关系，债权企业有真实的商品和劳务提供。其次，融资企业提出融资申请，将经债务企业确认的应收账款凭证交付给商业银行，银行履行相关审查程序后拨给融资企业资金。最后，债务企业需要证明应收账款的真实性，并给予银行书面的付款承诺。债务企业销售商品后，需要将所欠的上游债权企业的款项直接支付给银行。利用应收账款进行价值链融资，可以使得企业获取传统的融资模式下不易获取的融资现金流。对这种融资模式进行现金流管理，一般需要债务企业具有很强的实力，一般由价值链中的核心企业来担任。

当然基于应付账款实际上也是企业价值链融资的一种形式，被定义为"未来存货的融资"，它是在上游销售商承诺回购货物的前提下，由下游采购商以对上游供应商的提货权作为担保来获取资金的一种现金流融资业务。首先，下游采购商与上游销售商基于商品的销售形成真实的应付账款，下游采购商凭提货单或者仓单，向金融机构申请融资，用于支付供应商的货款。其次，销售商需要把提货单或者仓单交给银行，并履行承诺。最后，金融机构在下游采购商缴存保证金后，金融机构释放相应比例的提货权给采购商。基于应付账款的企业价值链融资模式，保证了下游采购商材料的及时供应，为采购商提供了融资的便利。相当于从金融机构处获得了融资现金流。应付账款的企业价值链融资模式对于采购商来说实际上实现了"杠杆采购"，获取了短期的现金流。

4.4.3 传统融资与价值链融资

传统的企业融资方式较多地考虑单个企业的信用状况、资本实力等，相对忽视了价值链节点企业之间的联系，而企业价值链充分体现了企业的核心竞争能力，是不可忽视的企业融资判断标准。传统的企业融资方式，缺乏对价值链上现金流的统一规划和控制，价值链融资考虑了节点之间的竞争与合作的关系，保证现金流在价值链节点企业之间流转顺畅，降低整个价值链的融资成本。基于企业价值链的融资与传统的企业融资相比主要有以下特点：

■ 基于企业价值链融资具有产品导向性。企业与上游供应商、下游的分销商和顾客之间的联盟是以产品为基础的，它们之间因为产品之间的联系而产生合作，因此基于企业价值链的现金流融资应该以产品为导向。

■ 基于企业价值链的融资具有相对复杂性。传统的企业融资主要研究的是单个企业的行为，涉及的关系相对简单，而基于价值链的现金流融资要涉及价值链上多个企业之间的协调，考虑的因素相对较多，也更加复杂。

■ 充分协调是基于企业价值链现金流融资的保障。基于企业价值链的融资具有易变性，而各企业的融资决策具有相对独立性，这就需要价值链节点企业之间的现金流充分的协调，相互之间的信任，来维护基于价值链现金流融资的稳定性。

案例研究：租赁融资

薛老板经营着一家小型的瓶子加工厂。他于两年前租赁了一条价值80万元的汽水瓶生产线，每年需交租金20万元。两年后市场发生了很大的变化，消费者对易拉罐装的汽水需求量大幅增加，而汽水瓶产量大幅下降。如果薛老板此前不是采用租赁，而是借钱买下汽水瓶生产线，那么他不得不再购进一条易拉罐生产线，而原来购进的瓶子生产线就得闲置。这样，薛老板将遭受巨大的损失。但是，由于他采用的是租赁融资，他可以停止租赁，而按合同规定，只需付违约金10万元。这样，他的损失就要小得多。当年他又租赁了一条价值140万元的易拉罐生产线，以适应市场的需要。

案例中所述薛老板显然是从租赁中得到了好处。投融资专家认为，一般而言，租赁融资对小企业有以下几点好处：

1. 通过租赁，企业不必支付一笔很高的设备款项，而只需支付很低的租金就能获得某项资产的使用权。

2. 由于市场竞争激烈，机器设备及产品更新换代快，更新周期日益缩短，一旦产品及设备更新换代，而原有的机器设备的价值又没有完全收回，企业就要遭受重大的损失。因而，小企业采用租赁方式获得机器设备比购买机器设备等资产要主动灵活得多。

3. 对于刚刚成立的小企业来说，资金十分短缺，而且借钱也很难，这时，每一件设备都由企业自己购买可能并不划算，并且难以办到，此时，租赁融资是一个很好的选择。

4. 租赁融资有合法避税的作用。根据我国财务制度规定，租金作为费用在交所得税之前可以扣除，从而能享受税收上的优惠。

租赁融资给小企业带来了契机，但是同时也遇到了新的问题。比如：租金较高，租金总额往往要超出设备买价许多。在承租企业财务困难时期，固定的租金支付也会构成一项沉重的负担。而且由于是租赁的资产，所以没有所有权及控制权，企业无法根据其具体需求改良资产。因为合约中规定了"若未经出租人同意，承租人不得随意改良设备。"

5　企业资本预算

资本逐利的逻辑决定了企业经营的直接目的和结果是利润，为股东创造价值，追求利润最大化。从而也就决定了企业要非常明确到底应该如何合理有效地使用手里的资金。进行资本预算可以很好地解决这个问题，它也是财务经理及财务人员最重要的职能，这是因为资本预算决策的结果会持续多年。例如，购买经济使用寿命期为 10年的一项资产会将企业"锁住" 10 年，并且资产扩张是根据预期未来销售额进行的。因此，需要进行 10 年的销售预测来进行资产购买决策。最后，公司资本预算决策决定了其战略方向，因为进入新产品、服务或市场领域要有资本性支出。

错误的资产预测可能会导致严重的后果。比如企业投资过多，就会有过多的折旧和不必要的其他费用支出。但是，如果投资不足，可能由于设备达不到先进水平从而使其产品没有竞争力。也或许设备没有足够的生产能力，可能会丧失市场份额。再次赢回顾客需要很高的销售费用，或需降低产品价格或改进产品，对于企业来说费用其实更高。

时间对于企业也很重要，比如，某企业多数时间都是满负荷生产，在四年时间里，对其产品的需求不断增加，由于不想放弃订单，在需求激增之后，企业不得不通过租赁厂房、购买安装设备来增加生产能力。这用了六到八个月时间。因为市场上其他有生产能力的企业一样竞争到了这些业务，等到它万事俱备的时候，那些需求已经没有了。市场份额就这样在时间中流失。公司如果能够提前一年预测到需求并做好准备，就能保持甚至增加其市场份额。

有效的资本预算可以提高所取得资产的时间和质量。如果企业提前预测其资本资产需求，就可以在需要之前购买和安装。不幸的是，许多公司往往直到现存的资产生产能力不够用时才想到要购买资本性资产。如果是由于整个市场需求增加而导致销售额增加，同行业所有公司几乎是同时在购买资本资产，这可能会导致拖延、长时间地等待设备或资本设备质量不好，从而增加成本。对公司需求事先进行预测并在淡季购买资本性资产可以避免这类问题。但注意，如果公司预测到需求会增加并按预期进行了扩张，但销售并未增加，这会使企业的生产能力过剩、成本增加，最终导致更高的损失甚至破产。因此，准确的销售预测是至关重要的。

资本预算一般包括大量的支出，在公司有大量支出时，必须准备好资金，因为大量的货币不可能自动产生。公司考虑重要资本支出项目时应该提前进行所需资金的融资计划，言下之意就是融资的目的是为了更好地投资，所谓更好地投资也就是为了今后更好地发展，企业要选择报酬获取最大而相对应的资本支出计划。那么决定现在一个投资的报酬程度的主要方法是未来收益的折现，这也是金融理论当中最为经典的理论——"资金时间价值理论"。

5.1 资金时间价值 （Time Value of Money）

思考题：

如何理解资金的时间价值?

在日常生活中会发现，一定量的资金在不同时点上具有不同价值，现在的一元钱比将来的一元钱更值钱。比如现在有 100 元，存入银行，银行的年利率为 6%，1 年后可得到 106 元，于是现在的 100 元与 1 年后的 106 元是等价的。因为这 100 元经过 1 年的时间增值了 6 元，这增值的 6 元就是资金经过 1 年时间的价值。同样，企业的资金投到生产经营中，经过生产过程的不断运行，资金的不断运动，随着时间的推移，会创造新的价值，使资金得以增值。因此，一定量的资金投入生产经营或存入银行，会取得一定利润或利息，从而产生资金的时间价值。资金时间价值是企业筹资决策和投资所要考虑的一个重要因素，也是企业估价、项目估值的基础。

上述事例是一种非常容易理解的生活常识，但是从理论上如何理解为什么资金存在时间价值呢? 资金时间价值产生的前提条件是由于商品经济的高度发展和借贷关系的普遍存在，出现了资金使用权与所有权的分离，资金的所有者把资金使用权转让给使用者，使用者必须把资金增值的一部分支付给资金的所有者作为报酬，资金占用的金额越大、使用的时间越长，所有者所要求的报酬就越高。而资金在周转过程中的价值增值是资金时间价值产生的根本源泉。

其实按照马克思的劳动价值理论，资金时间价值产生的源泉并非表面的时间变化而是劳动者为社会劳动而创造出来的剩余价值。如果将一大笔钱放在保险柜里，这笔钱不可能随着时间的推移而增值，而是必须将其投入周转使用，经过劳动过程才能产生资金时间价值。因此，马克思的剩余价值观揭示了资金时间价值的源泉——剩余价值。资金需求者之所以愿意以一定的利率借入资金，是因为所产生的剩余价值能够补偿所支付的利息。

因此，资金时间价值的概念可以表述为资金作为要素资本参与社会再生产活动，经过一定时间的周转循环而发生的增值，这种增值能够给投资者带来更大的效用。对于资金时间价值还可以理解为：如果放弃资金的使用权利（投资、储蓄等），则相对失去某种收益的机会，也就相当于付出一定代价，由此产生的一种机会成本。我们把这种机会成本用绝对数（利息）和相对数（利息率）两种形式来表示，大多数情况用相对数来表示。必须强调的是资金时间价值的实际内容是没有风险和没有通货膨胀条件下的社会平均资金利润率，是企业资金利润率的最低限度，也是使用资金的最低成本率。

5.1.1　一次性收付款项的终值和现值

一次性收付款项是指在某一特定时点上一次性支出或收入，经过一段时间后再一次性收回或支出的款项。例如，现在将一笔 100 元的现金存入银行，5 年后一次性取出本利和。

资金时间价值的计算，涉及两个重要的概念：现值和终值。现值又称为本金，是指未来某一时点上的一定量现金折算到现在的价值。终值又称将来值或本利和，是指现在一定量的现金在将来某一时点上的价值。

假设你有 1 200 元，是年初一次存入银行，还是每月存 100 元？不同的方式下，你在年底得到的本利和是不同的。如果分期付款买房，等额本息还款还是等额本金还款，每月还款额是不同的，总利息也是不同的。所以，资金时间价值在不同的计算方式下存在很大的差异。资金时间价值的计算分为两大类：单利计算和复利计算。

单利计算就是指只有本金计算利息。例如：1 200 元于年初存入银行，在年利率为 6% 的情况下，3 年后会得到 1 200 +（1 200 × 6% × 3）= 1 416 元，其中利息为 216 元。

复利计算是指不仅本金计算利息，利息也计算利息，也就是通常所说的"利滚利"。例如：1 200 元于年初存入银行，在年利率为 6% 的情况下，3 年后会得到 $1\ 200 \times (1 + 6\%)^3 = 1\ 429$ 元，其中利息为 229 元。在这个例子中，本金、利率、期限相同的情况下，单利和复利利息相差 13 元。因为在单利计算下，第二年初本金依然是 1 200 元；而复利计算下，本金变为 1 272 元，第一年所产生的 72 元利息也要计算利息，所以对于第二年来说本金增加了，同理第三年本金也增加了，达到 1 348 元。

通常用 PV 表示现值，FV 表示终值，i 表示利率（贴现率、折现率），n 表示计算利息的期数，I 表示利息（如无特殊说明，给出的利率均为年利率）。得到以下公式：

单利的利息 $I = PV \times i \times n = FV - PV$	复利的利息 $I = FV - PV$
单利的终值 $FV = PV \times (1 + i \times n)$	复利的终值 $FV = PV \times (1 + i)^n$
单利的现值 $PV = FV/(1 + i \times n)$	复利的现值 $PV = FV/(1 + i)^n$

从上式计算中可以看出，单利计息时本金不变，利息随时间的变化成正比例变化。

在日常生活中，我们的储蓄基本是单利计算，一些保险方式会涉及复利。但在企业经营中，由于资金的来源多是贷款，而银行贷款都是复利，在这种情况下，无论筹资活动还是投资活动，我们都要进行复利考察，这样才能进行同基比较。所以，在进行财务问题研究的时候，要将基调定为复利计算。

5.1.2　年金终值和现值的计算

在现实经济生活中，还存在一定时期内多次收付的款项，即系列收付的款项。如果每次收付的金额相等，这样的系列收付款项便称为年金，也就是若干个简单复利之和。例如，投资者在 5 年的项目期内于每年年初投资 10 万元，按复利 6% 计算，5 年年末的收益是多少？这 5 年中，投资者每年年初都投资了相等的 10 万元，这就是年金。在日常生活中年金随处可见，如保险费、折旧费、租金、税金、养老金、等额分期收款或付款、零存整取或整存零取储蓄等。年金具有连续性和等额性特点。连续性要求在一定时间内，间隔相等时间就要发生一次收支业务，中间不得中断，必须形成系列。等额性要求每期收、付款项的金额必须相等。

年金根据每次收付发生的时点不同，可分为普通年金、预付年金、递延年金和永续年金四种。

普通年金（Ordinary Annuity），也称为后付年金，是指各期期末收付的年金。这是年金中最为重要的一种，在资金时间价值系数表中只有复利终、现值系数表和后付年金终值、现值系数表四张表，其他计算是在这个基础上完成的。例如：每年年末存款 100 元，年利率 10%，计算其 3 年的终值之和为：

第一年的复利终值	$100 \times (1 + 10\%)^2 = 121$（元）
第二年的复利终值	$100 \times (1 + 10\%) = 110$（元）
第三年的复利终值	100（元）
总和	331（元）
根据上述计算归纳出普通年金终值的计算公式：	
$FV = A \cdot \dfrac{(1 + i)^n - 1}{i}$　A：每隔相同的时间等额收付的系列款项	

如果是计算现值，我们再看一下同样的例题如何来解决。每年年末存款 100 元，年利率 10%，计算其 3 年的年金现值之和为：

第一年的复利现值	$100 \times (1+10\%)^{-1} = 90.91$（元）
第二年的复利现值	$100 \times (1+10\%)^{-2} = 82.64$（元）
第三年的复利现值	$100 \times (1+10\%)^{-3} = 75.13$（元）
总和	248.68（元）
根据上述计算归纳出普通年金现值的计算公式： $PV = A \cdot \dfrac{1-(1+i)^{-n}}{i}$　A：每隔相同的时间等额收付的系列款项	

预付年金（Annuity Due），或称即付年金，是指在每期期初支付的年金，其终值和现值计算就是在后付年金终值和现值的基础上乘以（$1+i$），或者在后付年金终值计算的基础上期数加 1，系数减 1 来求先付年金的终值，或者在后付年金现值计算的基础上期数减 1，系数加 1 来求先付年金的现值。例如：每年年初存款 100 元，年利率 10%，计算其 3 年的终值之和为：

第一年的复利终值	$100 \times (1+10\%)^2 \times (1+10\%)$ 或者 $100 \times (1+10\%)^3 = 133.1$（元）
第二年的复利终值	$100 \times (1+10\%) \times (1+10\%)$ 或者 $100 \times (1+10\%)^2 = 121$（元）
第三年的复利终值	$100 \times (1+10\%) = 110$（元）
总和	364.1（元）
普通年金的收付发生在期末，而预付年金的收付发生在期初，这样在计算年金终值时，预付年金比普通年金多一期。也就是计算的时候在每一期的普通年金上再乘以（$1+i$），或者直接调整期数。	

我们再来看一下预付年金下如何解决现值问题：

第一年的复利现值	$100 \times (1+10\%)^0 = 100.00$（元）
第二年的复利现值	$100 \times (1+10\%)^{-1} = 90.91$（元）
第三年的复利现值	$100 \times (1+10\%)^{-2} = 82.64$（元）
总和	273.55（元）
普通年金的收付发生在期末，而预付年金的收付发生在期初，这样在计算年金现值时，预付年金第一期的年金不需要贴现，比普通年金少一期。也就是计算的时候在每一期的普通年金上再除以（$1+i$），或者直接调整期数。	

所以不论终值还是现值，预付年金都是比普通年金要高，充分体现出资金机会成本的概念。

递延年金（Deferred Annuity），顾名思义就是指第一次支付发生在第二期或第二期以后的年金。一般求其现值和年金额。递延年金终值的计算与普通年金终值的计算相同。

永续年金（Perpetual Annuity）是指无限期定额支付的年金，其特点是没有终值。优先股就是一种永续年金。永续年金终值由于期限永无止境，因此无法计算。永续年金现值计算在普通年金的基础上，令 n 趋于无限大，得到公式为：$PV = A/i$，例如：光明股份有限公司持有浦江公司的优先股 100 000 股，每年年末可获得优先股股利 25 000 元，年利率为 10%，则优先股股利收入的现值为25 000/10%，等于 250 000 元。

在日常生活中，我们会关注两个问题：一个是偿还债务（偿债基金），另一个是收回投资（年均投资回收额），这是最典型的后付年金计算，但很多人以为是先付年金。

偿债基金是为了偿还若干年后到期的债券，每年必须积累固定数额的资金。从计算的角度来看，就是在普通年金终值中解出 A，这个 A 就是偿债基金。例如，投资者为 5 年后要偿还 100 万元的债券，从现在起每年年末在银行存入一笔定额存款，年利率为 8%，每年年末应存入银行的定额存款为多少？按照偿债基金的计算，需存款 17 万元。

年均投资回收额是为了收回现在的投资，在今后一段时间内每年收回相等数额的资金。年均投资回收额的计算相当于已知年金现值计算年金的问题。例如，某企业购买生产设备需要向银行借款 500 万元，年利率 8%，计划 8 年后收回全部投资，则每年应收回的投资额为多少？按照年均投资回收额的计算，应收回 87 万元。

但是在解决资金时间价值中有两个特殊问题。第一，简单复利和年金混合的情况如何计算现值和终值。比如在投资时，前 3 年每年分别投资 10 万元、8 万元和 5 万元，后 5 年每年投资 3 万元。这时就要把前 3 年分别进行简单复利计算，后 5 年进行年金计算，然后加总求和。当然，最累赘的办法也可以把年金当做若干个复利和。第二，一年内多次复利，例如，每半年分发一次股利。由于时间价值计算中的利率都是年利率，所以要换算成半年期利率，然后计算。

5.1.3　折现率与利率

在金融世界里，根据机会成本的概念，任何资产都有其具体的标价，比如对企业所拥有的流动资产或者固定资产标价就是历史成本，对于外汇的标价其实就是汇率，那么对于货币的标价就是利率。利率对于贷者而言，代表了一种利润，对于借者而言利率代表一种成本。言下之意，假设今天你向别人借钱，对方的资金不会无偿给你使用，一定会向你要求一个最起码的回报。假设别人向你借钱，你也会向对方索取最基本的补偿。这种补偿就是凯恩斯所提到的人们对放弃货币流动性偏好的报酬，这就是经常说到的利息。将利息直接和资本的所有权联系起来，人们认为利息是资本所有权的必然产物，人们也就可以凭借资本所有权而获得收益，这样，利息就成了收益的一般形态。总而言之，利率表示的就是一种机会成本，与本金和收益之间形成了一个特定的关系，即本金×利率＝收益。比如：地价＝土地年收益/年利率，股票价格＝股票收益/市场利率，等等。从公式显示，利率也就成为了折算资产价值的折现率。由此可见，利率可以被表示为要求回报率，机会成本和折现率。

　　企业拿着手中的资金不论投资什么项目都一定会存在风险，比如说用 100 万元投资大项目至少失去了将 100 万元存入银行拿到一定稳定可预知的利息，可是正因为投资大项目的未来有很多不确定因素，所以企业愿意承担这个风险，期望可以获得更大的收益。所以利率应该由两部分组成，一部分是无风险收益率（Risk – Free Rate），另一个部分就是由于额外承担了风险而产生的风险溢价（Risk Premium）。在此基础之上，还应该明白对于消费者而言，资金的最终目的是用来消费的，究竟是即期消费还是远期消费取决于是否会增加消费价值，换句话说就是货币购买力在那一期最大。所以贴现率（利率）最低应满足预期通货膨胀率，这种利率被称为名义利率（Nominal Interest Rate），也是一年为一个周期的利率。所以：

　　名义利率（Nominal Interest Rate）＝实际利率（Real Interest Rate）＋预期通货膨胀率（Expected Inflation Rate）＋风险溢价（Risk Premium）

　　折现率与名义利率、实际利率还是存在一定差别的，折现率是将未来现金流量折现到现在所用的利率，通常是投资人所要求的必要报酬率。折现率也有实际利率与名义利率之分。

　　综上所述，资金时间价值在整个财务管理中是一条线，它连接着各种财务预测和财务决策，是做好财务工作的必要工具。所以，我们必须培养自己的资金时间价值理念，以便更深入地理解财务管理的相关知识。

5.1.4　资本预算的基本思想

　　在企业中，经常有销售代表报告说顾客想要一种公司现在还没有生产的产品，销售经理就会与市场调研部门讨论产品的市场需求规模。如果市场需求较大，成本会计与技术人员会预计产品成本。如果他们认为产品可以生产、卖掉后能获得较高利润，这个产品项目就可以进行了。

毫无疑问，企业的成长甚至保持市场份额，获得竞争优势都取决于新产品持续不断的现金流量能力，同时也取决于对现存产品更好的改进和更低的成本。因此，一个善于经营的公司会竭尽全力将资本预算做好。例如，有一个非常成功的企业的副总裁指出，该公司的研究发展部需要不断寻求新产品或者寻求现有产品的改进途径。另外，由市场、生产车间、品牌组成的特别委员会指明公司应该参与竞争的市场及产品，并为每个部门制定好长期目标。这些目标在公司战略经营计划书中都会有详细的说明，而战略经营计划书又为经营经理提供了必须遵守的一般原则。经营经理按照战略计划寻求新产品、制订现存产品的扩张计划、寻求降低产品成本的方法。

如果企业有能干的富有想象力的经理和雇员，或者企业的激励机制发挥正常，许多资本投资的点子会被激发出来。有些点子可能很好，有些未必好。因此，必须建立审查项目程序。为了准确地审查并决策，所以先收集相关资料和信息，对信息进行有效分析处理之后，再由管理层决策，最终到项目执行。可是经常在项目进行中，并不尽如人意，假设由于管理者过于乐观，就会发生不断向项目进行投入而导致超出预算。或者管理者非常保守，那么也可能过早地停止了一个盈利项目。所以资本预算环节中不可缺少的是决策后的监督审计，就如同平衡，打破平衡和再平衡的过程，最终让项目运营进入正常轨道。

企业对长期项目的投资如同家里对添购大型固定资产是一样的。对于某些类型项目，较为详细的分析是必要的，但对于有些项目可以使用简单的程序。因此，公司一般将项目进行分类，对不同类型项目用不同的分析方法。

首先是"置换类项目"——维持经营（Replacement：maintenance of business），比如说企业的机器是被磨损或彻底损坏，而且是用于生产盈利产品的设备。如果公司还要继续经营下去，也需要使用同样的设备，更新项目就是必要的。那么作出维持经营的决策通常不需要经过详细的分析过程。如果连这样的情况都需要开会讨论，这家企业的工作效率也就值得再次被评估考量。

还有一种"置换类项目"——成本降低（Replacement：cost reduction），比如由于科技不断更新，现在用于主营业务的机器设备已经不再有效率了，需要更加先进的机器去替代。实施决策的目的是降低人工成本、材料成本及资源成本等。这些决策并不一定是必需的，未来也有很大的不确定性，一般需要进行详细的分析。

同时企业在一定情况下，扩张市场份额会成为必经之路。对现有产品或市场的扩张（Expansion of existing products or markets），包括现有产品产量增加、生产线增加、零售点增加或者是分销渠道增加。与此同时，增加的肯定是一系列的成本，所以这种决策更复杂，因此需要进行详尽的需求增长预测。这种分析通常需要较高的水平。

对现有产品的扩张仅仅是扩张的一种方式，还有一种是进行新产品或进入新市场（Expansion into new products or markets）。这种投资通常是进行新产品的生产或扩张进入自己不熟悉的领域，这些项目涉及可能会改变企业的命运，因此这类项目需要详细的分析。

众所周知，化工企业会对环境造成污染，所以国家对化工行业有严格规定，比如污水处理，被称为安全或环境项目（Safety and/or environmental projects）。除了和环境相关，还包括遵循政府法律、劳动合同或保险政策所必要的开支项目。这类支出称为强制性投资，通常涉及一些不能产生收入的项目。如果这个项目很小，也是政府要求必做的，那么就不需要再进行讨论，直接实施即可。如果项目过大，管理层就必须讨论，尽量减少成本。

企业还有一些不需要着重讨论的项目，比如办公楼、停车场、办公用飞机等。当然，不同的公司对这类项目的处理不尽相同。

总之，对于更新设备的决策，只需要较少的资料和较简单的计算。对于成本降低、更新的决策，就需要更为详尽的分析。对于较大投资的决策，还需要公司高层批准。

世界上任何一种投资都是一个逻辑，就是"买低卖高"。项目估值和股票估值也是异曲同工。比如个人投资者找到并投资于市场价格小于其实际价值的股票，投资者的财富就会增加。同样，如果企业能找到或者创造现值高于其成本的投资机会，企业的价值就会增加。因此，资本预算与股票价值间有直接的联系。非常明显地，企业资本预算程序越有效，股票价格就越高。

5.1.5 资本预算决策规则

给项目估值就是将项目的未来收益进行折现，只是在资本预算下，未来的收益并不是损益表上最后呈现的净收益，而是股东关心的现金流量。换句话说，未来现金流折现可决定项目实施的可行性。当决定实施项目后，会直接导致公司整体未来现金流量的改变，这个改变量被称为增量现金流（Incremental Cash Flow）。比如以前公司有10个项目，现金流入是100万元，从今年开始公司决定增加一个项目，增加后的现金流是120万元，那么增量现金流是20万元。而这20万元是资本预算要考虑的部分。当然增量现金流不仅仅是增加，也可能是减少。以前公司有10个项目，现金流入是 100 万元，从今年开始公司决定增加一个项目，增加后的现金流是 80 万元，那么增量现金流是 – 20 万元。

在增量现金流的概念下不用考虑沉没成本。沉没成本（Sunk Cost）为不可收回的成本支出，如时间、金钱、精力等。这种成本发生在先前的决策中，不由之后的决策而改变。比如项目启动之前产生的测评费、咨询费等。所以沉没成本不属于增量现金流，在资本预算中不予考虑。

另外一种情况是充分考虑机会成本（Opportunity Cost），指企业在多个方案中选其一时，被舍弃的具有最高价值的成本。机会成本对商业公司来说，是利用一定的时间或资源生产一种商品时，而失去的利用这些资源生产其他最佳替代品的机会，此外，自有资源的损失也是机会成本，比如一个人创业产生的现金流的机会成本就是这个人外出工作产生的现金流。所以机会成本是一种增量现金流，就是当且仅当做这个项目的时候产生的现金流，会损失用此资源生产其他最佳替代品的机会。

另外，外部性（Externality）也是资本预算非常重要的增量现金流，指公司内部或者外部的一项新投资会对公司已有的产品或者服务产生的影响。那种影响有来自公司内部的，有来自公司外部的；同时也有正面的，也有负面的。比如说养花人在养花的同时也招来了蜜蜂，蜜蜂采蜜产生了现金流，这种就是内部正面的外部性。此种情况下产生的现金流是一种增量现金流，也就是当且仅当做这个项目的时候才产生的现金流。所以需要在做资本预算的时候进行考虑。当然也会有产生负面外部性的时候，被称为侵蚀效应（Cannibalization）。即指一项新投资会减少本公司已有的其他产品或服务的客户、收入或市场份额。举例来说，康师傅在原来方便面的基础上投资生产类似的方便米线，这项投资的结果势必造成一部分原来买方便面的客户转而买方便米线，从而减少原来方便面的收入。另外一类造成侵蚀效应的情况是，一些公司（特别是零售连锁公司）在地理位置比较相近的地方开了两家以上的连锁店。比如麦当劳建新加盟店，势必会考虑这个因素，可见，侵蚀效应是资本预算分析中一个重要因素。通常来说，在对新项目的评估中，其估计的投资收益必须刨除由于侵蚀效应造成的损失。侵蚀效应是外部性的一种类型。

如果做一个项目需要融资，那么融资所产生的利息费用是不是增量现金流呢？利息费用也称为财务成本（Financing Cost），即应该付出的利息。对于企业整体而言，付给债权人的利息费用并没有真正地流出去。因为企业的整体包括企业及企业所有的利益相关者，如股东、员工、供应商、债主等。所以企业付出的利息在资本预算中不属于增量现金流的范围，不需要从现金流中减去。

5.1.6 资本预算决策方法

在资本预算中有六种评价项目可行性的方法，分别是回收期法、贴现回收期法、净现值法（NPV）、内部报酬率（IRR）法、平均账面报酬率（AAR）法、获利指数法（PI）。我们将说明每种方法的评价指标是如何计算的，如何根据这些指标来判断那些使公司价值最大化的项目。

■ 项目 S 和 L 的净现金流量

预计税后现金净流量（CF_t）

单位：元

年（t）	项目 S	项目 L
0	（1 000）	（1 000）
1	500	100
2	400	300
3	300	400
4	100	600

项目 S 和 L 的现金流量数据说明每种方法。这里，我们不考虑得那么复杂，假设项目的风险相同，且注意现金流量 CF_t 是预期值，通过调整已经反映了所得税、折旧和残值。另外，因为许多项目要求既投资固定资产又投资营运资本，反映在 CF_0 的投资支出额包含了净营运资本的净增加额。最后，我们假设所有的现金流量都发生在年末。这里 S 表示短，L 表示长：项目 S 是个短期项目，其现金流入比项目 L 要快。

■ 回收期法（Payback Period）

回收期法是用于评价资本预算项目的第一种一般方法，指通过资金回流量来回收投资的年限，用老百姓的话就是"回本年限"。即投资 10 万元，多长时间可以把成本收回，其属于静态指标。

项目 S					
净现金流量	−1 000	500	400	300	100
累计净现金流	−1 000	−500	−100	200	100
项目 L					
净现金流量	−1 000	500	400	300	100
累计净现金流	−1 000	−500	−100	200	100

按照项目 S 和 L 的现金流量状况分析，项目 S 第 3 年年末累计现金流入量已经超过了初始现金流出。因此，回收期发生在第三年。如果第三年的现金流入量比较均

匀，比较精确的回收期为：

投资全部收回的年数 +（年初未收回成本/当年现金流量）＝2 +（100 元/300 元）＝2.33 年

同理，项目 L 的回收期是 3.67 年。

回收期越短越好。因此，如果公司要求的回收期在三年之内，项目 S 可以接受，项目 L 被拒绝。如果项目是互斥的（Mutually Exclusive），即选择项目 A 就不能选择项目 B，那么项目 S 应该被选择，因为项目 S 的回收期短。与之相对应的是独立项目，指那些现金流量彼此是相互独立的项目。

回收期的概念比较简单，运用非常方便。可是回收期的缺点非常明显，因为它不符合项目估值的基本概念，即资金是具有时间价值的。除此之外，还没有考虑到"回本"之后的现金流。

■ 贴现回收期（Discounted Payback Period）

由于回收期致命的缺陷就是没有考虑折现的问题，有些企业使用折现回收期作为对一般回收期的修正，与一般的回收期相似，只是预期现金流量要用项目的资本成本贴现。折现回收期即为贴现净现金流量能够弥补投资的年数。假设还是项目 S 和 L，且两项目的资本成本是 10%。

项目 S					
		第一年	第二年	第三年	第四年
净现金流量	-1 000	500	400	300	100
折现净现金流	-1 000	455	364	273	91
累计折现净现金流	-1 000	-545	-181	92	183
项目 L					
		第一年	第二年	第三年	第四年
净现金流量	-1 000	100	300	400	600
折现净现金流	-1 000	91	273	364	545
累计折现净现金流	-1 000	-909	-636	-272	273

三年后，项目 S 贴现后会产生 1 011 元的现金流量。因为成本是 1 011 元，折现回收期是 2 +（181 元/273 元）＝2.66 年。同理项目 L 的折现回收期是 3.0 + 272 元/545 元 = 3.5 年。对于项目 S 和 L，不管用哪个回收期法评价结果都是相同的，即项目 S 优于项目 L，如果公司要求回收期是三年或更少的话，选择项目 S。

通过对上述两种回收期的分析，可发现均忽略了回收期后的现金流量问题。例如，考虑两个项目 X 和 Y，每个项目要求前期现金支出为 3 000 元，假设两个项目的资本成本为 10%。项目 X 预期未来四年每年均产生的 1 000 元的现金流量，而项目 Y 预期头四年不产生现金流量，但第五年产生 1 000 000 元的现金流量。常识认为项目 Y 为公司股东创造的价值更多。但使用回收期和折现回收期计算的结果是比项目 X 差。因此，两种方法具有同样的缺点。在进行分析时不能只停留在回收期优点的分析上，也要看到其缺点。

尽管回收期法作为评价标准有较大缺陷，但它还是提供了资金锁定在一个项目上多长时间的信息。因此，回收期越短，其他不变时，项目的流动性就越大。因此，预期现金流量产生的时间越远，风险就越大，回收期通常被看作项目流动性风险的指示器。

■ 净现值法（NPV）

认识到回收期法的缺陷，人们开始寻求更有效的项目评价方法。其中一种方法就是净现值法，这种方法需要贴现现金流量技术。在净现值下，先求出每种现金流量的现值，包括现金流入量和流出量，用项目资本成本贴现。将贴现的现金流量求和，再减去初始投资，称为项目的净现值（NPV）。如果净现值为正值，投资方案是可以接受的；净现值如是负值，从理论上来讲，投资方案是不可接受的，但是从实际操作层面来说这也许会跟公司的战略性的决策有关，比如说是为了支持其他的项目，开发新的市场和产品，寻找更多的机会获得更大的利润。净现值法是最好的用于决定是否投资项目的评估方法，因为这个指标可以体现项目的规模，也允许在投资过程中的现金流有流进也有流出。如果两个互斥项目的 NPV 都是正的，应该选择净现值高的项目。

净现值公式如下：

$$NPV = CF_0 + \frac{CF_1}{(1+k)^1} + \frac{CF_2}{(1+k)^2} + \cdots + \frac{CF_n}{(1+k)^n} = \sum_{t=0}^{n} \frac{CF_t}{(1+k)^t}$$

这里，CF_t 就是 t 期的预期净现金流量，k 是项目的资本成本，n 是项目寿命期。现金支出（如购买设备或厂房的支出）可视为负的现金流量。在评价项目 S 和 L 时，只有 CF_0 是负的，但对于许多大型项目如楼盘开发、发电厂等，现金流出从生产开始并使得现金流量变为正数前几年都要发生。

用公式和一个普通的计算器利用时间线及利率表计算净现值不难。但是，用财务计算器效率更高。用项目 S 做例子，步骤如下：

计算器使用键	解释	屏幕呈现
［CF］	使用现金流量计算功能	CF₀ =
［2nd］ → ［CLR WORK］	清零	CF₀ = 0

计算器使用键	解释	屏幕呈现
1000→［＋／－］［ENTER］	输入初始现金流	$CF_0 = -1000$
［↓］	按向下键准备输入第一年的现金流	
500→［ENTER］	输入第一年的现金流	C01 = 500
［↓］→［↓］	按向下键准备输入第二年的现金流	
400→［ENTER］	输入第二年的现金流	C02 = 400
［↓］→［↓］	按向下键准备输入第三年的现金流	
300→［ENTER］	输入第三年的现金流	C03 = 300
［↓］→［↓］	按向下键准备输入第四年的现金流	
100→［ENTER］	输入第四年的现金流	C04 = 100
［↓］→［NPV］	准备计算 NPV	I = 0
10［ENTER］	输入折现率	I = 10
［↓］→［CPT］	计算 NPV	NPV = 78.82

净现值法计算简便、原理简单，既考虑了资金的时间价值，也考虑了项目整个寿命期内的现金流入流出情况，全面且科学。从计算过程中也完全可以理解，如果净现值是零，表示项目的现金流量刚好可以补偿项目本金并得到资本要求的报酬率。如果项目的净现值是正的，表示项目产生的现金流量可以偿付其负债并能为股东提供要求的报酬，多出的现金完全属于公司股东。因此，如果公司进行的项目净现值是正的，股东的状况就会得到改善。在我们上面的例子里，如果公司承担项目 S，股东财富就会增加 78.82 元，但如果承担项目 L 只能增加 49.18 元。从这点很容易看到为什么项目 S 优于项目 L，也很容易看出净现值的原理。

■ 内含报酬率法（IRR）

内含报酬率是一项投资可望达到的报酬率，是能使投资项目净现值等于零时的折现率。相对于净现值，内含报酬率更多反映的是一个效率，但如果投资项目中既有现金流的流入，又有现金流的流出，这就会使得内含报酬率无法准确衡量项目本身，即出现多个内含报酬率或内含报酬率无法计算。所以这个评估方法比净现值法稍差一些，当两个指标发生矛盾的时候，我们以净现值法的决策结果为主。

内含报酬率方程如下：

$$NPV = 0 = CF_0 + \frac{CF_1}{(1+IRR)^1} + \frac{CF_2}{(1+IRR)^2} + \cdots + \frac{CF_n}{(1+IRR)^n}$$

$$= \sum_{t=0}^{n} \frac{CF_t}{(1+IRR)^t}$$

对于项目 S，已知现金流量为 −1 000、500、400、300、100。这样，我们就有了一个含一个未知数的方程，我们需要解出内含报酬率。此时，没有财务计算器很容易解出净现值，但对于内含报酬率却不行。如果现金流量每年相同，即永续年金形式，我们可以用之前讨论的年金系数去求内含报酬率。但是，如果现金流量不相等，而这种情况在资本预算中经常遇到，没有财务计算器就很难求内含报酬率。

计算器使用键	解释	屏幕呈现
［CF］	使用现金流量计算功能	CF$_0$ =
［2nd］→［CLR WORK］	清零	CF$_0$ = 0
1 000→→［＋／−］　　［ENTER］	输入初始现金流	CF$_0$ = −1 000
［↓］	按向下键准备输入第一年的现金流	
500→［ENTER］	输入第一年的现金流	C01 = 500
［↓］→［↓］	按向下键准备输入第二年的现金流	
400→［ENTER］	输入第二年的现金流	C02 = 400
［↓］→［↓］	按向下键准备输入第三年的现金流	
300→［ENTER］	输入第三年的现金流	C03 = 300
［↓］→［↓］	按向下键准备输入第四年的现金流	
100→［ENTER］	输入第四年的现金流	C04 = 100
［↓］→［IRR］→［CPT］	准备计算 IRR	IRR = 14.5

用同样的方式可以求出项目 L 的内含报酬率为 11.8%。采用内含报酬率来评估投资项目时，需要将计算出来的内含报酬率与公司的资本成本或所要求的最低投资报酬率 k 相比较。如果两项目的资本成本或停止投资率是 10%，如果是相互独立项目，从内含报酬率看，两项目都应该接受——它们的预期报酬都高于所需资本的成本。如果是互斥项目，项目 S 优于项目 L，应该选择项目 S，拒绝项目 L。如果资本成本高于 14.5%，两项目都应该拒绝。数学上，对于相互独立项目，净现值法和内含报酬率法总是会得出同样的接受或者拒绝的结论。这是因为如果净现值是正的，内含报酬率一定超过最低投资报酬率。但是，对于互斥项目，净现值法和内含报酬率法可能得出矛盾结论。

为什么使得项目成本与其现金流入的现值相等的特定贴现率这么特别？原因是项目的内含报酬率是项目的期望报酬率，如果内含报酬率超过项目融资的成本，偿还资本后剩余部分应属于公司的股东，因此，进行内含报酬率大于资本成本的项目投资会增加股东财富。如果内含报酬率低于资本成本，投资这样的项目等于让现有股东承担成本。正是这种"保本"的特征使得内含报酬率法在评价资本项目时很有用处。

■ 平均会计收益法（AAR）

投资评价的贴现方法在 20 世纪 70 年代才开始被人接受。而回收期法与会计收益率法有很长的应用历史，它的应用先于贴现方法许多年。顾名思义，会计收益率法就是基于会计利润和平均占用资本等会计概念的投资评价方法。虽然它比回收期法优越，因为它考虑了项目整个寿命期内的利润，但它也有很多缺陷，其中就包括会计利润与资本占用的定义有很多种。在讨论这些问题之前，我们先介绍这种方法。

会计收益率是根据估计的项目整个寿命期内年平均会计利润与估计的资本占用之比计算出来的。实际应用中有两种资本占用定义，第一种就是简单地把投资初始资本支出当做资本占用，第二种更为普遍的方法是用项目寿命期内的平均资本占用进行计算。

平均会计收益率计算公式如下：

$$平均会计收益率 = \frac{平均净利润}{平均账面资本价值}$$

一般还需要先计算项目寿命期内的平均资本占用，计算公式如下：

$$平均资本账面价值 = （初始资本投资 + 投资残值回收）／ 2$$

与回收期法一样，会计收益率法既可用于接受或否定项目的决策，也可对互斥投资机会进行排序。在作出接受或拒绝的决策时，要确立最小可接受收益率。如果会计收益率比这一可接受收益率大，项目可接受，否则，项目被拒绝。在相互排斥项目中进行选择时，会计收益率法首先要确定出会计收益率较高的项目，然后决定该收益率是否高于最小可接受收益率。因此，只有确定出排在前面的项目之后，决策者才能作出接受或拒绝的决定。

正如我们在上面分析的那样，平均会计收益率会被选择的主要原因是，与投资回收期法一样，它用起来比较简单，需要用到的会计数据也容易得到。用百分数表示的，实际上体现了占用资本的收益，更类似于衡量管理业绩的尺度。虽然会计收益率法具有把全部现金流入用在计算中，不像投资回收期法只考虑项目寿命期前几年的现金流入的优点，但该方法仍然有许多严重的缺点。首先，它是一种非贴现评价方法，未考虑资金的时间价值。其次，它基于会计收入而非现金流，因此违反了资本预算的基本原则。

■ 获利指数法（PI）

获利指数（Profitability Index）是指投资方案未来现金净流量现值与原始投资额现值的比值。获利指数的计算公式如下：

$$获利指数 = \frac{未来现金流的现值加总}{初始现金流} = 1 + \frac{净现值（NPV）}{初始现金流}$$

从公式上我们可以看出获利指数的几个特点。第一，获利指数完全反映了项目本身的收益和成本之比，反映了盈利能力。第二，获利指数法本身和净现值法联系非常紧密。这个评估方法的决策是以 1 为基准的。如果获利指数大于 1，那么这个投资项目就是可以接受的；如果小于 1，则不能接受。

5.1.7　净现值与内含报酬率间的关系

前文已叙述了多种项目评估的方法。从中可知，净现值和内含报酬率是项目评估的主流指标。净现值即是将未来的收益折现减去初始投资，完全体现项目运营下来的净收益状况。内含报酬率也体现的是项目收益率的概念，并能有效地分析项目的效率。因此，一个项目中的风险和收益，用净现值和内含报酬率即可完全体现出来。当然，净现值在许多方面是优于内含报酬率的，这很容易导致人们只用净现值去挑选项目，特别是上市公司。

通过以上的学习，我们既要认清净现值和内含报酬率之间密不可分的关系，即内含报酬率是净现值等于零的折现率，但也要认清其区别。一般我们使用项目净现值图来进行分析。项目净现值和资本成本率间的关系图，称为项目净现值图。

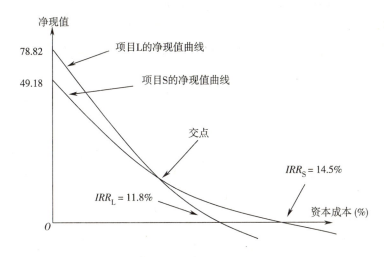

此图为项目 L 与 S 的净现值。为了画净现值图，首先注意资本成本为 0 时净现值只是项目未贴现现金流量的和。而内含报酬率定义为项目的净现值为 0 时的贴现率。因此，净现值图中与横轴相交的点表示项目的内含报酬率。把各点连接起来，就得到净现值图。净现值图在项目分析时非常有用。

从图上可以看出随着资本成本增加，项目 S 和 L 的净现值一直在下降。但注意图中项目 L 的净现值在资本成本低时高，而项目 S 在资本成本高于交点资本成本率 7.2% 时具有较高的 NPV。还要注意项目 L 的净现值比项目 S 的净现值对资本成本的变化"更敏感"。意思是项目 L 的净现值图的斜率更陡一些，这意味着资本成本 k 的一定变化对项目 L 的净现值的影响比项目 S 大。

为了看清楚为什么项目 L 更敏感，首先回忆一下，项目 S 的现金流入速度比项目 L 的现金流入速度更快。在回收期法时，项目 S 的回收期更短，而项目 L 的回收期更长。其次，回忆净现值的公式，可以得知资本成本增加的影响对远期现金流量的影响比近期现金流量的影响大。为了说明，考虑如下：

$k = 5\%$，1 年后的 100 元的 PV：100 元 $\div 1.05 \times 1 = 95.24$ 元

$k = 10\%$，1 年后的 100 元的 PV：100 元 $\div 1.10 \times 1 = 90.91$ 元

由于 k 高导致的 PV 下降的百分比 =（95.24 元 - 90.91 元）/95.24 元 = 4.55%

$k = 5\%$，20 年后的 100 元的 PV：100 元 $\div 1.05 \times 20 = 37.69$ 元

$k = 10\%$，20 年后的 100 元的 PV：100 元 $\div 1.10 \times 20 = 14.86$ 元

由于 k 高导致的 PV 下降的百分比 =（37.69 元 - 14.86 元）$\div 37.69$ 元 = 60.57%

因此，贴现率增加一倍会引起第 1 年现金流量现值下降 4.55%，而第 20 年现金流量的现值却下降 60% 多。因此，如果项目的多数现金流量来自前期，当资本成本增加时，其 NPV 不会下降太大，但项目的现金流量多数来自后期的话就会受高资本成本的严重影响。因此，项目 L，由于其现金流量的大部分产生于后期，当资本成本高时受到的影响就较大，而项目 S，由于其现金流量流入较快，受高资本成本的影响就小。因此，项目 L 的 NPV 的斜率大。

综上所述，我们可以得出项目 S 和项目 L 的净现值曲线产生交点的第一个原因。当然，造成企业项目间净现值曲线产生交点的另一个原因，我们从图上可以看出，项目 S 和项目 L 的决策是如何做的呢？

■ 独立项目

如果项目是独立的，那么净现值和内含报酬率评价结果是一致的。如果净现值认为可以接受项目，内含报酬率也会得出同样结论。原因如图可知，假设项目 L 和项目 S 是相互独立的，注意内含报酬率法接受任何项目的标准是看项目的资本成本是否低于内含报酬率（或左边）。当项目的资本成本低于其内含报酬率，其净现值是正的。因此，只要项目的资本成本低于 11.8%，项目 L 在净现值法和内含报酬率法下都是

可以接受的，而如果资本成本高于11.8%，两种方法都会拒绝项目L。对于项目S及所有其他独立项目，可以进行类似的分析，如果内含报酬率法认为可以接受，净现值法也会得出同样的结论。

■ 互斥项目

现在假设项目S和项目L是互斥的而不是相互独立的。即我们只能选择项目S或L之一，或都拒绝，但我们不能既选项目S又选项目L。从图形上看出，内含报酬率是项目S较大，为14.5%，从理论上可以选择项目S。再看净现值指标，会发现什么呢？若资本成本取值在项目净现值曲线交点之前，项目L的净现值大于项目S净现值；而若资本成本取值在项目净现值曲线交点之后，则项目S净现值大于项目L。由此可见，在资本成本取值范围为小于净现值曲线交点所对应的资本成本值的时候，净现值法的决策结果与内含报酬率法的决策结果是相互矛盾的。因为净现值决策是选择项目L，而内含报酬率是选择项目S。产生矛盾后，我们最终的决策根据净现值法作出。

其原因也非常容易理解。因为净现值是在资本预算中近似于完美的指标。首先，它的展现让所有人可以直观地感受到做一个项目的现金收益概念。而选择净现值大的项目可以给股东增加更多的财富。

一般来说，有两种情况能引起净现值曲线相交，因此会使得净现值法和内含报酬率法得出的结论矛盾。第一，当项目规模不同时，即一个项目的投资大于另一个项目时。第二，当时间分布不同时，即两项目的现金流量的时间分布不同，一个项目的现金流量大部分来自前期，另一项目的现金流量大部分来自后期，如我们例子中的项目S和L。

当规模或者时间分布不同时，公司选择不同的互斥项目在不同年份所投资金额不同。例如，如果一个项目投资高于另一项目，那么公司在 $t=0$ 时要投资更多，除非选择投资小的项目。同样，对于规模相同的项目，前期现金流量大的项目，如我们例子中的项目S，前期产生的再投资资金就多。在这种情况下，不同现金流量项目产生的现金流量以什么样的报酬率再投资是个关键。

互斥项目矛盾的症结是早产生的现金流量与晚产生的现金流量如何使用？前期现金流量的价值取决于我们在这些现金流量上赚取的报酬，即我们再投资这些现金流量的报酬率。净现值的方法暗含着假设前期取得的现金流量是以资本成本率再投资的。而内含报酬率的方法假设前期取得的现金流量是以内含报酬率再投资的。这些假设是贴现数学运算中所固有的。实际上前期的现金流量也许被股东以股利的形式提走消费到啤酒和火腿上了，但净现值方法仍然假设现金流量是以资本成本再投资，而内含报酬率方法假设再投资是以项目的内含报酬率进行的。

这两种假设哪个更好？现金流量以资本成本再投资还是以项目的内含报酬率再投资？可以证明项目的现金流量以资本成本再投资的假设更好些。因此，我们得出结论，以资本成本率再投资的是最好的假设，这与净现值方法是一致的。这相应导致我们认为净现值指标更好，至少对于那些愿意并能够以接近其现时资本成本筹集资金的公司是成立的。

值得强调的是，当项目相互独立时，净现值法和内含报酬率法都会十分准确地得出同样的接受或者拒绝结论。但是，在评价互斥项目时，特别是那些规模和时间分布不同的互斥项目时，应使用净现值方法。

最后还需要说明的是，内含报酬率法有非常致命的缺点，就是假设项目运行的时候产生的不是正常的现金流，会导致计算后产生多个或没有内含报酬率的情况。所谓的正常现金流就如同我们提到的项目 S 和 L，现金流的分布为第一期现金流为负，而后面的现金流全部为正。非正常的现金流是第一期现金流为正，而后面的现金流正负方向都存在，也就是项目在未来既会赚钱，也可能亏钱。在用内含报酬率评价具有非正常现金流量的项目时会出现特别的困难，最普通的问题是存在多个内含报酬率。

根据内含报酬率公式求一个具有非正常现金流量项目的内含报酬率，可能会得到内含报酬率的多个解，即多个内含报酬率产生了。因为方程式是个 n 次幂的多项式，有 n 个不同的根或解。当投资具有正常现金流量（一次或多次现金流出后，有一系列的现金流入），除了一个根，其他都是虚数，因此在正常情况下，只有一个内含报酬率值。但是，当项目具有非正常现金流量（在项目生产后的一些年份里发生负的现金流量）时，多个实根的情况，即多个内含报酬率可能会出现。

为了说明这个问题，假设公司正考虑 160 万元的露天矿井的投资。这个矿井在第 1 年年末将产生 1 000 万元的现金流入，第 2 年末必须花费 1 000 万元使土地恢复原样。因此，项目预期的净现金流量如下：

预期净现金流量

第 0 年	第 1 年年末	第 2 年年末
-1.6 元	$+10$ 元	-10 元

把这些值可以代入公式导出投资的 IRR：

$$NPV = -1.6/(1+IRR)^0 + 10/(1+IRR)^1 + (-10)/(1+IRR)^2 = 0$$

解完后，我们求得在净现值等于 0 时，$IRR = 25\%$ 和 $IRR = 400\%$。可知投资的内含报酬率为25%和400%。这种关系可以用净现值曲线方式来描述。注意，如果直接用净现值法就不会出现这样的结果。我们只需用净现值求解方法求出净现值，并用此来对项目进行评价。如果露天矿井投资项目的资本成本是10%，项目的净现值将是-77万元，应该拒绝项目。如果项目的资本成本在25%与400%之间，净现值才是正的。

假设一家大银行从保险公司借款，银行用这部分借款，加上银行自己的原始投资购买了一些喷气式飞机，之后将这些飞机租赁给一家大的航空公司。银行预期前些年会收到正的净现金流量（租赁付款加纳税节约减去保险公司贷款的利息），之后在其偿付保险公司贷款时会出现几笔大的负的现金流量，最后在租赁期满时可从飞机销售中得到一大笔现金流入量。

银行不能不考虑内含报酬率而只用净现值方法，因此，银行找到了两个内含报酬率，那么哪个是正确的呢？因为租赁已经开始了，银行高级贷款委员会及中央银行审查员想知道租赁的报酬率。银行计算并使用"修正的内含报酬率"来解释此租赁项目。其"修正的内含报酬率"部分内容在本书中不作讨论。

刚才的例子说明一个问题，用内含报酬率评价具有非正常现金流量项目时会出现多个内含报酬率（IRR）。其他还存在的问题是：如找不到内含报酬率或内含报酬率不能得出正确的接受或者拒绝结论。在这些情况下，净现值方法都很容易使用并能得出正确的资本预算决策。

5.2 资本预算限制（Capital Rationing）与项目排序（Project Sequence）

一般情况下，只要项目是各自独立的，企业会投资于所有净现值为正的项目，直到项目的边际收益超过边际成本。假设项目之间是互斥的关系，则企业会选择净现值最大的项目。可是不管如何选择，都需要企业有足够多的资金量。如果企业的资金有限，而同时又有不少于两个的独立项目，则要进行投资项目分配，目的是让项目能得到相应的投资，同时使股东利益最大化。一般来说，如果企业的资金少于项目投资所需要的资金时，公司仍旧应当选择净现值最大的项目组合。在现实中，情况大多数都是如此。

从经济学的角度看，企业做项目分配并不是最优的决策。试想企业非常富有，可以把更多的资金投入到净现值大的项目中，则公司会获得更大的利润，股东的财富也会不断扩大。在经济学中被称为社会资源得到充分使用。但在现实中，资本限制使得企业不能得到最优的配置，也就是说资本限制会降低经济效率。

硬性预算限制（Hard Capital Rationing）指的是管理者进行资本配置的资金是有严格限制的。而软预算限制（Soft Capital Rationing）则相反，如果股东发现进行项目的投资增加可以增加股东权益，则管理者会获得更多的资金。

假定企业有 2 000 万元的资金预算，有 5 个可以投资的项目，各项目初始投资和净现值如下：

单位：万元

	投资费用	净现值
A 项目	−800	300
B 项目	−500	180
C 项目	−400	100
D 项目	−350	85
E 项目	−300	−50

显然项目 A、B、C、D 都有正的 NPV，因此都可以投资。但是如果全部投资则需要 2 050 万元，超过了预算。因此企业可以投资 A、B、C 项目，可以获得总 NPV 为 580 万元，而相应的净投资额为 1 700 万元，这三个项目会在不超过资金预算的前提下使净现值达到最大化，不过仍有 300 万元的剩余，企业可以投入到其他地方。

另外，在企业项目的实施过程中，某些项目必须按照一定的次序被逐个采纳，即今天投资的项目创造了未来投资于其他项目的可能性。比如：今天投资的项目 A 盈利，就为明年投资项目 B 创造了可能性；如果今天投资的项目 A 不盈利，项目 B 就不会在明年被采纳。这种必须按照顺序来进行项目实施的情况称为项目排序。在企业的项目管理中，这种理念非常重要，它能有效地帮助企业避免一些潜在风险。

5.3　项目真正的风险

思考题：

叙述企业资本预算评估中，认为项目真正的风险是什么？

资本项目进行评价的时候，我们经常使用一个企业的加权平均资本成本作为折现率，但是这个贴现率的决定并不完全准确。因为项目的风险和企业整体的风险并不相当。在资本资产定价模型（CAPM）中风险归结于系统风险和非系统风险。非系统风险与公司相关，相关的风险可以通过分散投资而消除，而系统风险与市场相关，风险不能被消除。分散化的投资者获得的报酬与所承担的系统风险有关。在资本预算中，常用 β 表示系统风险的计量，特别地，如果公司的投资或者公司的投资人特别分散时，则用 β 计量就很合适。与项目和资产相关的 β 常用于决定资产或项目的贴现率。

仍然使用资本资产定价模型（CAPM）和证券市场线（SML）来定义项目要求的收益率，用公式表示如下：

$$R_{project} = R_f + \beta_{project}\left[E(R_{market}) - R_f\right]$$

其中：R_f 为无风险利率

$\beta_{project}$ 为项目贝塔

$E(R_{market}) - R_f$ 为市场溢价

假定 3 年期的 β 为 1.2，最初投资为 1 000 万元，而项目每年的现金流为 400 万元，假定无风险利率为 8% 而预期市场报酬率是 13%。所以 $R_{project} = R_f + \beta_{project}\left[E(R_{market}) - R_f\right]$ =8% +1.2 × （13% -8%） =14%，则用 14% 作为净现值指标的折现率。如果初始投资为 1 000 万元，未来每年有 400 万元的现金流入，持续 3 年。则：

净现值 = -1 000 +400/1.14 +400/1.14^2 +400/1.14^3 = -71.35 （万元）

如果项目的 β 与公司的 β 不一样时，我们要用项目的 β，如果加权平均资本成本大于项目成本，则单用加权平均资本成本折现会使得项目的净现值被低估。

案例研究：小公司的资本预算

小公司的资本预算与大公司一样重要。事实上，由于不能进入资本市场，资本预算在小公司更重要，因为资金错误很难修正。而大公司的资金一般要投入到很多项目上，一项错误可能由其他成功项目加以弥补。小公司却没有这样的条件。

尽管资本预算对小公司非常重要，但对许多小公司的决策方式研究表明小公司用简易快速分析法或者根本没有分析。例如，L. R, Runyon 研究了 214 家净值从 500 000 美元到 1 000 000 美元的公司，他发现其中几乎 70% 用回收期法或其他一些靠不住的标准。只有 14% 用贴现现金流量分析，约 9% 表示他们没有用任何形式的分析。而所研究的大公司一般都采用贴现现金流量技术进行资本预算。

我们可能会感到疑惑，资本预算显然对小公司非常重要，而这些公司却没有使用那些已经开发并用于提高决策水平的工具。为什么会存在这种情况？一种观点是小公司的经理人员没有受过很好的培训，缺乏经验。这种观点实际上认为：如果经理人员懂得多一些，他们会使用更多的复杂技术。

　　另一种观点认为小公司管理人才缺乏，也就是说即使管理人员非常老于世故，但要求他们花费时间用精致的技术去分析建议项目也是不太可能，换句话说，小公司能够用贴现现金流量进行分析，但让他们用大量时间进行这样的分析是不合理的。

　　第三种观点与进行资本项目分析时的成本相关。在某种程度上，这些成本是固定的：对于大公司而言较大项目的分析成本可能会较大，但并非过多。在某种程度上这些成本确实是固定的，如果项目相对较小，发生这些成本是不经济的。这种观点实际上是说小公司的小项目在某些情况下是凭管理人员的直觉进行的决策。

　　注意大公司资本预算过程主要包括低水平分析师的整理数据进行初步分析和高水平决策者进行决策两部分。在小公司这两个步骤不是必要的。因此，对小公司决策过程粗略调查可看到：资本预算决策是一个迅速的判断过程，如果这个判断是由某个对公司及市场有总体了解的人进行的，其结果与大公司低水平雇员的详尽分析是一样的。

　　正如 Runyon 在其制造企业的研究中所讲，小公司以现金为导向，他们关心基本生存能力，因此他们要从短期对现金的影响的角度来看待支出。这种以现金和生存为导向的方针使得公司更注重短期，因此导致小公司重点使用回收期法。回收期的局限性是大家熟知的，尽管有这些局限，在小公司仍然很受欢迎，因为它给公司这样一种感觉：可以知道投入的现金何时能够收回用于偿还贷款或进行新的投资。因此，以现金为导向的小公司及拥有有限管理资源的公司可能会用回收期法。它实际上是在大量分析的需要与较高分析成本之间所做的一种让步。

　　小公司也要面对不远的将来现金流量可能出现的巨大不确定性。像 AT&T 和通用汽车这样的大公司具有"持久力"——他们能进行投资并度过经济衰退期或过剩生产能力期。这些时期通常称为"消退期"，而对于小公司一般在这时确实是"消退"了。因此，多数小公司经理对于要进行多年预测会感到不舒服。由于贴现现金流量技术要求对项目整个生命期的现金流量进行详尽的预测，小公司经理不会对"估计"的数字进行认真分析，因为如果"估计"错了，就会导致破产。

公司价值与资本预算

　　在资本预算中净现值是最吸引人的指标，这是因为投资对公司价值的影响可用NPV进行详尽的计量。如果 NPV 是正的，投资会增加公司价值，使得公司所有者财富增加。在小公司的情况下，股票通常不在公开市场上交易，因此其价值不能公开见到。另外，由于控制的原因，许多小公司业主和经理不想将所有者权益扩大到公众。

在公司自身价值不易确定时很难去评价这种基于价值计算的技术。另外，在股权紧密持有的公司，个人业主经理的目标可能不仅仅看重公司货币价值。例如，业主经理可能更看重公司对质量和服务的声誉，因此所进行的投资可能不是纯经济原因造成的。另外，业主经理可能并未持有多样化的投资组合而是所有的蛋都放在一个篮子里，在这种情况下，经理当然对公司的单一资产风险特别敏感，而不是仅仅对不可分散风险敏感。因此，可能由于某个项目对整个公司风险降低的作用大而被选用，而另一个 β 系数低但可分散风险较高项目可能被拒绝，尽管按 CAPM 法这个项目更优。

另一个非公开公司所要面临的问题是公司权益资本成本较难确定——权益成本方程 $k = D/P_0 + g$ 中的 P_0 无法找到，β 系数也找不到。因为不管是 NPV 法还是 IRR 法都需要用到权益成本，小公司可能没有估计其资本成本的依据。

结论

小公司没有像大公司那样广泛使用 DCF 技术。这也许是合理的，因为当进行复杂分析的成本比其收益更多时，人们自觉不自觉地都会得出这样的结论。另外可能是由于小公司业主经理的非现金目标，或者是由于 DCF 分析要求的资本成本的预测太困难，而回收期法不需要预测资本成本。但是，不使用 DCF 也反映出许多小公司的弱点。其他的暂且不管，我们知道小公司也必须努力去与大公司竞争，而在某种程度上小公司没有用 DCF 法是由于其经理没有经验或缺乏这方面的知识，这就必然使小公司处于竞争的劣势。

资料来源：L R, Runyon, "Capital Expenditure Decision Making in Small Firms," *Journal of Business Research*, September 1983, 389 – 397 Reprinted with Permission.

6 加权平均资本成本（Weighted Average Cost of Capital）

6.1 公司资本结构

企业赖以生存的资金来自股东和债权人，公司的资本结构说的就是公司的资金来源分布，到底有多少来自股东，多少来自债权人。我们都知道股东对回报率的要求高于债权人，所以如果股东的比率过高是不是会增加企业的成本呢？这就凸显了研究公司资本结构的重要性，所以资本结构是企业筹资决策的核心问题。如何确定一个最优的资本结构，企业应综合考虑有关影响因素，运用适当的方法确定最佳资本结构，并在以后追加筹资中继续保持。

6.2 基本公式

在理解核心的基本公式之前，我们必须清楚在企业内部资金来源的权重是度量资本成本时非常重要的考量因素，也就是资本成本必须加权。所谓加权，就是假设股权与债权的总和为1，如果债务股权比例为2/3，则代表普通股权重为3/5，债权权重为2/5。这种对各种个别资本成本进行加权平均所得到的平均资本成本，一般用于企业资本结构决策。

加权平均资本成本（Weighted Average Cost of Capital）用来表示公司企业通过各种方式进行融资（普通股、优先股及债务等）的平均资本成本。加权平均资本成本使用分配股利前，各项融资工具的市场价值进行加权平均。其基本计算公式如下：

加权平均资本成本 = 普通股权重 × 普通股资本成本 + 债务权重 × 债务资本成本

值得注意的是，在债务融资的时候，我们必须还要考虑到另外一个因素就是税盾（Tax Shield）。因为利息是在税前支付的，所以如果利息变多，则代表减少了企业的税负。所以利息具有税盾作用，在计算资本成本的时候应该将成本和税盾的好处做一个轧差，即税后债券资本成本，等于债务资本成本 × （1 – 税率）。

例题

公司发行股票的市值为 1 500 万元，普通权益资本成本为 20%。同时，该公司发行了市值为 500 万元的不可赎回债券。投资者对债务的投资回报率要求为 12.5%，公司所得税税率为 20%。请计算加权平均资本成本。

普通股的权重根据市值计算为 1 500÷2 000＝0.75，债务权重根据市值计算为 500÷2 000＝0.25，所以，加权平均资本成本＝20%×0.75＋12.5%×0.25×（1－20%）＝0.175 或 17.5%。

另外，企业的负债率（D/E）其实具有不稳定性，在计算加权平均资本成本的权重时，最适宜采用的计算基础是目标市场价值（Market Value）。

例如：假设某公司目标市场价值为：

债务：500 000 元；优先股：300 000 元；普通股：800 000 元；

总资本：1 600 000 元

根据市场价值计算出各自权重为：

债务比例：500 000 元÷1 600 000 元＝31%

优先股比例：300 000 元÷1 600 000 元＝19%

普通股比例：800 000 元÷1 600 000 元＝50%

如果一个企业的资本结构目前有着非常明显的变化趋势，投资人可以结合这种趋势和目前的资本结构来得出目标资本结构。比如：一个企业最近每年都在增加债务在资本结构中所占的比重，那么分析师由此就可以预计公司目标资本结构中的债务比率会相对更加高一点。

值得注意的是，如果公司无法满足融资提供者要求的最低回报，那么公司长期的可持续经营可能产生问题。如果公司的回报率低于加权平均资本成本，则股东收到的回报将低于他们的预期。根据清偿权的顺序，股东永远是企业残余价值的分享者，因此，我们可以确定财务管理的最终目标是股东权益最大化，企业的现实环境是不完美市场（Imperfect Market）——存在交易费用（Transaction Cost）、税收（Taxation）和破产成本（Bankruptcy Cost）等，因此资本结构也影响股权的市场价值。

目标/最优资本结构就是最大化股价时也就是 WACC 最小时的资本结构，即各种融资所占比重（Weight）。在本章以后的讨论中假设公司都有既定的目标资本结构并通过融资维持相应的目标。为维持最优资本结构，如果当前负债率（D/E）低于目标资本结构（Target Capital Structure）时，公司应发贷款或者新发债券；如果当前负债率高于目标资本结构，则公司将通过权益融资（Equity Financing）。

6.3 一般债务投资人要求的回报率

负债包括长期借款（Long – term Loan）和发行企业债券（Corporate Bonds），相应的有长期借款成本和债券筹资成本。由于债务的利息均在税前支付，所以债务融资具有税盾（Tax Shield）的作用。协定的贷款利率（Negotiated Interest Rate）或者债券息票率（Coupon Rate）记为 K_d，企业所得税率（Income Tax Rate）记为 t。

那么企业实际负担的利息率（After Tax Interest Rate）$= K_d \times （1 - t）$

注意：这里的债务成本的利息是针对新发行的债务，而不是对已存在的债务支付的利息。如果不考虑债务的增加会增加企业的破产风险（Bankruptcy Risk），债务融资的税盾作用将导致100%的负债融资为最优资本结构（Optimal Capital Structure）。

6.4 不可赎回债务及稳定股利下的计算

当公司每年支付固定的股利并且债务不需要赎回时，另一种计算加权平均资本成本的方式如下：

$$加权平均资本成本 = \frac{派息支出总额 + 利息支出总额}{普通权益资本 + 债务资本}$$

在上述的例题中，公司每年需要支付的股息为300万元（1 500万元×20%），税后的债务利息为50万元（500万元×10%），加权平均资本成本计算如下：

加权平均资本成本 = （300 + 50）/（1 500 + 500）= 0.175 或 17.5%

6.5 普通股股东要求的回报率

思考题

假设被考察的是一家私营企业，并没有任何市场数据，如何去判定其股东所要求的回报率？

普通股股东投资进入企业，是愿意与企业同甘共苦的，那么普通股股东所要求的回报率其实可以分为两类：一类是原始或者成为留存收益，另一类是新增或者叫做新发股票。留存收益是由公司税后净利润形成的。从表面上看，如果公司使用留存收益似乎没有什么成本，其实不然，留存收益资本成本是一种机会成本。留存收益属于股东对企业的追加投资，股东放弃一定的现金股利，意味着将来获得更多的股利，即要求与直接购买同一公司股票的股东取得同样的收益，也就是说公司留存收益的报酬率至少等于股东将股利进行再投资所能获得的收益率。

但是本章中我们不去讨论留存收益部分的资本成本，着重研究如果有新的投资，那么股东所要求的回报率计算可以使用以下三种方法：资本资产定价模型（Capital Asset Pricing Model，CAPM）、股利折现模型（Discounted Cash Flow Method），以及债券收益率加风险报酬率（Bond Yield Plus Risk Premium）。

■ 资本资产定价模型

在市场均衡的条件下，投资者要求的报酬率与筹资者的资本成本是相等的，因此可以按照确定普通股预期报酬率的方法来计算普通股的资本成本。资本资产定价模型是计算普通预期报酬率的基本方法。

首先，估计无风险利率（Risk – Free Rate，RFR）。短期国债利率常被用来代表无风险利率。注意：这里的无风险是指没有信用风险（Credit Risk），但是包含了通货膨胀的风险（Inflation Risk）。

其次，测算公司股票的 β 系数，β 系数代表了公司股票的系统风险（Systematic Risk）。

再次，估算预期的市场收益率（Expected Market Return）K_{mkt}。

最后，使用 CAPM 公式计算公司要求的回报率。

$$K_s = RFR + \beta \times (K_{mkt} - RFR)$$

CAPM 的公式非常简单，具有很好的理论解释：股东要求回报率等于最基本的机会成本，即无风险利率，另外再加上由于其他风险所要求的补偿，即风险溢酬（Risk Premium）之和。

但在实际使用中，经常会讨论无风险利率到底应该使用长期国债利率还是短期国债利率。一般长期国债利率使用较多，因为股东的投资毕竟以长期为导向。但是有的时候也会有短期的可能性，在遇到具体情况的时候也不能一概而论。

另外，β 系数和市场预期回报很难估算。系统性风险 β 系数是需要市场数据做回归来得到的，而市场预期回报也是要根据足够量的上市公司的历史数据先平均才能逐步确定。除了这两点，还有对于并没有上市的中小企业，根本得不到市场数据，也就无法从资本资产定价模型入手。

■ 股利折现模型

股利折现模型就是按照资本成本的基本概念来计算普通股资本成本的，即将企业发行股票所收到资金净额现值与预计未来资金流出现值相等的贴现率作为普通股资本成本。其中预计未来资金流出包括支付的股利和回收股票所支付的现金。因为一般情况下企业不得回购已发行的股票，所以运用股利折现模型法计算普通股资本成本时只考虑股利支付。另外股利折现模型适用于股利稳定增长的公司来求得股东要求的回报率。

一般更多地，我们假设股利按固定的比例（g）增长，根据股利增长模型（Dividend Growth Model），股票价格与股利、股利持续增长率有以下关系：

根据 $P_0 = D_1 / (ks - g)$ 进行代数移项，得到：$ks = D_1 / P_0 + g$

D_1——下一年的股票红利

ks——投资者要求的回报率

g——公司的预期持续成长率（Growth Rate）

该模型使用的关键是 g 系数和市场平均收益率的确定。预期成长率的计算可以依靠证券分析师的预期，也可以使用以下公式计算：

$$g = 收益留存率（Retention Rate）\times 净资产收益率（ROE）$$
$$= [1 - 收益股利支付率（Payout Rate）] \times 净资产收益率（ROE）$$

应用 DCF 方法的困难在于估算公司未来的预期成长率和下一期的股利支付金额。所以一般都会进行一定的假设，比如典型的是股利固定增长，也会有非固定成长股及零成长，但是本书中不做介绍。

■ 债券收益率加风险报酬率

债券收益率加股票投资风险报酬率，这非常符合清偿权顺序，相对于企业的债券持有人，企业必须提供给普通股股东更高的期望收益率，因为股东承担了更多的风险。因此可以在长期债券利率的基础上加上股票的风险溢价来计算普通股资本成本。用公式表示为：普通股资本成本 = 长期债券收益率 + 风险溢价。

由于在此要计算的是股票的资本成本，而股利是税后支付，所以我们不考虑抵税作用。因此是长期债券收益率而不是债券资本成本构成了普通股成本的基础。风险溢价可以根据历史数据进行估计。在美国，股票相对于债券的风险溢价为 4% ~ 6%。由于长期债券收益率能较准确地计算出来，在此基础上加上普通股风险溢价作为普通股资本成本的估计值还是有一定科学性的，而且计算比较简单。只不过这种计算方式在中国的金融市场当中还不算成熟，很难预估出附加的股票投资风险报酬率。

6.6 加权平均资本成本的运用及局限性

在金融活动中用来衡量一个公司的资本成本。因为融资成本被看做是一个逻辑上的价格标签，它过去被很多公司用作一个融资项目的贴现率。使用加权平均资本成本的目的在于将其视作最低预期回报率，用于评估那些使用贴现现金流进行计算的新投资项目。当一个新投资项目使用加权平均资本成本为折现率，计算得出的净现值大于零时，那么这个新项目所产生的现金流足以同时承担权益融资和债务融资的成本。

假设该公司正考虑是否接受一个投资项目，该项目的投资金额为 1 200 万元（其中 900 万元通过普通权益融资获得，300 万元通过债务融资获得）。该投资每年将持续带来 262.5 万元的税前利润。我们用 17.5% 作为折现率，对税后利润 210 万元（262.5×80%）进行折现得出净现值为零。所以，公司是否接受该项目对其不会产生影响。

公司支付给股东的派息支付总额为 180 万元（普通权益资本成本为 20%），支付给债权人的利息支出总额为 37.5 万元（12.5%×300 万元）。这些成本可以完全被该项目的收益所覆盖，具体计算如下：

	千元人民币
投资收益	2 625
利息支出	(375)
税前利润	2 250
所得税费用（20%）	(450)
股利分配	1 800

如果该项目每年收益大于 262.5 万元，那么可用来支付股利的金额将大于 180 万元，对于股东而言，该项目能够带来更多收益，所以，股东会选择接受该项目。同样，如果这一项目的税前收益大于 262.5 万元，我们用 17.5% 对其进行折现，得到的净现值将大于零。

可是加权平均资本成本在计算中有很多地方一直存在争议，也就代表用其对企业做分析或者做估值都会存在一定的局限性。

第一，权重到底应该如何确定，用市场价值确实是推荐的做法，因为贴近经济现实。可是在现实中银行借款不存在市场价值，我们谈到市场价值往往是指发行债券和股票筹集资金，在计算债券和股票的个别资金成本时，使用的是债券和股票的发行价格。为了口径的统一，在计算加权平均资金成本时，也应该使用发行价格。而这个发行价格实际上就是这些资金来源的账面价值。

第二，证券的市场价格不论怎样变化，实际与筹资的企业是没有关系的。企业筹资时的资金成本应该等于此时资金提供者所预期的报酬率，这不仅与当时资本市场的市场利率有一定关系，而且也取决于资金提供者对企业或者项目风险的预期。债券和股票发行后，必然要走向流通，由于市场环境等条件的变化，投资者所要求的报酬率会发生变化，这样债券和股票的市场价值发生了变化。而这种变化是在证券流通中发生的，证券从一个投资者转移到另一个投资者，以及市场价值经常性地变动自从发行后就与公司没有关系了。企业筹集的资金总额没有变化，还本付息和支付股利的义务也没有变化，资金成本也不会发生变化，各个资金来源占筹资净额的比重也不会发生变化。

第三，影响加权平均资本成本的因素过多，同时这些因素不是可以通过数据公式体现出来的，就会导致加权平均资本成本估计不准确。比如企业的融资政策、企业的资产结构、企业的投资人、企业的管理、行业特征、经济环境等。

案例研究：加权平均资本成本

某企业拟采用三种方式筹资，并拟订了三个筹资方案，请根据以下数据选择最佳筹资方案。

筹资方式	资金成本（%）	资本结构（%）		
		A	B	C
发行股票	15	50	40	40
发行债券	10	30	40	30
长期借款	8	20	20	30

■ A 方案加权平均资金成本 $= 15\% \times 50\% + 10\% \times 30\% + 8\% \times 20\% = 12.1\%$

■ B 方案加权平均资金成本 $= 15\% \times 40\% + 10\% \times 40\% + 8\% \times 20\% = 11.6\%$

■ C 方案加权平均资金成本 $= 15\% \times 40\% + 10\% \times 30\% + 8\% \times 30\% = 11.4\%$

因为 C 方案的加权平均资金成本最低，故应选 C 方案。

7 杠杆（Leverage）

物理学中把一根在力的作用下可绕固定点转动的硬棒叫做杠杆，所以众所周知阿基米德的一句话"给我一个支点，我可以撬起整个地球"。在金融世界中，还有一种杠杆称为金融杠杆，所谓金融杠杆就是用一种方式可以达到放大投资的效果。看上去杠杆是会给我们带来好处的，其实不然，因为最终的结果不论是好或是不好，都将会被放大。换言之，给未来带来了非常大的不确定性，也就是风险在无形中被同时放大。

企业的杠杆实际上是企业的核心竞争力，比如说超大规模、高速创新、产品多样化、人才济济等。从另外一个角度可以定义企业杠杆大小与企业本身的固定投入息息相关。显然固定投入越多，企业风险就越大。也证实了刚刚上面提到的杠杆给企业未来发展带来不确定性，杠杆越大，不确定性越大，则风险越多。

7.1 商业风险

要明白杠杆，就必须先了解企业的风险。首先涉足的就是商业风险（Business Risk）。商业风险指的是公司经营性收入以及公司收益和产生这些收益的必要支出所面临的风险。例如房地产公司，首先需要土地所有权，其次需要大量的人力物力去开发楼盘，最终还必须将楼盘售出才能获得收益。其中的每一项支出都是必要的，这就使得房地产公司的商业风险非常高。

商业风险还可细分为销售风险（Sales Risk）和经营风险（Operating Risk）。销售风险贴切其称呼，即公司销售的不确定性，也就是盖好的楼盘卖不出去。经营风险是由固定经营成本造成的经营性收入的额外不确定性。固定成本相对于可变成本的比重越大，公司的经营性风险就越高。例如土地所有权，如果选的土地地理位置并不是很理想，则会大大使得未来销售产生不确定性，而土地是房地产公司举足轻重的一项固定投入，所以房地产公司的经营性风险很高。由此可以推断，重资产性企业的商业风险相对较高，如同一个超重的人，改变战略方向非常困难，失去自由度。

经营杠杆度（Degree of Operating Leverage，DOL）也称为营业杠杆系数或营业杠杆程度，是指息税前利润（EBIT）的变动率相当于销售额变动率的倍数。可以从两个方面分析：第一，假设固定成本不变，销售额越大，经营杠杆系数越小，经营风险也就越小，反之亦然。第二，只要固定成本不等于 0，企业经营杠杆系数就一定大于 1。如果遇到经营杠杆系数等于 1 的情况如何去理解呢？我们只能说企业固定成本为 0，不能说企业没有商业风险。因为引起运营风险的主要原因是市场需求和成本等因素的不确定性，经营杠杆并不是利润不稳定的根源。

经营杠杆系数 = 息税前利润变动率/产销量变动率，也等于（$\Delta EBIT/EBIT$）/（$\Delta Q/Q$），$\Delta EBIT$ 是息税前利润变动额，ΔQ 为产销量变动值。利润是价格与销售数量的乘积，所以公式经过整理，可以得到经营杠杆系数 =（销售收入 - 变动成本）/（销售收入 - 变动成本 - 固定成本）

其中，由于 销售收入 - 变动成本 - 固定成本即为息税前利润（EBIT），因此又有：经营杠杆系数（DOL）=（息税前利润 + 固定成本）/ 息税前利润 =（$EBIT + FC$）/$EBIT$

一般来说，市场繁荣、公司业务增长很快的大背景下，可通过增加固定成本投入或减少变动成本支出来提高经营杠杆系数，以充分发挥正杠杆效用。在市场衰退，业务不振时，公司应尽量压缩费用，比如人力成本、研发费用、广告费用、市场营销费等固定成本的开支，降低经营杠杆系数，降低经营风险，避免负杠杆。

7.2 财务风险

经营是企业的一部分，可是不论怎么样，企业都需要依靠外部资源支持，例如借款。借款依然属于一种杠杆，我们从两个方面可以来进行理解：第一，利用别人的资源做自己的业务，本身就是撬动杠杆。第二，若要债主融资，一定需要按照合同要求支付利息，固定利息的支付属于契约规定，所以利息支出与企业经营的固定成本无异，同样属于固定支出。既为固定支出，也就是企业的杠杆，由于是融资引起的，故称为财务杠杆。

财务杠杆系数（Degree of Financial Leverage，DFL）用来衡量企业财务杠杆的大小。财务杠杆系数 = 普通股每股利润变动率/息税前利润变动率，也等于（$\Delta EPS/EPS$）/（$\Delta EBIT/EBIT$），ΔEPS 为普通股每股利润变动额。为了便于计算，可以把公式做些变换，由 $EPS =（EBIT - I）（1 - T）/N$，可以得到 $\Delta EPS = \Delta EBIT（1 - T）/N$，所以财务杠杆系数（DFL）= $EBIT/（EBIT - I）$，I 为利息，T 为所得税税率，N 为流

通在外的普通股股数。

由此可以推断，假设息税前利润越高，财务杠杆系数越低。其实也就代表企业自己赚得的钱是可以覆盖借债成本的。换言之，假设财务杠杆系数为1，则代表企业并没有固定的利息支出。所以一般情况下，财务杠杆系数越高，我们基本可以判断企业的负债程度越大，其未来的风险性也会越大。

7.3 总杠杆

从前面的分析中我们知道，由于存在固定的生产经营成本，产生经营杠杆效应，使息税前利润的变动率大于销售额的变动率；同样，由于存在固定财务费用，产生财务杠杆效应，使企业每股收益的变动率大于息税前利润的变动率。如果两种杠杆共同起作用，那么销售稍有变动就会使普通股每股收益产生更大的变动。这种由于固定生产经营成本和固定财务费用的共同存在而导致的每股收益变动率大于销售业务量变动率的杠杆效应，称为总杠杆。

总杠杆系数（Degree of Total Leverage，DTL）是经营杠杆系数和财务杠杆系数的乘积，是普通股盈余变动率与产销量变动率的倍数。根据前面的经营杠杆系数和财务杠杆系数的公式推导，即可得到：总杠杆系数 $= S - VC/(S - VC - FC - I)$ 。

总杠杆系数使公司管理层在一定的成本结构与融资结构下，当营业收入变化时，能够对每股收益的影响程度作出判断。通过公式就能够非常直观地估计出营业收入变动对每股收益所造成的影响。例如，如果一家公司的总杠杆系数是8，则说明当营业收入每增长（减少）1倍，就会造成每股收益增长（减少）8倍。

另外，通过经营杠杆与财务杠杆之间的相互关系，有利于管理层对经营风险与财务风险进行管理，即为了控制某一总杠杆系数，经营杠杆和财务杠杆可以有很多不同的组合。比如，经营杠杆系数较高的公司可以在较低的程度上使用财务杠杆；经营杠杆系数较低的公司可以在较高的程度上使用财务杠杆等。

7.4 盈亏平衡点

盈亏平衡的销售量（Breakeven Quantity of Sales）是收入等于总成本时的销售量，净收入为零。这也是企业在平时的生产经营活动中必须要预估出的产量，只有达到这样的产量才可以保本。

销售价格×产量 – 可变成本×产量 – 固定成本 – 利息成本 = 0，由此关系公式可以整理得到盈亏平衡点的产量 =（固定成本 + 利息成本）／（销售价格 – 可变成本）。其中（销售价格 – 可变成本）被称为边际贡献（Contribution Margin），代表每销售一单位产品，有助于覆盖固定成本的边际贡献是多少。

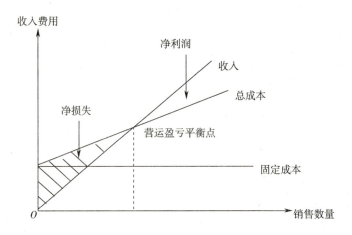

如果不考虑财务杠杆，仅关于企业经营效果，那么就会有另外一个评估量为经营性盈亏平衡销量（Operating Breakeven Quantity of Sales）。公式也是如同上面的推导过程，但是不用考虑融资带来的利息支出，则得出经营的盈亏平衡点产量 = 固定成本／（销售价格 – 可变成本），此时的固定成本完全就是企业经营过程当中的各种固定投入。

案例研究：高财务杠杆谋杀美林、花旗

次贷危机席卷了整个发达国家的金融体系。除了美国的 Countrywide、新世纪金融公司以及英国的诺森罗克银行、北岩银行等业务相对集中于抵押贷款领域的机构遭受重挫外，美林证券、花旗集团、瑞士银行等大型综合银行或投资银行也未能幸免。

尽管美林有大量相对稳定的经纪业务，尽管花旗有大量的零售银行业务和全球化的分散投资，尽管瑞士银行因其低风险的财富管理业务一贯享受着最高的信用评级；尽管房地产抵押贷款只是它们众多利润源中的一个，而且贡献并不大，但正是这个不起眼的业务让这些金融巨头们遭受了沉重的打击。

金融集团希望通过复杂的业务结构来分散风险，用精细化的测算来拨备风险，但从 20 世纪 80 年代初的垃圾债危机到 1987 年 "黑色星期五" 中的组合投资保险策略隐患，90 年代末长期资本管理公司的套利危机，再到此次次贷危机，大型金融集团

在历次金融创新产品危机面前不堪一击，"风险分散"和"流动性拨备"都变得毫无意义。

虽然在此次次贷危机中，中资企业损失较小，但在中国的金融发展过程中，到处都需要创新，到处都可能是创新的"地雷"，美国的次贷危机也许能给我们更多启示。

美林证券与贝尔斯登是次贷危机中损失较大的两大投资银行，但从它们的业务结构看，包括股权、固定收益、投资银行、交易清算、私人客户理财和资产管理等多个部门，涉及代客交易、交易清算、结构化产品设计销售、做市商、自营交易、风险套利（套利并购重组事件）、传统套利（套利价差）、证券出借、证券化产品发行和投资、融资、并购重组、私人股权投资、财富管理、资产管理等多项业务。

除了抵押贷款证券（MBS 或 ABS）外，它们的业务还涵盖了国内股票、国际股票、国债、市政债、公司债、垃圾债、可转换证券、股票衍生工具、利率互换产品、外汇互换产品、商品期货、对冲基金等多种产品。

雷曼兄弟等也是如此，其业务结构是一个极其庞杂的体系，每个结点都充斥着风险，他们希望通过多结点来分散这种风险。

现实中，他们也确实做到了这一点。一般来说，美国大型投资银行的收益来自于五方面：自营（Principal Transations）、投资银行（Investment Banking）、抵押贷款服务权收益（Mortgage Servicing Fees）、佣金收益（Commissions）和资产管理收益（Asset Management）。而花旗、瑞银等以银行业务为主的大型金融机构，其业务结构就更加复杂，收益源也更加广泛。

但问题是，金融机构的高杠杆可能会完全对冲掉多收益源的风险分散作用。

金融创新过程中风险的估价通常是不准确的，金融集团希望用复杂的业务和分散的收益点来降低单一事件的冲击力，但金融企业的高杠杆放大了单一事件的冲击力，使单一业务的风险可能会感染其他业务，并危及整个集团的安全。实际上，在投资银行平均 15 倍左右的净财务杠杆和 20 倍以上的总财务杠杆下，5% 以上的风险资产亏损将给公司带来致命打击。不仅如此，危机还对股价产生了长远的影响，限制了企业在其他高速成长领域的扩张速度。

如果把金融机构的三要素绘成一幅三维图：波动性、收益率和杠杆率。那么，对于金融集团来说，在新业务上杠杆率的控制尤其重要，因为此时波动率的数据变得不那么可信了，一旦风险失控，低杠杆的集团能够将风险控制在局部，从而可以发挥真正的金融集团多收益源分散风险的作用，在低谷中趁机收购其他企业；与之相对应，高杠杆的集团将使风险扩大至整个集团，从而成为低谷中的被猎食者。

在金融创新中，唯一安全的是现实的拨备，而不是信用评级或其他基于历史数据的模拟测算。

金融创新过程中，控制杠杆是分散业务风险的前提，是控制创新业务风险范围的必需。"可以承受高风险，绝不承受高杠杆"的原则，不仅适用于新产品的拓展，也同样适用于跨地域的扩张，在新地理市场上，当风险不可测时，控制杠杆比控制风险更重要。

来源：《证券市场周刊》，作者：杜丽虹

8 MM 理论

MM 理论是现代资本结构理论的标志。美国的莫迪利安尼（Modigliani）和米勒（Miller）两位教授在 1958 年共同发表的论文《资本成本、公司财务与投资理论》，提出了资本结构无关论，构成了现代资本结构理论的基础。现代资本结构理论又分成无税收的 MM 理论、有税收的 MM 理论和权衡理论三个不同的阶段。

8.1 在无税状态下的 MM 理论：资本结构无关论

最初的思想，该理论认为，在不考虑公司所得税，且企业经营风险相同而只有资本结构不同时，公司的资本结构与公司的市场价值无关。或者说，当公司的债务比率由零增加到 100% 时，企业的资本总成本及总价值不会发生任何变动，即企业价值与企业是否负债无关，不存在最佳资本结构问题。

资本结构无关论是由一系列比较严格的假设得出的，如没有公司所得税和个人所得税，资本市场上没有交易成本，没有破产成本和代理成本，个人和公司的借贷利率相同，等等。

■ 命题一：总价值命题

即在没有公司所得税的情况下，杠杆企业的价值与无杠杆企业的价值相等，即公司价值不受资本结构的影响。也就是说，在无税情况下公司的价值与公司的结构无关。以下我们用图作解释。图的分割是按公司债务和股权所占的比例，因此无论公司如何划分债务和股权的比例而公司的总价值不变。

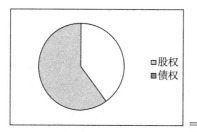
=
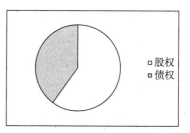

假定公司的息税前收益可以由提供给公司所有的资本获得。如果公司没有债权，则所有的运营收益归入股东，如果所有的资本由债权组成，则相应的所有的收益由公司的债权人获得。由于无摩擦的完美市场的存在，公司的所有债权和股权总和应等于公司的价值，即公司的总收益。也就是说无杠杆的公司总价值应等于有杠杆的公司的价值。

$$V = V_L = V_U = \frac{EBIT}{K_A} = \frac{EBIT}{K_{SU}}$$

其中：

V表示公司价值；V_L表示有负债公司的价值；V_U表示无负债公司的价值；K_A表示有负债公司的 WACC，而K_{SU}表示无负债公司的普通股报酬率。

■ 命题二：风险补偿命题

即杠杆企业的权益资本成本等于同一风险等级的无杠杆企业的权益资本成本加上风险溢价，风险溢价取决于负债比率的高低。如果公司提高其债务比率则股东承担的风险会加大，从而增加了股东的要求收益。因此如果公司的债务比率增加，则相应的低廉的债务资金会由于股权成本的增加而降低，从而改变公司的 WACC。公司的股权要求收益率可以由以下公式表示：

$$r_e = r_0 - (r_0 - r_d) \times \left(\frac{D}{E}\right)$$

r_e为股权要求收益率；r_0为企业加权平均资本成本；r_d为债券要求收益率；D/E为企业负债率。

随着财务杠杆的增加，股权的要求收益率会增加，但是 WACC 和债务成本不变。原因是当债务比率增加时，剩余权益的风险也增加，权益资本的成本也就会随之增加。剩余权益资本成本的增加抵销了债务资本成本的降低。MM 理论证明了这两种作用恰好相互抵销，因此企业总资本成本与财务杠杆无关。

8.2 在含税状态下的 MM 理论：修正的模型

负债可以节约税收。现在假设 MM 理论下公司有税收，由于许多国家税法中规定利息在税前扣除，即利息是税前费用，而股息则是税后收益的分配基础。由于税收的处理不同会促使公司使用负债方法融资，因为负债可以减少税收，而减少的部分可以增加公司价值，企业可以无限制地增加负债，负债100%时企业价值达到最大。

■ 命题一：总价值命题

即杠杆企业价值大于无杠杆企业价值。公司的节税利益等于公司的负债乘以公司税率，用公式表示即：

$$V_L = V_U + (t \times d)$$

其中 V_L 表示有负债公司价值；V_U 表示无负债公司价值；t 表示边际税率；而 d 表示公司债务价值。

如果 MM 理论中其他不变，则公司的价值会随着公司的财务杠杆的增加而增加，则最优的结构为 100% 债务。

■ 命题二：风险补偿命题

有税收时，杠杆企业的权益资本成本也等于同一风险等级的无杠杆企业的权益资本成本加上风险溢价，但风险溢价不仅取决于负债比率而且还取决于所得税税率的高低。

$$r_E = r_0 - (r_0 - r_D)(1 - T_C) \times \left(\frac{D}{E} \right)$$

r_E 为股权要求收益率；r_0 为企业加权平均资本成本；r_D 为债券要求收益率；D/E 为企业负债率；T_c 为税率。

将命题一和命题二结合起来，可以得到杠杆企业的加权平均资本成本会随着负债率的上升而下降。利息的节税收益由于股权成本的提高而使得 WACC 降低，则在 100% 的债务比例下公司的价值最大。

8.3　权衡模型

有税收的 MM 理论认为通过负债经营可以提高公司的价值，但这是建立在没有破产成本和代理成本假设基础之上的。在 MM 理论基础上，财务学家又考虑了财务危机成本和代理成本，进一步发展了资本结构理论。同时考虑债务利息抵税、破产成本和代理成本的资本结构理论被称为权衡理论。

■ 财务危机成本

财务危机成本指的是如果收益降低，则由于公司面临大量的债务而要增加的支出成本。预期的财务危机成本包括以下两点：

第一，财务危机成本和破产成本，该成本可以是直接的也可以是间接的。直接的财务危机成本包括与破产相关的现金费用，例如：律师费、管理费。间接费用包括失去的机会成本和失去客户、债务人、供应商和雇员信任的成本等。

第二，财务危机的概率，指的是公司采用运营杠杆和财务杠杆而可能导致财务危机的可能性。一般的高杠杆导致财务危机的可能性增大。其他影响因素包括公司的管理层、公司的治理结构等，低素质的管理层和糟糕的治理结构也会增加财务危机发生的概率。

在其他条件不变的情况下，如果公司的财务危机成本较大，则会影响公司举债。

■ 股权代理成本

股权代理成本指的是管理者和股东利益冲突的成本。如果管理者与公司的运营没有利益联系，则不会承担风险。基于以上认识，股东会采取措施使该成本最小化，从而产生净股权代理成本。净股权代理成本包括以下三个部分：

第一，监管成本。监管成本是监督管理者而引起的监管费用，包括支付给董事会薪水及向股东提供财务报表等费用。不过严密的公司治理会减小监管成本。

第二，绑定成本，该成本是促使管理者为股东利益最大化而努力工作的额外报酬，常见的绑定成本包括管理者达到特定目标的额外报酬等。

第三，额外损失，是指即使存在足够监管和绑定仍不能达到有效的保证造成的损失。

根据代理理论，使用债务资本会迫使管理者合规使用债务资金，这是因为管理者不能自由地将债务资金为己谋利。也就是说财务杠杆的增大会降低代理成本。

信息不对称成本，指的是由于管理者要比股东和债务人拥有更全面的信息而造成的成本。如果公司的产品比较复杂，或者是财务报表不透明，则会增加信息不对称成本，从而导致高的债务和股权要求收益率。由于股东和债权人已经意识到信息不对称的存在，投资者会选择管理者信息比较透明的公司。特别是，管理者选择债权和股权的决定有助于透露公司管理者对未来公司的预期。

如果公司管理者要求董事会通过举债的决策，则表示管理者对未来的支付比较有信心。发行股票通常是负面信息，因为发行股票通常是管理者认为其股票高估的原因而造成。

公司的目标资本结构是公司长时期融资所维持的资本结构。管理者使用的目标资本结构是公司的最优资本结构。如果管理者想使公司的价值最大化则应该使公司的目标管理结构等于公司的最优资本结构。

而实际上由于以下原因使得公司的实际资本结构会在目标资本结构上下波动。管理者可以使用短时的机会获得较为有利的融资。例如，如果公司的股价短时内增高，则公司可以暂时在这段时间发行股票，从而使实际资本结构超过目标结构。由于股票市场和债券市场上频繁的波动会使公司的实际资本结构短时偏离目标结构。

■ 权衡理论

权衡理论是企业最优资本结构就是在负债的税收利益和预期破产成本之间权衡，也可以叫做最佳资本结构理论。主要是因为公司面对财务困境的成本和债务形成的税盾效应会相互抵消，随着债务的上升，企业陷入财务困境的可能性也增加，甚至可能导致破产，如果企业破产，不可避免地会发生破产成本。即使不破产，但只要存在破产的可能，或者说，只要企业陷入财务困境的概率上升，就会给企业带来额外的成本，这是制约企业增加借贷的一个重要因素。因此，企业在决定资本结构时，必须要权衡负债的避税效应和破产成本。根据权衡理论，企业的最佳资本结构存在于企业负债所引起的企业价值增加与因企业负债上升所引起的企业风险成本和各项费用相等时的平衡点上，此时的企业价值最大，WACC 最小。权衡理论以后又发展为后权衡理论，后权衡理论的代表人物是迪安吉罗（Diamond，1984）、梅耶斯（Mayers，1984）等人，他们将负债的成本从破产成本进一步扩展到了代理成本、财务困境成本和非负债税收利益损失等方面，同时，又将税收利益从原来所讨论的负债收益引申到非负债税收收益方面，实际上是扩大了成本和利益所包括的内容，把企业融资看成是在税收收益和各类负债成本之间的权衡。

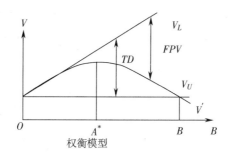

权衡模型

■ 优序融资理论（Pecking Order Theory）

一般公司到底用什么方式进行融资呢？从理论上讲，前面提到信息不对称对于公司管理层的价值所在，所以公司在需要资金的时候，公司的管理层总是先选择使用内部资金，如果内部资金无法解决问题，公司会去考虑发债借款，最后才会增发股票。原因是增发股票会将公司内部的信息外露得太多，这是公司迫于无奈才会选择的方式。所以从理论上说，公司增发股票其实不是一个好消息，代表企业内部资金不足且找不到债主融资。所以管理层先选择内部资金，再发债，最后选择增发股票的理论叫做优序融资理论。

案例研究：高管薪酬

如果你认为企业高管薪酬过高，那么这里有一个采取些应对行动的机会。现在正是各大公司征集股东委托书的季节，这意味着投资者的邮箱里正塞满了附有大量字体很小而且晦涩难懂之条文的股东委托书。但隐藏在这些公式化文件之中的，是一些有关高管薪酬的诱人细节。塞在邮包里的是一张股东委托卡，股东可以利用这张卡对高管薪酬作出投票表决。所以，在把这张卡仍进废纸回收篓之前，你或许应该读一读。

2011 年，自罗斯福新政以来最重要的金融监管规章《多德—弗兰克华尔街改革与消费者保护法案》（*Dodd – Frank Wall Street Reform and Consumer Protection Act*）（以下简称《多德—弗兰克法案》）正式生效。自那时起，高管薪酬这个特定投票事项就成为法定强制项目。该法案包括一项"薪酬话语权"（say – on – pay）的规定，要求所有上市公司至少每三年给予股东一次就高管薪酬作出投票表决的机会。大多数公司每年都会就这个问题让股东投票表决。

各大公司在解读此项规定的确切措辞方面拥有一定的回旋余地，他们并不需要列出公司每位高管的薪酬情况，而且可以要求股东就薪酬政策而不是具体薪酬数额进行投票表决。比如，迪士尼公司的 2013 年股东委托书中，要求股东就"指定的一些高管"进行建议性投票表决，并且表示他们的薪酬与公司实现"年度营运及财务目标"及"长期价值创造"是一致的。该公司董事长兼首席执行官（CEO）罗伯特·艾格（Robert A. Iger）2012 年的基本年薪是 250 万美元，而奖金最低数额为 1 200 万美元。

摩根大通私人银行建议实验室（Advice Lab）罗伯特·巴伯蒂（Robert K. Barbetti）表示，虽然股东的"薪酬话语权"投票表决并不具有约束力，但可以产生强有力的影响。2012 年，花旗集团 55% 的股东投票反对时任 CEO 维克拉姆·潘迪特（Vikram Pandit；中文名：潘伟迪）的薪酬方案。2012 年 10 月，他突然辞职。2011 年，惠普未能通过股东的"薪酬话语权"投票表决，一定程度上是由于新任 CEO 李奥·阿卜什克（Lo Apotheker；中文名：李艾科）的聘请合同。2011 年 9 月，他被解雇了。

巴伯蒂说，大多数客户会扔掉股东委托卡，而且几乎不会看一眼随附的股东委托书。但是机构股东会仔细审阅股东委托书，他们也在投票表决中占据很大比重。

另一个具有强大影响力的是公司治理咨询机构——机构股东服务公司（Institutional Shareholder Services）。2012 年，在机构股东服务公司建议反对高管薪酬计划的公司中，股东对高管薪酬计划提案的支持率降低了 30%。

在《多德—弗兰克法案》生效之后，信息披露要求的提高，加上股东监督力度的加强，促使"各大公司纷纷应对近年来令股东恼火的许多薪酬问题"，巴伯蒂如是说。他们日益将高管薪酬与管理绩效相挂钩。

此外，"薪酬话语权"对失控的薪酬上涨可能也产生了抑制作用。高管薪酬咨询公司 Pearl Meyer & Partners 对 167 个组织（从财富 500 强企业到非营利组织和新兴的高速成长型企业）进行的一项调查显示，在这些接受调查的企业当中，将近三分之一预计在未来一年里削减或冻结 CEO 的基本年薪。

"对于 CEO 而言，与那些预计高管薪酬涨幅将处于 3% 至 5% 这个传统最佳涨幅范畴的企业相比，预计高管薪酬涨幅为零或超过 5% 的企业相对更多，"摩根大通的巴伯蒂评论说，"这表明，这些公司现在更容易接受如下的 CEO 薪酬调整方式：在财年业绩表现不佳后不提高 CEO 薪酬，而在财年业绩表现强劲后更加显著地提高 CEO 薪酬，而不是每年提高 4% 至 5%。"

来源：福布斯中文网。

9　资本结构在实际中的运用

9.1　融资期限

正如我们之前提到的，公司之所以经常控制自身的杠杆比率，主要是为了减少相应的财务压力。财务压力是指公司可能存在一些困难，不能满足对债权人应尽的义务。这对公司的发展及今后的融资都将产生负面的影响，未来向银行进行借贷时，银行可能对该公司贷款增加更多的限制措施。

当公司的管理层考虑融资结构时，需要了解公司的资产情况，并对相应投资项目的期限进行评估，从而决定长期融资或者短期融资的相应期限。从实际角度出发，通过长期的负债（例如长期贷款）获得的融资款项，一般用于长期非流动资产的投资。

同样，流动资产可以被划分为永久性流动资产和浮动性流动资产。永久性流动资产用于满足未来公司长期发展的需求，它包括企业生产运营所需要的最低限额的现金、存货及应收账款等。浮动性流动资产则会根据产业周期或者季节周期而发生变动，例如，零售商在圣诞节前会提高存货的库存数量，这些高于一般水平的存货即为浮动性流动资产。

根据配比原则，在健全的融资制度下，长期融资款常用于永久性流动资产的投资（例如使用长期贷款购买固定资产），短期融资款则用于对浮动性流动资产的投资。一些更加积极的企业会使用较多成本较低的短期融资款对一部分永久性流动资产进行投资。在这种情况下，管理层需要充分权衡考虑投资风险与收益。

下面的两幅图分别表示了这两种融资方式的效果：

首先，根据配比的原则，企业融资款的到期期限需要和投资项目的期限相对应。长期融资用于对永久性流动资产和固定资产的投资，而短期融资通常用于对浮动性流动资产的投资。

使用大量低成本的短期融资款对一部分永久性流动资产进行投资是一种更加积极的策略，相应的风险系数也较高。因为债权人将更加频繁地对其提供的短期融资工具进行监控审核。这类监控审核在长期的融资合同中相对较少。使用短期借款能降低融

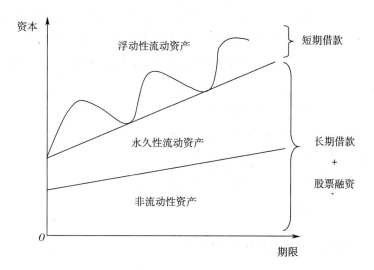

来源:《企业融资与投资》第六版 Pike & Neal。

资成本,但同时相应的风险会上升。

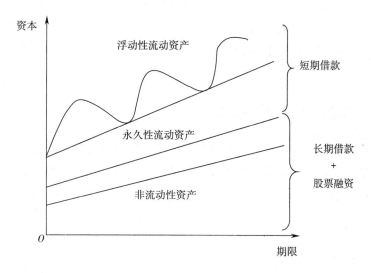

来源:《企业融资与投资》第六版 Pike & Neal。

9.2 其他实际因素

9.2.1 财务压力

大量使用债务融资的主要缺点是增加了企业的财务压力,尤其是在企业很难或者无法对债务的利息进行清偿的时候。这会引起企业与外部利益相关者之间的矛盾。企业的利益相关者主要包括供应商、客户、员工及债权人（包括银行）等。这些矛盾会直接提高企业的相关成本费用。管理层必须每天关注公司资产的流动性问题，而非股东的长期利益。

财务压力主要受到以下因素的影响：

- 公司营业收入对总体经济形势的敏感性水平
- 公司固定成本和变动成本间的比例关系
- 公司资产的流动性，是否能在市场上进行交易
- 公司的现金流状况

9.2.2 代理理论（Agency Cost）

为了保证管理层将股东利益最大化作为工作目标，企业会产生各类直接或间接的费用，例如，监控成本、限制性约束以及减少管理层工作的自由度等。

这些代理成本制约了企业使用高额债务融资的机会。对公司管理层而言，使用债务融资能更好地利用债权人，因为管理层相比债权人更加了解企业的整体状况。债权人为了保护自身的利益会对管理层的活动提出限制要求，这样就会增加企业的相应成本。

9.2.3 借款能力及财务余量

债权人通常会对贷款设置上限。债权人使用一些自身的信贷评估措施对债务人的状况进行评估，评估方面包括抵押物及借款条款。财务主管需要保证有足够的借款余量来满足不可预期的现金需求，例如一些好的商业机会等。这将限制企业可接受的资产负债水平。

9.2.4 管理层意愿

通常，管理层对公司所持的债务状况保持谨慎的态度。因为，如果公司陷入困境，无法偿还债务，管理层人员可能面临失业的风险。根据优序融资理论（Pecking Order Theory），在融资方法上，管理层愿意先使用内部融资，再进行债务融资，最后考虑权益融资。这么做的原因是由于权益融资在市场上往往被视作不利的消息。投资者一般会认为当管理层认为股价过高时才会发售新股。阻力最小的融资方式是债务融资，因为它相对更为容易方便，管理层不用向股东进行报告，并且相应的业务成本也

较低。

9.2.5 市场信号

在金融市场上，杠杆比率的上升是一个积极的信号，因为企业管理层只有在对未来的现金流状况充满信心时，才会选择提高财务风险水平。它充分体现了市场信心。

9.2.6 控制

企业控制权的变动情况是影响融资方式的重要因素之一。假设公司的一位股东目前持有50%的股权，并且该股东无法在购股权发行时认购更多的股份，从而他可能会阻止公司通过发行新股进行融资。

9.2.7 行业杠杆情况

管理层通常希望将公司的杠杆比率保持在行业的正常水平范围之内。

9.2.8 激励因素

高额的债务可能会促使管理者更好地经营企业。由于杠杆比例提升导致公司风险提高，管理者不得不考虑如何有效地进行管理控制。如果这些管理者同时又是公司的股东，他们会更加关注企业的经营活动。高额的债务要求公司支付大额的利息支出。这会直接导致公司的可支配现金减少，而这些现金原本可能会被用来投资那些净现值（NPV）小于零的项目。同时，公司运营的效率和战略效率也可能由于杠杆的上升而提高。

9.2.9 结论

当董事会考虑公司融资结构的时候，应该以怎样的标准和关键指标来进行取舍呢？

债务在公司总资本中所占的比重会影响到公司的资本成本。杠杆比率的上升会降低总体的资本成本（Cost of Capital）或者加权平均资本成本（WACC）并提高公司的市场价值，因为未来的现金流会以一个更低的折现率进行折现。由于杠杆比率上升，加权平均资本成本开始降低，因为公司吸收了更多的低成本债务。

但是，杠杆比率提高的良性循环必须建立在一个重要的前提条件下，那就是公司的杠杆比率必须保持在一个相对安全的水平上。市场对于过高的杠杆比率可能产生不良的反应，因为公司财务压力的上升可能导致公司股东要求更高的投资回报率。最终，股东投资回报率的上升可能使得债务的低成本优势被完全覆盖，加权平均资本成本开始上升。这一风险因素在现实中很难被具体量化。

我们实际上无法建立一个最佳的资本结构模式。由于商业风险和季节性周期的不同，适合某一公司的资本结构不一定适合另一家公司。公司最适当的杠杆比率取决于一系列复杂的因素。有些公司管理层比较谨慎，不愿意承担过多的风险，而有些公司的管理层愿意承担高额的债务以提高市场对公司未来的信心。有些董事会认为，管理层在高杠杆比率的压力下，会更加有效地开展经营活动并且减少公司资源的浪费。

一些公司的借款能力可能受到限制，一些行业可能本身的杠杆比率就比较高，例如，相对稳定的行业通常有着较高并且可预测的现金流。其他一些行业的活动可能更加易变或存在周期性，所以不适用较高的杠杆比率。

值得一提的是，当杠杆比率上升时，利润的波动性也会变大。在正常情况下，看上去较为稳定的杠杆比率可能在经济环境变差的情况下迅速改变。利率上升会直接影响到公司的利润水平。

公司需要对借款水平存有余量，以应付经济环境恶化下可能出现的机遇和非预期的现金需求。财务经理需要考虑借款是否是当下最合适的融资方式，对使用债务融资而非使用留存利润融资或股票融资必须有一个合理的解释和判断依据。

公司金融习题

一、单项选择题：

1. 下列属于企业的组织形式的是（　　　）企业。

A. 企业制　　　　B. 盈利型　　　　C. 非盈利型　　　　D. 公司制

2. 下列各项中，具有法人地位的企业组织形式是（　　　）。

A. 个体企业　　　B. 合伙企业　　　C. 公司　　　　D. 以上三者都是

3. 我国《公司法》规定，有限责任公司由 2 个以上（　　　）以下股东共同出资组成。

A. 20　　　　　　B. 30　　　　　　C. 40　　　　　　D. 50

4. 企业治理层面的组织架构不包括（　　）。

A. 股东会　　　　　B. 董事会　　　　　C. 监事会　　　　　D. 内部审计部门

5. 负责主持企业的生产经营管理工作的组织机构是（　　）。

A. 经理层　　　　　B. 监事会　　　　　C. 股东会　　　　　D. 董事会

6. 负责行使企业经营决策权的组织机构是（　　）。

A. 股东会　　　　　B. 董事会　　　　　C. 监事会　　　　　D. 经理层

7. 企业组织架构中负责监督企业董事、经理和其他高管人员的机构是（　　）。

A. 股东会　　　　　B. 监事会　　　　　C. 经理层　　　　　D. 董事会

8. 发放股票股利对公司产生的影响是（　　）。

A. 引起公司资产流出　　　　　　　　B. 股东权益总额不变

C. 减少未分配利润　　　　　　　　　D. 增加公司股本额

9. 我国《公司法》规定，股份有限公司申请其股票上市，公司的注册资本不得少于人民币（　　）万元。

A. 3 000　　　　　B. 5 000　　　　　C. 4 000　　　　　D. 2 000

10. 下列哪些属于权益资金的筹资方式（　　）。

A. 利用商业信用　　　　　　　　　　B. 发行公司债券

C. 融资租赁　　　　　　　　　　　　D. 发行股票

11. 下列各项中，能够导致企业留存收益减少的是（　　）。

A. 股东大会宣告派发现金股利　　　　B. 以资本公积转增资本

C. 提取盈余公积　　　　　　　　　　D. 以盈余公积弥补亏损

12. 下列情形中会使企业减少股利分配的有（　　）。

A. 市场竞争加剧，企业收益的稳定性减弱

B. 市场销售不畅，企业库存量持续增加

C. ABD

D. 为保证企业的发展，需要扩大筹资规模

13. 资本市场按（　　）可分为发行市场和流通市场。

A. 资金融通　　　B. 资金流向　　　C. 市场职能　　　D. 金融机制

14. 在上海证交所上市的股票中 B 股是以人民币标明面值的，以（　　）卖的。

A. 人民币　　　　B. 美元　　　　　C. 港元　　　　　D. 日元

15. 上市公司发行新股的主要方式有（　　）。

A. 向现有股东发行　　　　　　　　　B. 购股权发行

C. 公众公开募集新股   D. 以上皆有

16. 对于个人业主制企业，业主对企业债务负（   ）。

A. 有限责任   B. 无限责任

C. 不负责任   D. 无限连带责任

17. 《合伙企业法》规定：有限合伙企业由 2 个或以上 50 个以下合伙人设立；但是，法律另有规定的除外。有限合伙企业至少应当有（   ）个普通合伙人。

A. 2   B. 1   C. 5   D. 10

18. 对于合伙制企业，以下说法正确的是（   ）。

A. 合伙人对企业债务负有限责任   B. 合伙人对企业债务负连带无限责任

C. 合伙制企业是法人企业   D. 合伙制企业可以不是契约型企业

19. 与普通合伙企业相比，下列各项中，属于股份制有限公司缺点的是（   ）。

A. 筹资渠道少   B. 承担无限责任

C. 企业组建成本高   D. 所有权转移较困难

20. 中外合资企业中，外方合营者所占股份的下限为（   ）。

A. 15%   B. 30%   C. 50%   D. 25%

21. 股票公开间接发行的优点不包括（   ）。

A. 发行范围广，易于足额募集资本   B. 股票变现性强，流通性好

C. 手续简单，发行成本低   D. 有助于提高发行公司的知名度

22. 公司发行的股票按股东权利和义务的不同，可以分为（   ）。

A. 普通股和优先股   B. 记名股票和无记名股票

C. 面值股票和无面值股票   D. 法人定股和个人股

23. 下列哪一项不属于债务融资的优点（   ）。

A. 不会改变公司的股权结构，避免了权利稀释问题

B. 成本减少

C. 债权人的风险降低

D. 企业不需要支付股利

24. 可转换债券是公司发行的，可以在规定的期限按规定条件转换成公司（   ）的债券。

A. 普通股票   B. 优先股票   C. 内部债券   D. 职工内部股

25. 下列各项中属于间接融资的是（   ）。

A. 发行普通股股票   B. 发行优先股股票

C. 发行可转换债券　　　　　　　　D. 银行借款

26. 下列选项属于面值的作用的是（　　　）。

A. 决定息票支付的尺度　　　　　　B. 决定了该股票到期后需要支付的本金

C. 决定股票流通中的价格　　　　　D. 决定债券到期后的价格

27. 根据债券到期日可将债券分为哪两种债券（　　　）。

A. 单一债券和双重日期债券

B. 可赎回债券和不可赎回债券

C. 可提前赎回债券和可回售债券

D. 可转让债券和不可转让债券

28. 关于息票下列说法错误的是（　　　）。

A. 息票是指按照债券的实际价格进行支付的利息金额

B. 债券的息票是在债券发行以后确定的

C. 债券的息票可分为预先确定的息票和变动息票

D. 每年的息票不一定在除息日之前支付给债券的持有人

29. 预先确定的息票可分为固息债券、梯式债券和零息债券，下面哪一项是固息债券的特征（　　　）。

A. 随着债券年限的增加，相应的息票也有着阶梯式的增长

B. 在债券的有限期限内不会改变

C. 此类债券没有息票，仅在到期时按其面值进行赎回

D. 息票随着利率的变化而变化

30. 下列不属于普通债券特征的选项为（　　　）。

A. 包含以本位币列示的固定面值

B. 支付固定息票，息票以其占面值的百分比表示

C. 到期赎回日不固定，可根据情况而定

D. 规定了固定的赎回价格

31. 下列哪一项不属于银行融资的优势（　　　）。

A. 管理费用和法律费用相对较低

B. 对合同条款的变动更具有灵活性

C. 获得资金的速度特别快

D. 不会改变公司的股权结构，避免了权利稀释问题

32. 通常新发行债券的票面利率（　　　）。

A. 在发行期间内不改   B. 设定为市场利率加上通货膨胀补偿

C. 随着基本利率的变化而浮动   D. 设定为正好高于现行基本利率

33. 以下哪种银行融资产品不属于贸易融资（   ）。

A. 进口代付   B. 出口押汇   C. 打包贷款   D. 项目贷款

34. 贸易融资中，银行重点考察的是（   ）方面的情况。

A. 股东背景   B. 融资金额

C. 贸易背景真实性   D. 贷款利率是否合理

35. 下列关于贸易租赁不正确的是（   ）。

A. 贸易租赁指的是银行提供的进出口贸易项下的信贷支持，包括一整套为从事进出口贸易的客户设计的融资手段

B. 贸易融资通常是一年以上两年以下的短期产品，主要用于商品周转快、成交金额不大的进出口需求

C. 贸易融资包括进口预付款融资、进口代付、进口押汇等业务

D. 贸易融资风险度相对较低，银行准入门槛低

36. 下列不属于金融融资租赁的优点的是（   ）。

A. 简便快捷   B. 信用要求低

C. 不需要额外担保   D. 银行准入门槛低

37. 融资租赁的当事人一般涉及（   ）当事人。

A. 两方   B. 三方   C. 四方   D. 五方

38. 融资租赁和银行贷款都是为企业融通资金，但依然有明显的区别，下列选项中不属于两者的区别的是（   ）。

A. 银行贷款中，只有一项贷款合同，合同标的物就是资金；融资租赁中，有两项合同，合同的主要标的物是租赁资产

B. 银行贷款和融资租赁的融资程度不同，银行要求借款人有一定的资金，而且要提供抵押和担保，融资租赁则是设备自身未来创造的现金流量，通常不要求其他担保

C. 融资租赁交易中涉及的关系比银行贷款简单

D. 融资租赁中承租人的企业获得了简便且时效性强的融资渠道

39. 相对于传统的银行贷款模式，融资租赁有哪些明显的优势（   ）。

A. 作为承租人的企业获得了简便快捷的融资渠道

B. 到期还本负担轻，减少设备被淘汰的风险

C. 加速折旧，享受国家的税收优惠政策，具有节税功能

D. 以上答案均正确

40. B 企业需要购入特定的设备，通过和 A 企业签订协议，A 企业一次性购入 B 企业需要的特定设备，再将该设备租赁给 B 企业，B 企业按照约定的时间和金额分期归还租金的方式称为（ ）。

A. 金融租赁 B. 融资租赁 C. 售后回租 D. 设备转租

41. 在项目融资中，哪个阶段的内容是决定项目投资者采用何种融资方式为项目开发筹集资金的（ ）。

A. 投资决策分析阶段 B. 融资决策分析阶段

C. 融资结构设计阶段 D. 融资谈判阶段

42. 以下特征不属于项目融资方式的是（ ）。

A. 设立独立的项目公司 B. 签订复杂的多方协议

C. 贷款人对发起人有无限追索权 D. 较高的财务杠杆

43. 项目融资的方式有 BOT 和 TOT 两种，其中 TOT 是 BOT 融资方式的新发展，以下选项中哪项是 TOT 的特征（ ）。

A. 政府部门将建好的项目的一定期限产权和经营权有偿转让给投资人，由投资人进行经营管理

B. 政府通过契约授予私营企业以一定期限的特许专营权，许可其融资建设和经营特定的公用基础设施

C. 准许其通过向用户收取费用或售出产品以清偿贷款回收投资并赚取利润

D. 特许权期限届满时，该基础设施无偿移交给政府

44. 应收账款的企业价值链融资，需要哪三方的参与和密切配合（ ）。

A. 金融机构、信托机构、债券企业

B. 信托机构、承租人、出租人

C. 金融机构、债券企业、债务企业

D. 金融机构、上游企业、下游企业

45. 企业价值链的融资与传统融资相比有很多优点，下列哪项不属于其特点（ ）。

A. 产品导向性 B. 相对复杂性

C. 充分协调性 D. 资金的不稳定性

46. 资金时间价值的实质是（ ）。

A. 利息率 　　　　　　　　　　B. 资金周转使用后的增值额

C. 利润率 　　　　　　　　　　D. 差额价值

47. 资金时间价值揭示了不同时点上资金之间的换算关系，因而它是进行筹资决策、投资决策必不可少的（　　　）。

A. 工具 　　　　B. 依据 　　　　C. 计量手段 　　　　D. 方法

48. 在利润不断资本化的条件下，时间价值的计算应该按（　　　）。

A. 单利 　　　　B. 年金 　　　　C. 复利 　　　　D. 普通年金

49. 普通年金指（　　　）。

A. 每期期末收付的相等金额的款项

B. 每期期初收付的相等金额的款项

C. 每期期末以后某一时间收付的相等金额的款项

D. 无限期支付的相等金额的款项

50. 递延年金的特点有（　　　）。

A. 最初若干期没有收付款项 　　　　B. 后面若干期等额收付款项

C. 其终值计算与普通年金相同 　　　　D. ABC

51. 永续年金具有的特点为（　　　）。

①没有终值　②没有期限　③每期不等额支付　④每期等额支付　⑤现值与年金成正比，与折现率成反比

A. ①②③ 　　　　B. ①③④⑤ 　　　　C. ②③④⑤ 　　　　D. ①②④⑤

52. 某教师准备在 5 年后以 20 000 元购买一台电脑，银行年复利率为 12%，该教师现在应该存入银行的款项为（　　　）元。

A. 1 500 　　　　B. 1 200 　　　　C. 13 432 　　　　D. 11 349

53. 某企业现在存入银行 80 000 元，以备在 3 年内每年年末支付个人退休金，银行年利率为 8%（复利）。那么 3 年内每年可以从银行取出的等额款项为（　　　）元。

A. 31 209 　　　　B. 31 042 　　　　C. 20 200 　　　　D. 26 660

54. 下列各项年金中，只有现值没有终值的年金是（　　　）。

A. 普通年金 　　　　B. 即付年金 　　　　C. 递延年金 　　　　D. 永续年金

55. 投资者甘愿冒着风险进行投资，是因为（　　　）。

A. 进行风险投资可使企业获得报酬

B. 进行风险投资可使企业获得等同于时间价值的报酬

C. 进行风险投资可使企业获得超过时间价值的报酬

D. 进行风险投资可使企业获得利润

56. 西方学者一般认为，时间价值产生于（　　）。

A. 社会生产周转中　　　　　　　　B. 劳动者创造的剩余价值

C. 投资者推迟消费的耐心　　　　　D. 货币自身的增值

57. 某企业现在将 2 000 元存入银行，银行的年利率为 10%，按复利计算。3 年后企业可以从银行取出的本利和为（　　）元。

A. 1 200　　　　B. 2 662　　　　C. 1 464　　　　D. 1 362

58. 某企业拟存入银行一笔钱，以备在 5 年内每年以 2 000 元的等额款项支付保险金，银行的年利率为 10%（复利）。现在企业应存入银行的款项为（　　）元。

A. 8 000　　　　B. 7 582　　　　C. 10 000　　　　D. 5 000

59. 投资决策评价方法中，对于互斥方案来说，最好的评价方案是（　　）。

A. 净现值法　　B. 获利指数法　　C. 内部收益率法　　D. 回收期法

60. 下列关于评价投资项目的回收期法的说法中，不正确的是（　　）。

A. 它忽略了货币时间价值

B. 它需要一个主观上确定的最长的可接受回收期作为评价依据

C. 它不能测度项目的盈利性

D. 它不能测度项目的流动性

61. 下列各项中，属于长期投资决策静态评价指标的是（　　）。

A. 净现值　　　　　　　　　　　B. 内部收益率法

C. 回收期法　　　　　　　　　　D. 获利指数法

62. 下列评价指标中，其数值越小越好的指标是（　　）。

A. 净现值　　　　　　　　　　　B. 投资回收期

C. 内部收益率　　　　　　　　　D. 获利指数

63. 当折现率与内部收益率相等时（　　）。

A. 净现值小于零　　　　　　　　B. 净现值等于零

C. 净现值大于零　　　　　　　　D. 净现值不确定

64. 对同一投资项目进行评价时，净现值法与获利指数法评价的结果必然是（　　）。

A. 一致的　　　B. 不一致的　　　C. 相同的　　　D. 不一定一致

65. 某企业拟投资 9 000 元，经预测该项投资有效期为 4 年，每年现金净流入额依次为 2 400 元、3 000 元、4 000 元、3 600 元，则其投资回收期为（　　）。

A. 2.8   B. 2.9   C. 3   D. 3.1

66. 当一项长期投资的净现值大于零时，下列说法不正确的是（　　）。

A. 该方案不可行

B. 该方案未来报酬的总现值大于初始投资的现值

C. 该方案获利指数大于1

D. 该方案的内部收益率大于其资本成本

67. 甲投资方案的净现值为 8 600 元，内部收益率为 10%；乙方案的净现值为 6 800 元，内部收益率为 15%，则下列说法中正确的是（　　）。

A. 甲方案优于乙方案   B. 乙方案优于甲方案

C. 若两个方案互斥，甲优于乙   D. 若两个方案独立，甲优于乙

68. 对于内部收益率、净现值和获利指数这三个指标进行比较，下面说法正确的是（　　）。

A. 在多数情况下，运用净现值和内部收益率得到的结论是相同的

B. 在互斥选择决策中，净现值法有时会得出错误的结论

C. 在这三种方法中，内部收益率法是最好的评价指标

D. 以上三种说法都错误

69. 在投资决策评价指标中，需要以预先设定的贴现率作为计算依据的有（　　）。

A. 内部收益率法   B. 净现值法

C. 回收期法   D. 平均会计收益法

70. 一般而言，在其他因素不变的情况下，固定成本越高，则（　　）。

A. 经营杠杆系数越小，经营风险越大

B. 经营杠杆系数越大，经营风险越小

C. 经营杠杆系数越小，经营风险越小

D. 经营杠杆系数越大，经营风险越大

71. 当经营杠杆系数为1时，下列表述正确的是（　　）。

A. 产销量增长率为0   B. 息税前利润为0

C. 固定成本为0   D. 利息与优先股股利为0

72. 关于总杠杆系数，下列说法正确的是（　　）。

A. 总杠杆系数等于经营杠杆系数与财务杠杆系数之和

B. 总杠杆系数等于普通股每股收益变动率与息税前利润变动率之比

C. 总杠杆系数反映产销量变动对普通股每股收益的影响

D. 总杠杆系数越大，企业风险越小

73. 某公司的经营杠杆系数为 1.8，财务杠杆系数为 1.5，则该公司销售额每增长 1 倍，就会造成普通股每股收益增加（　　　）。

A. 1.2 倍 　　　　 B. 1.5 倍 　　　　 C. 0.3 倍 　　　　 D. 2.7 倍

74. 只要企业存在固定营业成本且经营利润为正数，则经营杠杆系数（　　　）。

A. 恒大于 1 　　　　　　　　　　 B. 与固定营业成本成反比

C. 与销售量成正比 　　　　　　　 D. 与企业的风险成反比

75. 某公司的经营杠杆系数为 4，预计息税前利润将增加 10%，在其他条件不变的情况下，销售量将增长（　　　）。

A. 2.5% 　　　　 B. 10% 　　　　 C. 15% 　　　　 D. 20%

76. 经营杠杆系数（DOL）、财务杠杆系数（DFL）和总杠杆系数（DTL）之间的关系是（　　　）。

A. DTL = DOL + DFL 　　　　　　 B. DTL = DOL − DFL

C. DTL = DOL × DFL 　　　　　　 D. DTL = DOL/DFL

77. 若企业无负债，则财务杠杆利率将（　　　）。

A. 增加 　　　　 B. 减少 　　　　 C. 存在 　　　　 D. 不存在

78. 财务杠杆效应存在的前提是由于存在（　　　）。

A. 普通股股息 　　　　　　　　　 B. 资金成本

C. 固定成本 　　　　　　　　　　 D. 固定财务费用

79. 经营杠杆系数是用来衡量经营风险的，它表示是（　　　）。

A. 成本上升的风险

B. 利润下降的风险

C. 销售变动导致息税前利润等比例变动的风险

D. 销售变动导致息税前利润更大比例变动的风险

80. 市场对企业产品的需求越稳定，则其（　　　）。

A. 财务风险越小 　　　　　　　　 B. 经营风险越小

C. 财务风险越大 　　　　　　　　 D. 经营风险越大

81. 负债越多，（　　　）。

A. 企业的财务风险越大 　　　　　 B. 企业的财务杠杆系数越小

C. 越能提高企业的资信能力 　　　 D. 企业的再借款能力越强

82. 某公司原有资产1 000万元，其中长期债券400万元，筹资费用率2%，票面利率9%；优先股600万元，年股息率11%，加权平均资本成本为（　　　）。

A. 10%　　　　　B. 9.36%　　　　　C. 11%　　　　　D. 10.27%

83. 进行筹资方案组合时，边际资本成本计算采用的价值权数是（　　　）。

A. 账面价值权数　　　　　　　　B. 市场价值权数

C. 评估价值权数　　　　　　　　D. 目标价值权数

84. 某股票为固定增长股票，其增长率为3%，预期第一年后的股利为4元，假定目前国库券收益率为13%，平均风险股票必要收益率为18%，该股票的β系数为1.2，那么该股票的价值为（　　　）元。

A. 25　　　　　　B. 23　　　　　C. 20　　　　　D. 4.8

85. 以下哪个不属于资本资产定价模型的局限性（　　　）。

A. 某些资产的贝塔值难以估计

B. 依据历史资料计算出来的贝塔值对未来的指导作用有限

C. 资本资产模型建立在一系列假设之上，但这些假设与实际情况有一定的偏差

D. 是对现实中风险和收益的关系的最确切的表述

86. 一个公司股票的β为1.5，无风险利率为8%，市场上所有股票平均报酬率为10%，则该公司股票的预期报酬率为（　　　）。

A. 11%　　　　　B. 12%　　　　　C. 15%　　　　　D. 10%

87. 以下哪一项不是资本资产定价模型的局限（　　　）。

A. 新兴行业的贝塔值难以估计

B. 贝塔值对未来的指导作用可能要打折扣

C. 资本资产定价模型的假设与现实有偏差

D. 资本资产定价模型完全不能描述证券市场的情况

88. 下列关于MM理论的说法中，正确的有（　　　）。

A. 在不考虑企业所得税的情况下，企业加权平均资本成本的高低与资本结构无关，仅取决于企业经营风险的大小

B. 在不考虑企业所得税的情况下，有负债企业的权益成本随负债比例的增加而减少

C. 在考虑企业所得税的情况下，企业加权平均资本成本的高低与资本结构有关，随负债比例的增加而增加

D. 一个有负债企业在有企业所得税情况下的权益资本成本要比无企业所得税情

况下的权益资本成本高

89. 以下各种资本结构理论中，认为筹资决策无关紧要的是（   ）。

A. 代理理论

B. 无税 MM 理论

C. 融资优序理论

D. 权衡理论

90. 下列各项中，属于 MM 理论的假设条件的有（   ）。

A. 经营风险可以用息税前利润的方差来衡量

B. 投资者等市场参与者对公司未来的收益和风险的预期是相同的

C. 公司或个人投资者的所有债务利率与债务数量无关

D. ABCD

91. 考察了企业的财务危机成本和代理成本的资本结构模型是（   ）。

A. 资本资产定价模型

B. 信号传递模型

C. 权衡模型

D. 净营业收益法

92. 房地产公司的一处商品房项目在出售时遇到了房屋限购政策的影响，销量出现了下降，那该房地产公司面临（   ）的商业风险。

A. 经营风险   B. 政策风险   C. 销售风险   D. 以上都不对

93. 当企业收入等于总成本时的销售量，我们称为（   ）。

A. 盈亏平衡的销售量

B. 利润最大化的销售量

C. 扭亏为盈的销售量

D. 以上都可以

94. 公司管理层进行融资的时候采用的一个理论叫"优序融资理论"，其融资理想的顺序是（   ）。

A. 内部资金 – 增发股票 – 发债

B. 增发股票 – 发债 – 内部资金

C. 发债 – 内部资金 – 增发股票

D. 内部资金 – 发债 – 增发股票

95. 在金融市场上，杠杆比率的（   ）是一个积极的信号，说明企业管理层对未来的现金流状况充满信心，会选择（   ）财务风险水平。

A. 上升，下降

B. 上升，提高

C. 下降，下降

D. 下降，提高

96. 下列哪项属于直接的财务危机成本和破产成本（   ）。

A. 管理费

B. 失去客户

C. 失去的债务人

D. 失去雇员信任

97. 公司发行股票的市值为 2 000 万元，普通权益资本成本为 15%。同时，该公司发行了市值为 300 万元的不可赎回债券。投资者对债务的投资回报率要求为 12%，公司所得税税率为 20%。请计算加权平均资本成本（　　）。

    A. 18.65%　　　　B. 20.23%　　　　C. 18.90%　　　　D. 21.35%

98. A 企业拟采用三种方式筹资，并拟定了三个筹资方案，请根据以下数据选择最佳筹资方案（　　）。

筹资方式	资金成本（%）	资本结构（%）		
		A	B	C
发行股票	15%	50	40	40
发行债券	10%	30	40	30
长期借款	8%	20	20	30

    A. 方案 A　　　　B. 方案 B　　　　C. 方案 C　　　　D. 以上方案都可以选择

99. 财务压力主要受到以下哪几个因素的影响（　　）。

①公司营业收入对总体经济形势的敏感性水平；②公司固定成本和变动成本间的比例关系；

③公司资产的流动性，是否能在市场上进行交易；④公司的现金流状况

    A. ①②③　　　　B. ②③④　　　　C. ③④　　　　D. ①②③④

100. 只要固定成本不等于 0，企业经营杠杆系数就一定（　　）。

    A. 大于 0　　　　B. 小于 1　　　　C. 大于 1　　　　D. 等于 1

二、简答题：

1. 大兴软件公司有以下互斥项目：

单位：美元

年	项目 A	项目 B
0	−10 000	−12 000
1	6 500	7 000
2	4 000	4 000
3	1 800	5 000

（1）假设大兴公司的项目回收期仅为前 2 年。请问应该选哪个项目？

（2）假设大兴公司运用净现值法来对这两个项目进行排序。如果恰当的折现率

为 15%，请问应该选择哪个项目？

2. 请计算以下两个项目的内部报酬率：

年	现金流	
	项目 A	项目 B
0	−3 500	−2 300
1	1 800	900
2	2 400	1 600
3	1 900	1 400

3. 富强公司现有 X 和 Y 两个互斥选择投资项目，各年的净现金流量等资料如下表所示（该公司的资本成本率为 10%）。

年份	0	1	2	3	4	5	6
X 项目	−20 000	5 000	5 000	6 000	6 000	7 000	7 000
Y 项目	−30 000	8 400	8 400	8 400	8 400	8 400	8 400
复利现值系数	1.000	0.909	0.826	0.751	0.683	0.621	0.564
年金现值系数	1.000	0.909	1.736	2.487	3.170	3.791	4.335

要求：（1）分别计算 X 和 Y 项目的投资回收期；

（2）分别计算 X 和 Y 项目的净现值。

4. 当董事会考虑公司融资结构的时候，应该以怎样的标准和关键指标来进行取舍呢？

5. 什么是 CAPM 理论？

6. 请解释一下留存利润，并说明其优缺点。

7. 请解释一下长期融资中的长期债务融资，并说明其与股票融资的区别。

8. 请分析融资租赁和银行贷款的区别。

9. 解释资金的时间价值。

10. 请解释总杠杆和总杠杆系数对于企业经营的作用。

11. 某公司股票的系数为 2，无风险利率为 5%，市场上所有股票的平均报酬率为 10%。利用资本资产定价模型计算该公司的股票成本。

12. 请描述权衡理论及其作用。

13. 描述加权平均资本成本的运用及局限性。

14. 请描述贸易融资以及其与银行贷款的区别。

15. 请简述价值链融资以及其与传统融资的区别。